周恩来与邵力子

舒风/著

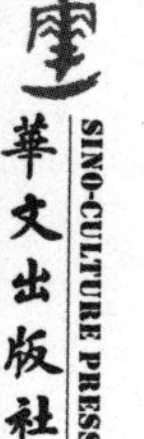

華文出版社
SINO-CULTURE PRESS

图书在版编目（CIP）数据

周恩来与邵力子 / 舒风著. -- 2版. 北京：华文出版社，2012.6（2021.6 重印）
（统战人物传记系列）
ISBN 978-7-5075-3713-0

Ⅰ. ①周… Ⅱ. ①舒… Ⅲ. ①周恩来（1898～1976）－生平事迹②邵力子（1882～1967）－生平事迹 Ⅳ. ①K827-7

中国版本图书馆 CIP 数据核字 (2012) 第 106145 号

周恩来与邵力子

作　　者：舒　风
责任编辑：潘　婕
出版发行：华文出版社
社　　址：北京市西城区广外大街 305 号 8 区 2 号楼
邮政编码：100055
网　　址：http：// www.hwcbs.com.cn
投稿信箱：hwcbsbgs@163.com
电　　话：总 编 室 010-58336239　发行部 010-58336267
　　　　　责任编辑 010-63429159
经　　销：新华书店
印　　刷：三河市燕春印务有限公司
开　　本：787 × 1092　1/ 16
印　　张：15
字　　数：185 千
版　　次：2012 年 7 月第 2 版
印　　次：2021 年 6 月第 5 次印刷
标准书号：ISBN 978-7-5075-3713-0
定　　价：58.00 元

目录 Contents

第六章　北平和谈前后

第七章　精诚合作，和平建国

前言 Preface

邵力子先生1882年出生在浙江省绍兴。他的一生,经历了清朝、民国和中华人民共和国三个时代,经历了民族革命、民主革命和社会主义革命。他追随历史车轮的轨迹,适应时代发展的需要,不断学习、不断进步,为中国的独立、民主、和平统一和人民的利益,作出了贡献。

邵力子先生素有"和平老人"的称号。这是人们赞赏他一贯坚持国共两党真诚合作,用和平方法解决一切争端的主张而给予他的称号,是对他的称颂。

在国共两党的多次谈判及合作中,邵力子先生和周恩来同志有着密切的交往和深厚的友谊。1925年夏,上海法租界工部局下令驱逐邵力子先生出境时,他便毅然投奔广州,参与黄埔军校的组织领导工作。在这段时间里,他与周恩来交往甚密,结下了深厚的友谊。邵力子先生对于维护国共两党的第一次合作及准备出师北伐起了积极的作用。

西安事变后,国共两党开始第二次合作。在这次合作期间,国共两党曾进行过多次谈判。周恩来和邵力子,一位代表中国共产党,一位代表中国国民党,两个人在谈判桌上进行过针锋相对的激烈争论。在两党谈判中,他们两位进一步加深了相互间的了解,也增进了友谊。

1949年4月,邵力子参加了南京政府的和平谈判代表团。经过半个月的协商、讨论,最后形成八条二十四款的《国内和平协定》。但是南京政府拒绝签字,最终导致和谈破裂。4月21日,毛泽东主席、朱德总司令发布向全国进军的命令。中国人民解放军奋勇作战,彻底摧毁了国民党当局苦心经营的长江防线,打倒了国民党反动政府。在人民解放军渡江前夕,时处北平的南京政府代表团讨论何时返回南京"复命"时,邵力子先生已经认识到国民党的腐败、没落、注定要彻底失败，首先发言表示，坚决不再南返。在两种中国之命运的决断时刻，邵力子先生坚决站到了共产党领导的人民革命方面。从此，他开始了一生中崭新的一页。

新中国成立后，邵力子先生已经是年近古稀的老人。但他心情舒畅，老当益壮，积极参加国家政治生活和外交活动，参与协商国家大事，为社会主义事业努力工作。他的思想适应时代的进步不断前进，他对毛泽东主席、周恩来总理等中共领导人的崇敬之情与日俱增。随着时间的推移，周恩来和邵力子之间的友谊也更加深厚。

周恩来与邵力子的交往，肝胆相照，赤诚相见。

周恩来与邵力子的友谊是真诚的、纯洁的，是值得我们后人学习的。

第一章

结识于第一次国共合作

1923年6月12日至20日，中国共产党第三次全国代表大会在广州召开。大会的中心议题是根据共产国际的决定，讨论“全体共产党员加入国民党的问题”，实行国共合作。代表们经过充分讨论，通过了“三大”宣言和《关于国民运动及国民党问题的决议案》。“宣言”和“决议案”的主要内容是：①建立国民革命联合战线，推动国民革命运动；②中国共产党的中心工作是致力于国民革命运动；③以共产党员身份加入国民党的形式实行国共合作。

1923年10月19日，孙中山任命廖仲恺、李大钊、汪精卫、张继、戴季陶五人组成国民党改组委员会。25日，廖仲恺召集了100余人参加了国民党特别会议，并在会上宣读了孙中山给大会的专函。经过充分讨论，大家同意改组国民党，并制订了改组计划。

中共“三大”后，党的一些领导人加入了国民党，并全力投入国民党的改组工作。为了帮助孙中山筹备国民党第一次全国代表大会，李大钊、谭平山与瞿秋白在广州成立了指导小组。同时瞿秋白、谭平山与胡汉民等人还共同草拟了国民党第一次全国代表大会的宣言草案。

1924年1月20日至30日，中国国民党第一次全国代表大会在广州召开。中共李大钊、陈独秀、谭平山、沈定一、毛泽东、瞿秋白、李立三、张国焘等23人亦作为国民党代表出席了大会。大会通过了“宣言”和“决议”。宣言对“三民主义”作了新的解释；确定了“联俄、联共、扶助农工”的三大政策；确立了以国共合作为基础的国民革命联合战线的政治纲领。国民党“一大”的成功召开，标志着以国共合作为基础的统一战线的正式建立。

◆ 一、创办上海大学 ◆

1922 年 1 月，共产国际在莫斯科召开了远东各国共产党和民族革命团体第一次代表大会。出席这次大会的中国代表团的 30 多名成员中，有共产党员，也有国民党员和其他革命团体的成员。会议通过了关于共产党与民主革命派合作的决议，进一步重申了反帝统一战线的思想。会议期间，列宁抱病接见了中国代表团的部分成员，其中有共产党代表张国焘、国民党代表张秋白和工人代表邓培。列宁询问了中国的政治、经济情况后，提出“中国国民党和中国共产党是否可以合作”的问题。

1922 年 5 月，陈独秀根据共产国际的意见和客观形势的需要，在《广东群报》上发表了《共产党在目前劳动运动中应取的态度》。在这篇文章中，他第一次公开提出建立民主联合战线的主张。6 月 1 日，李大钊、邓中夏、黄日葵等共产党人，在提交少年中国学会的一项提案中，再次提出建立民主联合战线的主张。这时，国民党人于右任也在《东方杂志》上发表文章，力主国共合作，他认为“合则两益，离则两损”。

1922 年下半年，共产国际在中国的代表维辛斯基、马林等人，按照列宁的指示精神，同意实行国共合作，中国共产党的一些领导人也有这种意向。在这种情况下，共产党和国民党的一些党员，由于思想观念和志趣的一致，在办教育和办报纸刊物等具体工作方面，便自然而然地产生了合作。

1922 年 10 月初，上海私立东南高等师范专科学校的师生在革命思潮影响下，因不满学校的办学方针、混乱的管理制度和低劣的教学质量，驱逐了办学无方的校长，提出彻底改变东南高师“经营式之学店”的要求。同月中旬，东南高等师范专科学校派了 10 名学生代表，到《民国日报》编辑部去找邵力子，希望他能支持学生们的改革要求，并为东南高师聘请一位德高望重的校长。

为什么东南高师的学生们会求助于邵力子先生呢？这是因为邵力子先生是一位极其热心的人。他当时正担任《民国日报》的《觉悟》副刊的主笔，并经常撰写短评、随感录之类的文章。他在文章中主持正义，为群众鸣不平或解答疑难问题。社会各界青年，不管是在婚姻恋爱方面，还是在求职、交友、处世方面有了难以排解的困难和苦闷，都愿意找他倾诉或找他面陈求教，或写信直抒胸臆。邵力子先生成了当时青年的朋友。

邵力子当即答应了学生代表们的要求:“我动员于右任先生当你们的校长可以吗?”

学生们自然高兴地说:“当然可以!”“我们欢迎!”

有的学生代表说:“于右任先生做我们的校长,您做我们学校的副校长吧!”

于是所有的代表都齐声说:“欢迎邵先生做我们的副校长!”

学生们为什么欢迎于右任和邵力子两人做他们学校的正副校长呢?这是因为他们两人,不仅致力于新闻事业,创办过《神州日报》、《民呼日报》、《民吁日报》、《生活日报》、《民立报》等报纸,还致力于教育事业。1905年9月,邵力子和于右任协助教育家马相伯创办了“复旦公学”。后来改成复旦大学,邵力子曾出任国文系主任。1910年,邵力子先生经于右任推荐还曾在西安“陕西高等学堂”教过西洋史。于右任和邵力子二位先生在教育界的威望是很高的。

于右任和邵力子经过慎重思考,他们又找了李大钊等共产党的领导人商议,决定把“东南高师”改办成一所综合性大学,并取名为上海大学。上海大学表面是一所私立大学,实际上是国共两党合办,为国民革命培养干部的学校。于是他们二人很痛快地答应了东南高师学生们的请求,决定出任该校的校长和副校长之职。

10月23日,于右任、邵力子两人出席了“上海大学”成立大会,并在大会上作了生动的演说,受到学校师生们的热烈欢迎。

几天以后,于右任和邵力子又邀请李大钊和张继等在四马路的“同心楼饭店”共进午餐。席间,很自然地又谈到上海大学的办学宗旨。

邵力子向李大钊诸位敬过酒之后说:“咱们‘上大’应着力为国民革命多培养一些专门人才,避免类似俄国革命成功后,搞建设缺乏技术人才的状况再次发生。”

李大钊说:“邵先生讲的话是很有远见的。俄国社会主义革命成功之后,最感困苦的是没有无产阶级自己的专门技术家,列宁不得不在旧有的、资产阶级专家中寻求所需要的专门人才。其间不知经受了多少困难和危险。”

于右任先生说:“社会改革家,不只是唤醒群众的觉悟,还要用知识、技术去培养人才。”

邵力子接过来说："只有如此，社会改革成功后，科学才能更进步，产业才能更发达。但这些都不是空口说白话所能办到的。"

李大钊说："诸位所言极是，但在公开宣传上，还要注意社会各方面都能接受，既要与国民革命的大目标相吻合，又不要为反动军阀找到迫害我们的口实。"

大家边吃边谈，心情十分畅快。李大钊忽然把话题由办学宗旨转到学校师资队伍的建设上来，便说："我给贵校推荐几位教学人员如何？"

邵力子说："欢迎，欢迎，这是我们求之不得的事。"

于是李大钊推荐了邓中夏、瞿秋白等共产党的优秀干部，然后说："这些同志的工作如何安排，你们商量决定，可以先找他们征求一下意见。"

不久，邓中夏便担任了"上大"的总务长，瞿秋白做了社会系主任。随后，上海大学又延聘了许多杰出的共产党员和社会知名的专家学者来授课，如：蔡和森、恽代英、张太雷、萧楚女、蒋光慈、施存统、田汉、洪深、周建人、沈雁冰、陈望道、俞平伯、丰子恺等。

1922 年 11 月，邵力子、邓中夏、瞿秋白研究制定的上海大学办学宗旨是"为适应社会之需要"。到了 1923 年 9 月，进一步明确提出：办学的目的是为了培养学生认识社会，将来改造社会。使上海大学具有时代性、革命性，即担负起时代赋予它的使命和革命的责任。

上海大学根据"适应社会之需要"的宗旨和培养革命人才的目的，调整了原来的科系，设了中国文学系、英国文学系、美术专科，新增了当时中国独一无二的社会学系，开设《社会哲学》（即辩证唯物主义）、《现代社会学》（即历史唯物主义）、《社会主义释疑》、《社会进化史》、《社会思想史》、《社会运动史》、《经济科学》、《社会意识学》、《社会主义史》及《资本论》等讲授马列主义基本原理的课程。

邵力子主持的上海大学，其教学特点之一是理论联系实际，并指导实践。教师在课堂上讲的理论，都引导学生用来分析研究当时中国各个阶级的现状和经济的发展动向。邵力子对学生讲："知识绝不是仅仅在书本上，也不是在教师的口述中。"上海大学反对那种"课堂、自修之外，一步也不走出去；读书之外一句也不响；写笔记，翻字典之外，一动也不动"[①]的死板、狭隘的教学和学习的方法。

---

① 施蛰存：《上海大学的精神》，载 1923 年 10 月 23 日《民国日报》的《觉悟》副刊。

上海大学的教学特点之二是启发引导，重点突出，不搞面面俱到。教师在上课前把讲义发给学生，到上课时，教师则是理论联系实际，补充一些活的、现实社会中的材料并突出重点，即抓住某个问题、某章、某节的关键地方，进行阐述。重点搞懂了，其他次要问题也就迎刃而解了。邵力子在讲《新闻学》时，完全离开讲义，利用《民国日报》上的新闻与评论为材料，作精辟的分析，切中时弊。学生听得津津有味。他讲古代散文，印了30余篇作品发给学生。他从不照本宣科地逐词讲解，而是告诉学生"熟读"，有了问题，他负责答疑。邵力子说："日后写作通讯或撰写社论，不论文言、语体，以能流利畅通。"

上海大学鼓励学生在课外组织各种社团，把学术研究与"认识社会，改造社会"结合起来。比如："社会问题研究会"，其宗旨为"研究社会疾病，促进社会健康"；"三民主义研究会"，其宗旨为"彻底了解三民主义，并促其实现"；"湖波文艺研究会"，其宗旨是"宣传革命文学"；"中国孤星社"，其宗旨是"研究学术，讨论问题，彻底了解人生，根本改造社会"，并发行《孤星旬刊》。此外，上海大学学生中还有"春风文学会"、"艺术会"、"平民教育委员会"、"英语文学会"等等。这些学生社团活动和课堂教学结合起来，对培养学生分析、判断社会的能力，独立开展工作的实践能力，起到了巨大的促进作用。

邵力子还鼓动上海大学的学生走向社会。邵力子认为，不能只是让学生在课堂上关心国家的命运，民族的前途。学生必须走上社会，深入工厂、农村了解社会各阶级动态，宣传民族存亡，匹夫有责的道理。1924年夏天，上海大学共产党支部还组织进步师生，深入小沙渡、浦东、吴淞、杨树浦等工人集中的地方，办起"工人夜校"、"工人文化补习学校"。通过识字、学文化，提高工人的觉悟，并在工人群众中发展党、团员，扩大党的力量和政治影响，培养工人运动骨干。如日商内外棉七厂工人领袖、共产党员顾正红，就是沪西工人夜校的学生。在夜校的教学活动中，"上大"的师生用启发式谈话，告诉工人群众：工人阶级、劳苦大众创造的物质财富都被资本家剥夺去了。工人过着衣不蔽体、食不果腹的生活，而资本家却花天酒地，醉生梦死。这是极不合理的社会制度。工人阶级应该团结起来，和资本家斗争，改善自己的生活。"上大"学生把课堂上学到的革命理论，通过夜校和日常接触，都渗透给了工人群众，提高了他们的阶级觉悟和斗争意识。

由于上海大学有一支革命的、进步的教师队伍，学生们在这里能学到辩证唯物主义和历史唯物主义原理，学到革命的理论，懂得做人的道理，所以，许多追求真理、追求进步、追求革命的知识青年都来这里读书。1922 年春夏间，方志敏到了上海，在邵力子的帮助下，白天在上海大学听课学习，晚上到《国民日报》做社校对工作。女作家丁玲，到上海求学，她先在共产党创办的平民女校上学，后来也升入上海大学读书。1922 年至1923 年间，国民党将领张治中在上海闲居时，还慕名到上海大学旁听了几个月的课。人们把上海大学称为革命人才的摇篮，一点也没有过誉。

◆ 二、"五卅"中的邵力子 ◆

1925 年2 月1 日，上海日本内外棉纱厂无理开除大批粗纱部男工，并侮辱、殴打工人。日商的行为，激怒了上海所有内外棉纱厂的工人群众，于是，4 万多工人同时举行了大罢工。邵力子和邓中夏、瞿秋白等共产党员，立即组织上海大学的学生积极支持工人的罢工斗争。学生们组成宣传队，深入各个工厂，散传单、写标语、作演讲，鼓舞工人的斗志，揭露日本资本家的罪行。学生们还组织了许多"募捐队"，向社会界人士募集款项，用来维持罢工工人的生活。

2 月21 日，日本驻沪商业会议所主席田边，致函工部局总董事费信敦（英国人）称："这次罢工是经过周密部署的运动的第一步"，"那些煽动分子和狂热分子煽动罢工的经费，则由本市一所大学供给，这所大学被认为是俄国布尔什维克党的宣传机关"。[①] 田边所指的"一所大学"很明显是指"上海大学"。

2 月20 日，邵力子在《国民日报》上发表言论《日厂工潮的解决谈》，揭露了日本资本家野蛮殴打中国工人的暴行以及日本政府为了掩盖这些罪恶行径的丑恶嘴脸：

> 日本市原外相谓此次罢工似非纯粹的罢工，我不知其何指，但同时我也承认此说。果为纯粹的劳资关系，则工资、工时或工会组织等等均可能为问题，然决不会有"不得殴打工人"问题。资本家雇佣劳工，可利用契约以剥削工人的剩余价值，决不能于契约以外更有侮辱工人身体的行为。然上海日本

① 见英国租界工部局总办处卷宗 2879 号（二）。

纱厂竟以此激起工人的愤慨而成为要求条件的第一项了。虽日本厂主不肯承认有打人行为，然试问此数万劳工何为无故造此谣诼以自夺其生计，又何以罢工风潮绝不蔓延于日商以外的纱厂？我相信日本工厂任意殴辱中国苦工，已成为司空见惯的事，并不只纱厂为然……今试随意举例以证愚说。17日《新闻报》"本埠新闻"栏有《日人绑缚女子之拘究》……

这不过是偶然被发现的，未发现的真不知有多少哩。日本商人在本国决不是这样任意殴辱工人的，这里面不显然有"看轻我们中国人"的原因在吗？因为看轻我们中国人而至激成众怒，所以我也承认这不是单纯的罢工了。

2月份的罢工刚刚平息。5月初，日本内外棉纱七厂的资本家便撕毁了2月份罢工时与工人签订的协议，以停工、关厂向工人猖狂反扑，阴谋破坏成立不久的工会。5月15日，该厂工人领袖、年轻的共产党员顾正红带领工人群众找到该厂资本家进行交涉。资本家被诘问得无言以对，竟野蛮地开枪射击工人代表，当场十余人受伤。其中工人领袖顾正红伤势最重，两天后死在医院。此事立即激起上海全市工人、学生和市民的极大愤怒。上海的工人罢工，学生罢课，全市人民掀起反对日本帝国主义的怒潮。

5月22日，上海大学的学生在邵力子、瞿秋白的带领下，高举红旗和横幅，去参加顾正红的追悼大会。横幅上写着醒目的标语："打倒帝国主义！"浩浩荡荡的学生游行队伍，与广大工人队伍会合在一起。他们边走边散传单，边喊口号。当游行队伍行进到普陀路时，被英国巡捕阻挡住了。

学生代表上前质问英国巡捕："为什么不让通过？"

英国巡捕蛮不讲理地说："这是英国租界，知道不知道？"

学生们愤怒了，个个义愤填膺："我们知道这是中国的土地！"

学生们高喊着："中国的土地，中国人有权利通过！"

学生们高喊着："冲过去！""冲过去！"一部分学生冲过了巡捕的防线，冲到潭子湾去参加顾正红的追悼大会。一部分学生被巡捕冲散，有的被巡捕的大棒打伤。有四位学生代表被捕，关进了英国巡捕设立的牢房。

邵力子通过各种关系，日夜奔走营救被捕学生。正在这时，蒋介石给邵力子发来邀请信，请他出任黄埔军校秘书处处长。几位要好的朋友劝他趁此机会离开上海，但邵力子说："要走，也得把我的学生全部营救出来。我不能把他们抛下不管。"

5月28日，中共中央负责人在上海召开紧急会议，通过了《扩大反帝运动和"五卅"大示威》的决议。决议规定：5月30日，发动上海全市的工人、学生、店员、市民，到租界举行反对帝国主义大游行。当瞿秋白把这个决议告诉了邵力子后，他兴奋得不得了。当晚，他就与上海大学的几位主要负责人研究、部署游行示威的事宜。散会后，深更半夜才回到家里，他躺在床上，仍然思绪万千，久久不能入睡。

5月30日一早，邵力子就和上海大学师生们一起，组成了38个"学生演讲团"，有400多人的游行队伍。他们手执写有标语的彩旗，排着整整齐齐的队伍，高呼着"打倒帝国主义！""废除不平等条约！""收回租界！"等口号上了街。当学生的游行队伍行至南京路新世界至抛球场一带，与工人的示威宣传队会合在一起，向广大市民慷慨陈词，揭露帝国主义的暴行，号召民众团结起来，奋起反抗！这时英国巡捕的马队冲过来了，打伤许多学生，并逮捕了100余人。

下午2点多，近万名群众聚集在老闸捕房门口，高呼反帝口号，强烈要求释放被捕学生。这时英国巡捕头子爱伏生竟然野蛮地下令开枪射击徒手的群众。上海大学社会系学生何秉彝、电话公司接线工人唐良生等11人当场壮烈牺牲。上海大学于达同等13名学生受重伤住院。被抓捕、关押在老闸捕房的群众则多达130人。

邵力子这一天始终和游行示威的学生、群众在一起。他以上海大学副校长的身份，组织、指挥学生的抗议、示威活动；又以《民国日报》主编和记者的身份，采访示威群众，了解各种情况，并用相机拍摄了大量帝国主义暴行的照片。

当天晚上，邵力子与瞿秋白、沈雁冰等人应上海学生总会的邀请，参加了在上海南市亚东医科大学召开的秘密会议。会议研究、讨论了上海市的斗争形势，布置了罢工、罢课、罢市的斗争任务和分工。

这时邵力子的主要任务是以上海大学副校长的名义，千方百计营救被捕的师生。阳翰笙在回忆这段时间的情况时曾说："副校长邵力子是很忙的，他当时的一个任务就是随时到法庭去出庭，他不仅是国民党的中央委员，而且在上海也很有名望。如果上海大学的学生和教职员被捕，他就去法庭辩论，不许敌人拷打折磨他们。他去打官司，把被捕的师生保出来，做了许多营救工作。”①

“五卅”惨案发生后的第二天，即5月31日，上海大学学生会继续组织“学生宣传队”上街演讲，结果有60多人被捕。上海复旦大学同学会，鉴于形势险峻，又知道邵力子先生应聘黄埔军校秘书处处长之职，为了他的安全，想劝其早日离开上海。当晚7时，这些学生在大东酒楼定下宴席为邵力子先生饯行。没想到的是，邵力子先生竟会派自己的得意门生毕静谦代表他出席宴会，并转达他对大家的谢意，说明未能出席的原因。

5月31日下午游行结束后，邵力子为自己的学生被捕而十分难过。为了把反对帝国主义的斗争坚持下去，并扩大其影响，当天晚上他与瞿秋白、邓中夏等学校领导秘密召开会议，研究深入开展反帝斗争的计划。在这种时候，邵力子当然没有心思出席饯行宴会，也不想离开战斗的上海。为了配合第二天上海总工会的成立，为了配合全市的反对帝国主义的斗争，他们开会到深夜，会上形成“罢课”的决议。

6月1日天刚亮，上海大学就向全国发出通电：“本校决定于6月1日起实行罢课，誓达惩办雪耻之目的。”②愤怒的上海大学的学生们，高呼着“打倒帝国主义！”的口号，拥上街头，散发传单，发表演讲，和罢工的工人们结合起来。

这天，上海总工会宣告成立了。同时，举行了20万工人的总同盟大罢工，5万多学生罢课，绝大多数商人罢市的反对帝国主义的斗争。这一时期，沪上各报都竞载上海大学的消息，该校的威名遂震惊全国。此一时期，上海大学的学生，个个生龙活虎似的，各种文化运动，各种革命集会以及一切反军阀、反帝国主义的斗争，无不以该校学生为台柱。上海大学师生的革命行动自然引起帝国主义和国内反动派的仇视和不满，敌人在一个文件上公然写道：“鼓动此次引起扰乱之学生或学童皆来自过激主义之大学——西摩路之上海大学。”

6月4日，以英、日帝国主义为首，派出英国巡捕70余人，突然闯入上海大学，翻箱倒柜，搜查所谓“共产党的秘密文件”。一时间，学校被搞得一片狼藉。外国巡捕还强令限制学生，10分钟之内必须离开学校，不许逗留。紧接着美国海军陆

---

① 王家贵：《邵力子和上海大学》，见1986年7月15日《人民政协报》。

② 《上海大学学生会电》，见1925年6月3日《民国日报》。

战队开进学校，踞全部校舍为驻地。至此，“上大”公私财物损失殆尽。

面对帝国主义的野蛮行径，上海大学的师生们，在邵力子和瞿秋白的领导下，没有屈服。他们把帝国主义的暴行通电全国，表示“努力与抗，决不退让”。6月5日，也就是上海大学被帝国主义武装占据的第二天，邵力子和瞿秋白出面借了上海老西门勤业女子师范学校，建立了临时办公处，召集师生，坚持斗争，处理善后事宜。

在震惊中外的“五卅”反帝爱国运动中，在地下党的领导下，邵力子带领上海大学师生积极地参加斗争，并发挥了带头和骨干作用。社会上许多人把上海大学与北京大学相比，称北有“五四”时期的“北大”；南有“五卅”运动中的“上大”。所以，帝国主义反动派控制的《大陆报》称：“北京大学和上海大学是共产党活动的南北两大中心。”

6月7日，上海总工会、全国学生联合会、上海学生联合会、各马路商界总联合会，推选代表组成了“工商学联合委员会”，向英、日等帝国主义提出了“惩办凶手”、“废除不平等条约”、“收回租界”、“收回海关权”、“废除领事裁判权”、“外国不得在华任意驻军”等17项交涉的条款。

上海市民在工人罢工、学生罢课的高潮影响下，连工程技术人员、各大洋行、银行的职员，甚至领事馆的雇工也罢工了。觉悟了的上海各界群众，提出的口号非常具体：“不卖鱼、肉、蔬菜、水果给帝国主义分子吃！”“不当帝国主义的西崽！”“不做帝国主义的奶妈！”“不在帝国主义的洋行办事！”“不买帝国主义的货物！”“不用帝国主义的钞票！”等等。搞得“洋鬼子”们买不到面包和水果，孩子没有人带，洋行的业务往来停滞，生活非常狼狈。

英、美、日、法等帝国主义，为了镇压中国人民的反帝爱国运动，以“保护侨民”为借口，调来了20余艘舰艇，海军陆战队也进入上海市区。在街头要道架起机枪，大街小巷都有外国巡捕在巡逻。

上海租界帝国主义当局认为这次反帝斗争的核心力量是学生，上海学生运动的核心是上海大学，上海大学的核心人物是副校长邵力子。因为邵力子的家住在上海法租界三益里，于是法租界的工部局下令驱逐邵力子出境。

直至7月中旬，邵力子才离开上海奔赴广州，到黄埔军校上任。

◆ 三、黄埔相见 ◆

1925 年 7 月 22 日，邵力子先生由上海乘船到广州。他一踏上广州的大地，便被革命热潮所感染，心情格外振奋。

黄埔军校，是国共两党合作筹建的。在黄埔军校有大量的中国共产党员，有的担任教官，有的是学员。1924 年秋，周恩来从法国留学回来，被廖仲恺推荐到黄埔军校任政治部主任。

一天上午，邵力子兴致勃勃地来到黄埔军校报到。邵力子下了汽船后，上岸穿过一片浓密的树林，来到黄埔军校的门口。哨兵向他敬了持枪礼，并检查了证件后，才允许他进入校门。邵力子由学员兵引路，来到一楼政治部办公室。他看见办公桌后面坐着一位年轻英俊的军官，正埋头审阅文件。邵力子心想：这可能就是周恩来先生了。于是邵力子先生用手指轻轻敲了几下门，那位军官抬头说："请进！"

邵力子便大步走了进去，客气地说："长官，我是来报到的。您贵姓？"周恩来忙从椅子上站了起来，热情地从桌子后面走过来，双手握着邵力子先生的手回答说："我是周恩来。"

邵力子先生忙说："久仰久仰！我早就听说您是一位优秀的政治家、宣传鼓动家，今天总算见到了您。我是邵力子，到您这里来报到。今后请多指导，多加关照。"

"邵先生，您太客气了。我早已听说您要到军校任职，我们非常欢迎您来工作。"周恩来边说边拉着邵力子请他坐在待客的椅子上，又立即转身去沏茶。

邵力子忙站起来说："谢谢。"说着接过周恩来递上的茶杯，两人便像老朋友一样亲切地交谈起来。

周恩来说："您在上海办的《觉悟》副刊我早就读过，您在副刊上发表的文章很好，我读过以后很受启发。"

邵力子说："您过奖了。"

周恩来说："不。您写的那些文章，都能够尽力用唯物主义的观点，分析工农群众在革命斗争中的伟大作用，介绍了苏联革命的经验，赞扬苏联共产党的国际主义精神和苏联在工农业方面所取得的辉煌胜利。您的文章对促进国共两党合作的步伐，起到了积极的推动作用。这些成绩是有目共睹的。”

邵力子听了周恩来的话，心里热乎乎的，感到非常高兴。

周恩来继续说：“您在促进国共两党合作方面，不屈不挠、忍辱负重地努力工作，同志们听了都非常感动。”

周恩来的一席话，又使邵力子想起两年前发生的一件不愉快的事：

1923年，国民党改组筹备办事处设在上海环龙路四十四号。当时，邵力子和毛泽东都在办事处工作，担负着促进改组国民党的具体事务工作。办事处各色人物都有，除了有共产党员、国民党左派之外，还有不少国民党右派人物在这里出出进进。当时，许多右派人物是极力反对改组国民党的。有一天，邵力子与反对改组的叶楚伧等人激烈地辩论起国民党改组的利与弊问题。邵力子的充分理由和雄辩口才驳得叶楚伧等人理屈词穷。

叶楚伧只是气急败坏、嘴里喷着唾沫星子反复强调说：“和共产党合作太危险了！外国人都坚决反对我们和共产党合作，我们就不应该与共产党合作！你要知道，和共产党合作是葬送国民党的前途！”

邵力子驳斥道：“列强反对国共合作，说明国共合作搞对了。越是帝国主义反对的事情，我们越要坚持！我们要有自己的主见，要有自己的头脑！”他说着还用右手的食指，指了指自己的脑袋。

叶楚伧被驳得哑口无言，理屈词穷，嘴里结结巴巴地说：“你，你……”支持叶楚伧的茅祖权这时恼羞成怒，竟然伸手打了邵力子一个嘴巴：“我看你就没有头脑，只知道听共产党的！”

在旁边的众人立即拉开叶楚伧和茅祖权，并强烈谴责他们：

“有理说理，怎么能动手打人！”

“你们这种行为还像革命党吗?！一有不同意见，就大打出手，谁还跟着你们干革命！”

叶楚伧和茅祖权在众人的指责下，只好灰溜溜地走了。原来还不大同意国共合作的人，这时也纷纷支持邵力子的观点，认为国共合作符合革命潮流。这更加促进邵力子积极地为国共合作努力奋斗。

邵力子想到这里，对周恩来说："后来我又读到了共产国际《关于中国共产党和孙中山领导的国民党合作的决议》，从那以后我就更加深刻地认识到，国民党和年轻的中国共产党合作是十分必要的。只要国民党在革命中执行正确的政策，中国共产党就应该在民族革命运动中帮助国民党。但国共合作得不管多么密切，中国共产党无论如何也不应与国民党合并，也不能在这些运动中隐藏自己鲜明的旗帜。"

周恩来听了点点头说："你说得对，国共合作中，共产党必须保持自己的独立性，只有如此，才能与国民党合作好，这样中国革命才能有希望。"

邵力子的脸上总是挂着微笑，掩饰不住自己高兴的心情。邵力子最后终于鼓足勇气，把藏在自己心底的话对周恩来说出来："我是咱们共产党的第一批党员。1920 年 4 月，我在上海与陈独秀一起接见了第三国际的代表维辛斯基。5 月间，我和陈独秀、李达、李汉俊、陈望道、沈定一、施存统等七人，在上海成立了马克思主义研究会。8 月间，该研究会转成'上海共产主义小组'，也就是上海的第一个共产党组织。别人是先加入共产党，再加入国民党，我比较特殊，我先加入的国民党，后加入的共产党。我在当时，一是因为工作忙，时间太紧张，白天在复旦大学讲课，晚上还要在报馆里编稿，许多学校经常请我去演讲；二是由于我担任河南路商界联合会会长，还兼着上海市商界联合会总会的工作，这些职务都以国民党员的身份去活动为宜；三是上海英、法租界的巡捕房的警察经常与我捣乱，使我不便于参加共产党的秘密组织生活。经组织许可，我可以不参加小组会议，成了特殊条件下的一个特殊党员。今天到了革命中心广州，又在黄埔军校工作，在这里共产党的组织可以公开活动，我想公开共产党员的身份，您看可以吗？"

周恩来听了邵力子的自我介绍后，高兴地说："关于您的经历，我也听同志们说到过。至于是否公开共产党员的身份，我还要请示一下上级党组织，因为您不是一般的共产党员，也不是一般的国民党员。"

邵力子说："我理解，我等着组织的批复。"接着他又热情地向周恩来询问学校的一些情况。周恩来详细地作了介绍，尤其是政治部的宣传工作介绍得更是仔细。最后周恩来谦虚地对邵力子说："军校的政治工作非常艰巨，希望您努力工作，咱们同心合力，开拓政治工作的新局面。"

邵力子微笑着说："我很乐意来军校工作。但是，我虽在上海办过报纸，办过学校,也为黄埔军校秘密招收过第一期新生,并参加过考生的面试,后来又为军校输送过不少合格的学生……”谈到这里,邵力子又想起当时的一些动人的场面。

1924年2月,黄埔陆军军官学校筹备成立时,邵力子受廖仲恺等人的委托,曾在上海大学秘密地为黄埔军校招生。他们把招生地点设在上海环龙路一号,隔个三五天就有几个从外地来的革命青年报到。这些青年都是各地共产党的地下组织推荐来的。他们觉悟高,能吃苦,经过文化考试合格后还要面试。当时的文化考试主要是考作文、政治、数学。口试主要是了解这些青年人对“三民主义”的理解和态度以及他们的志趣、爱好、品质和反应能力等。邵力子还清楚地记得面试一位来自山西的青年:

邵力子问:“你为什么报考军官学校?”

这位青年毫不犹豫地回答说:“为了打倒帝国主义、打倒军阀,救中国,让老百姓过上好日子。”

邵力子又问:“打仗要死人的,你不怕?”

这位青年坦然地说:“怕死?我们家乡的父老天天被军阀、被财主逼迫得走投无路,有的冻饿而死,有的被毒打致死。我爷爷被债主逼得上了吊,我爹因缴不了捐税被捆绑到县政府被活活打死,我两个小妹妹还不到10岁,就卖给财主当丫鬟,不久我娘在贫病交加中寻了短见。后来我就当了兵,当兵也要受长官的气。我认识到不打倒这些吃人的家伙,我们穷人就没有活路,所以我才来报考军官学校。”

邵力子又问:“你报考军官学校是为了当大官,回家报仇吧?”

这位青年把眼睛瞪得大大地说:“不是为了当大官,我要像孙中山先生说的那样,是为了干大事,让所有的穷人不再受地主、恶霸的气!”

……

邵力子想到这里,谦逊地说:“如何搞好军校的政治宣传,如何对这些有为的青年人进行教育,我是心中无数的。还需请您和其他同志多多帮助呀!”周恩来也微笑着说:“以后我们可以多与蒋介石校长、苏联顾问鲍罗廷、军事顾问加伦等人商量,搞好学校的政治宣传工作,是不会成问题的。我们一定要下定决心,创办革命军,争取革命胜利。”

不久,经中共广东区委批准,邵力子可以公开共产党员身份,参加组织生活。

◆ 四、恳切交谈 ◆

1925 年的暑假,邵力子是在黄埔军校度过的。他觉得自己初来乍到,许多情况不熟悉,正好借助暑假和留在学校的教官、学生多接触,多交几位朋友,对开展工作还是有好处的。

有一天傍晚,落山的骄阳收敛了它那烤人的烈焰。晚饭后,周恩来和邵力子两人肩并肩地漫步在黄埔岛的珠江岸边。阵阵凉风从江面吹来,驱散了两人身边的暑热。邵力子抬眼看着江中来往的渔船和小货轮,看着岛上的绿树丛花,无限感慨地说:“这里很美,但我总觉得家乡的山山水水比这里更美。”

周恩来问:“您祖籍哪里?”

邵力子回答道:“我的祖籍是绍兴。”

周恩来高兴地问:“是城里还是乡下?”

邵力子回答:“是乡下。我出生在陶堰村,祖居是附近的邵家溇。”

周恩来高兴地说:“好啊!我们是同乡了。”

谈到邵家溇,邵力子立即想起了童年趣事。

邵力子很小的时候,因为妈妈跟着爸爸到吴江县盛泽镇去住,便把他送到邵家溇,由他的婶娘抚养。邵家溇是一个离曹娥江不远的、幽静而偏僻的村庄。村旁有一个不大不小的湖,四周绿荫环绕,青翠欲滴,中间的湖水碧波荡漾,风景分外美丽。

邵力子的婶娘是一位胖胖的和蔼可亲的中年农妇。婶娘待邵力子像待亲生儿子一样,晚上让力子和她睡在一张床上。力子尿了床婶娘也不说他,只把湿垫子撤下来再换一个干垫子。赶上连阴天,垫子晒不干,婶娘就自己睡在湿垫子上,让力子睡干的地方。邵力子想到这里,便自言自语地说:“我小时候是让婶娘带大的,虽然已长大成人了,但我有时还是非常想念我的婶娘。”

周恩来听了笑笑说:“我从小也是让婶娘带大的。”于是他便向邵力子简单地介绍了一下自己的身世。

周恩来不满一岁时,他最小的叔叔贻淦病危。中国封建社会的传统习俗,特别看重有没有后代。“不孝有三,无后为大”,在人们的头脑中起着很大的作用。周恩来的小叔结婚尚不到一年,自己还没有孩子,心里很难过。为了使叔叔贻淦在弥留之际得到一点安慰,也使年轻的婶娘陈氏精神能有所寄托,周恩来的父母尽管当时只有一个孩子,还是把他过继给叔叔贻淦为嗣子。两个月后,叔叔贻淦病逝,幼年的周恩来便由守寡的婶娘抚养。

邵力子听后,笑笑说:“没想到我们两个人还有这么相似的地方呢。”

周恩来说:“还有一个相似的地方呢,您想到了吗?”

邵力子眨巴眨巴眼睛说:“想不起在什么事情上还有共同点?”

周恩来说:“1919 年 6 月,您在上海《民国日报》出版《觉悟》副刊。半年后,1920 年 1 月 20 日我在天津主编的《觉悟》月刊创刊发行。我们两个人不谋而合,南北配合得多么默契。”

经周恩来这一提醒,邵力子马上回想起当年办《觉悟》副刊的情形。

《觉悟》副刊于 1919 年 6 月 16 日首次在上海《民国日报》第八版上出现的。在这之前,每天三大张的《民国日报》原有副刊两半版,约 4000 字。在八版的叫《民国闲话》,在十二版的叫《民国小说》。从 5 月 12 日起,邵力子先把《民国小说》停了,改出《大家讨贼救国》;《民国闲话》这个副刊仍在继续出。从 5 月 25 日开始,八版上出了《民国小说 · 闲话合刊》。但由于《大家讨贼救国》这一新副刊办得越来越有生气,使这个《民国小说 · 闲话合刊》黯然失色。当 6 月 10 日曹汝霖、陆宗舆、章宗祥这三个卖国贼被赶下台的消息传开后,从编者到群众,情绪万分激动,合刊也就停办了,改出《救国余闻》,直到 6 月 15 日,共出了五期。到 16 日,就又改《觉悟》新名出刊。

《觉悟》副刊与当时北京的《晨报》李大钊等参加编辑的副刊、《京报》孙伏园主编的副刊、上海的《时事新报》张东荪主编的副刊——《学灯》,号称“五四文化运动”四大副刊,在全国很有影响。但《京报》副刊以文学为主;《学灯》副刊标榜宣传新思想,实际是新文化的右翼;《晨报》副刊虽然宣传社会主义思想,但它以翻译的文章为主,而且各种流派的作品兼容并举;在这四大副刊中,只有邵力子主笔的《觉悟》副刊基本上是宣传马克思主义的。

1919 年 6 月 16 日《觉悟》出刊时,可能时间匆忙,来不及写“发刊词”阐明它的发刊宗旨。但是,在 6 月 18 日的《觉悟》副刊上,发表了署名“力子”的《古训怀疑录》这篇连载达三个月之久的专文。我们不妨认为:这篇主张“有破有立”的《古训怀疑录》,实质上就是主编邵力子为《觉悟》副刊事后补写、连载的代发刊词。

他在这篇文章中开宗明义地写道:“一个社会里面的古训,最能够影响群众的心理和习惯。加上我国的社会,是守着‘则古称先’的那种话头,如果是什么古圣古贤所说的,绝对不许有人怀疑,因此束缚了国人的思想自由,实在不少。况且古人的说话,因着时势和他所遭的境遇,本含有各种特别的情形,现在却把他变成个普遍的、永久的,教大家到现在还要奉他做金科玉律,自然要发生种种害处。我国学问的不能进步,就为着一般人对古训不敢怀疑的缘故。”他在文章中大声疾呼:“我们现在要改造社会,就不能不把种种可疑的古训抛弃,教各人都能用新思想去观察,那真理越发明白,社会就越发进步,真的‘德摩克拉西’也就越发有了希望。”“我既然有些觉悟,就不得不望大家都有此觉悟,我做《古训怀疑录》,劈头就讲这两句话,也完全是这个意思,希望大家都明白自己的责任是很重的,不论做何种职业,都要分出大部分的功夫去替社会服务。”①

周恩来看到邵力子进入深沉的思考,便说:“您主编的《觉悟》副刊在国内影响很大,一是介绍了大量的马克思主义理论和经典作家;二是登载了许多介绍社会主义的理论文章。我记得一位署名‘鹤’写的《什么叫做社会主义》、《社会主义的目的》两篇文章,文笔就十分漂亮。”

邵力子笑着问周恩来:“您知道这位‘鹤’先生是谁吗?”

周恩来笑笑说:“不知道。”

邵力子边回忆边说:“当时为副刊撰稿的有许多人是共产党员。比如:李大钊、陈独秀、瞿秋白、李达、李汉俊等等。‘鹤’就是李达先生。他们的文章不只正面宣传了马克思主义,还对形形色色的反马克思主义的文章进行了批驳,所以很受进步青年的欢迎。”

周恩来说:“张东荪主编的《时事新报》,宣传‘基尔特社会主义’很卖力气。你们对此还进行过批评哩。”

邵力子说:“是啊,当时张东荪打着宣传‘基尔特社会主义’的招牌,实则反对

① 见《邵力子文集》上册,第127—134页。

马克思主义，着实迷惑了一部分青年。所以我和陈望道等人便写文章进行了驳斥。”

周恩来说：“您写的《主义与时代》、《心与力》等文章我都读过。您在文章中肯定了‘社会主义是时代的潮流’，并且指出中国的工业、经济虽然不能和欧美等国现在的情况相比，但和100年前的欧美各国的情况也相差不了多少。欧美当时能产生《共产党宣言》，出现社会主义者和社会主义运动，为什么我们国家就不行呢?!”

邵力子马上接过话来说：“是啊，是啊！我就是不服气才奋笔写这些文章的。”

两个人只顾亲切地交谈，忘记了时间的飞逝，直到潮涨上来江水打湿了他们的鞋袜，这时他们才意识到天色已很晚了。他们这才恋恋不舍地离开江边，边走边谈回到校舍的办公室里。

周恩来比邵力子小16岁，从此他们结成了忘年之交。两人的兴趣和爱好是那么广泛，又有那么多一致的地方。两人在一起有说不完的话，他们经常就军校的建设、学生的军事训练以及东征等问题交换意见。随着时间的流逝，互相间的了解也越来越多，友谊也越来越深厚。

蒋介石发现邵力子与周恩来关系很好，不但没有干涉，反而鼓励他这样做。有一次蒋介石在校园里碰到邵力子，看似随便，却别有用心地轻轻对他说：“像周恩来这样有才华的共产党员，你要主动地和他们交朋友，把他们一个一个地争取过来。”所以在以后的岁月里，邵力子与周恩来的交往，就更无所顾忌。

◆ 五、拜访李大钊和冯玉祥 ◆

邵力子在军校颇受蒋介石的器重。蒋介石用人，向来考虑“三缘”：地缘、血缘、学缘。邵力子祖籍浙江，自然占了“地缘”之光。9月初，军校成立“筹备校史编纂委员会”，邵力子被任命为主席，王柏龄、周恩来、何应钦、钱大钧等人被委以“审查委员”。9月13日，黄埔军校国民党区党部改选第三届党部委员，邵力子又被选为执行委员。他身兼数职，成天忙忙碌碌地工作。

就在邵力子当选军校国民党区党部执行委员的当天下午，蒋介石派传令兵把邵力子请到了自己的办公室。邵力子来到二楼蒋介石的办公室门口，只见蒋介石在办公桌前背着手走来走去,好像心事很重。当蒋介石转身面对门口时,一眼看见了邵力子,便忙说:“请进! 请进!”

邵力子走进办公室,毕恭毕敬地问:“校长有何吩咐?”

蒋介石把戴着白手套的右手一伸说:“请坐。”邵力子见蒋介石仍然站着,他也就站在桌边不动。蒋介石慢慢踱到门口,轻轻关好房门,再回身走到办公桌前,伸手拉过一张靠背椅子,自己先坐下来,又重复了一句:“请坐。”这时邵力子才在蒋介石的对面坐下来。

蒋介石习惯地从上衣的下面口袋里摸出一个白纸本子,翻着看了一下,合上本子说:“请你来是想交给你一项重要任务,不知你有何想法?”蒋介石说到这里就不说了,他看了一下不动声色的邵力子,又说:“今年春天,我们击败了陈炯明,但他最近又集结残部,在英国和吴佩孚的支援下正打算向广州反扑。万一吴佩孚出兵南下,来个两面夹击,使我们腹背受敌,那处境就十分危险了。”

蒋介石说到此处,不动声色地站起来,背着手又在窗前来回踱步。邵力子也随即站起来,向蒋介石走过去。蒋介石这时才停下了脚步,语气低沉地对邵力子说:“为了解决我们的后顾之忧,我想派你去一趟北方,找到冯玉祥,向他说明局势,万一吴佩孚派兵南下,希望他的国民军能配合我们,也能从北方打过来,攻占武汉,这样我们就有胜利的把握了。”

邵力子听明白蒋介石的意图后,有点为难地说:“可是我从来没有见过冯玉祥,和他没有一点交情啊!”

蒋介石微微一笑说:“你这就有点书生气了。在对待旧军阀上,冯玉祥的国民军和我们的利益是一致的,只要有共同的利害关系,就容易谈到一起。在这方面他配合我们不会有问题,你放心去好了。”

邵力子问:“我什么时候动身?”

蒋介石说:“目前战局变化很快,兵贵神速,事不宜迟。今天下午你准备一下,最好晚上就动身上路。”

邵力子从蒋介石的办公室匆匆出来,到了一楼,路过周恩来的办公室门口,只见周恩来正忙着整理文件,便说:“你成天这样忙,我也无法帮助你。刚才蒋校长又给我布置了新的任务。”

周恩来随便问了一句:“有何重托?”

邵力子转身关上房门，轻声把蒋介石刚才的布置告诉了周恩来。然后说：“我从来没见过冯玉祥，贸然去见他，谈这么重要的军机大事，总觉得有点唐突。”周恩来听完之后，想了一下说：“您不是与李大钊先生过从甚密吗？李大钊与冯玉祥将军的关系很好。今年5月份，李大钊领导的中共北方区委派宣侠父等同志到西北军做统战工作，很有成效。‘五卅’惨案爆发后，全国掀起反对帝国主义运动的高潮。冯玉祥曾在张家口召开民众反帝示威大会，与全国反帝斗争相呼应。现在冯玉祥正进一步倾向革命，您去找他正是时候。您到了北京，可以先找李大钊同志，请他陪您去张家口，这事一定能办妥。”

邵力子又担心地说：“李大钊同志工作那么忙，不知道他能否抽空陪我去张家口？”

周恩来自信地说：“我看问题不大。李大钊是一位热心的人，现在大家都在为国共合作而努力工作，只要是有利于国民革命的事，李大钊就会全力以赴帮助你的。”

9月13日晚上，邵力子登上开往武汉的火车，然后继续转车北上。15日上午邵力子在北京前门火车站下了车。他一出站，一大群拉黄包车的便围上来：“先生，您去哪儿？请坐我的车。”

“我跑得又快又稳，请坐我的车！”

邵力子也许是出于怜悯贫苦人的心理，他指着一位瘦骨伶仃的老车夫说：“我就坐这位老人的车吧！下次再劳累诸位。”

邵力子坐上车后对车夫说：“拉我到一家离北京大学不太远，价钱又不太高、设备又不错的旅馆住下就成了。”

尽管9月北京的天气已经凉爽了，但老车夫吃力地跑了没有多远，汗水就湿透了布褂子。邵力子心里很不好过，对车夫说：“不要跑了，慢慢走就成。”

老车夫感激地说：“您可真是好人哪！”

老车夫把邵力子拉到西安门附近的西安饭店门口，和蔼地说：“这里闹中取静，往西不远就是繁华的西四；往东直走，过了故宫后门不远就到了位于沙滩的北京大学。”

邵力子边道谢，边付足了车费。然后他走进饭店，早有服务人员迎上来。邵力子来到账房，以《民国日报》记者的身份，包了一间客房住下。

第二天一早，邵力子洗漱完毕，吃过早点，便喊了一辆人力车往东直奔北京大学。邵力子来到北大红楼图书馆，打听到李大钊的办公室，然后用手指轻轻敲了两下。他听见一个很熟悉的声音："请进。"

邵力子推开房门，李大钊一看是邵力子，便惊喜地问："听说您到了黄埔军校，今天来到北京有何贵干？"

邵力子说："无事不登三宝殿，我今天身肩重任，有求于您啊。"

李大钊说："我们情同手足，但说无妨。"

邵力子把来意详详细细地向李大钊讲了一遍。李大钊听后沉思片刻说："您来得很巧，本来我这几天要和赵世炎一起去张家口开会，并会见冯玉祥将军，咱们正好同行。"

李大钊说到这里，拿起桌子上的一封信让邵力子读："您看看，冯玉祥将军对形势估计得太乐观了。他没有看到日本帝国主义为了自身的利益，会公然支持张作霖；他也没有想到东山再起的吴佩孚，有可能与张作霖结成联盟向他进攻。北方区委希望我能亲自去趟张家口，向冯玉祥将军指明这种危险的局面。同时党组织为了推动内蒙古地区各族人民的革命运动，近日决定在张家口召开工农兵大同盟成立大会，北方区党委也希望我能出席成立大会。"

邵力子高兴地说："真是太巧了！我们哪天动身？"

李大钊说："您先在饭店休息两天，待我把手头的工作料理一下。我买好了车票会派人通知您的。"

两天后的晚上，李大钊手里提着一个小包袱来到西安饭店。邵力子热情地把李大钊迎到自己的房间里，立即沏了一杯茶递上："买好火车票啦？"

"买好了，明天早上8点10分。"李大钊说着从长衫口袋里掏出一张火车票，递给邵力子。然后他又打开小包袱，拿出一身工人服装对邵力子说，"咱们去张家口是参加工农兵大同盟成立大会。若穿着长衫、制服和那些工农代表坐在一起太刺眼，必须换换服装才不被人注意。不知你穿这身衣服，大小是否合适？"

邵力子拎起衣服在自己身上比了比，说："正合身，您想得真周到。"

李大钊说："明天早晨8点，咱们在火车上见，今天晚上你早点休息吧。"

第二天早晨，邵力子起床后，来到账房结了账，并把手提皮箱寄存在饭店。一个人走到西四在小摊上吃了些油条、豆浆，坐上路边的人力车，说了句："西直门火车站。”人力车夫就撒丫子跑起来。

邵力子在三等车厢里看到了李大钊和赵世炎同志，他们两个人也是一身中式裤褂，工人打扮。三个人相视而笑。

到了张家口，邵力子也想参加工农兵大同盟成立大会。于是李大钊、邵力子、赵世炎和参加会议的各地代表，便都住在张北大旅舍。

成立大会一天就结束了。吃过晚饭，李大钊给冯玉祥挂了一个电话：“我来张家口参加工农兵大同盟成立大会……您那么忙，怎么好打搅您……我给您带来了一位贵客，见面就知道了……我住在张北旅舍……挺好的……不打扰您了……明天上午见……”

过了不一会儿，有人“笃！笃！”地敲门。一位代表拉开屋门，只见一位魁梧的将军站在门口。

原来冯玉祥挂上电话就带上警卫员乘车进了城。他好不容易在一条小街巷里找到了“张北旅舍”，借着门前昏暗的灯光，才看清它那破旧的门脸儿和招牌。

李大钊看到冯玉祥来了，忙站起来说：“不知大驾光临，有失远迎。您看，连坐的地方都没有。”

冯玉祥笑着说：“您这大学者能住在这样的地方，我还有什么地方不能坐？”说着就拉着李大钊的手一齐坐到炕沿上，并说：“你给我带来的贵客呢？”李大钊指着坐在一旁的邵力子说：“就是这位大名鼎鼎，主编《觉悟》副刊的邵力子先生。如今他已是黄埔军校的秘书处处长了，千里北上，有要事和您相商。”

冯玉祥欠身把手伸过去，与邵力子握着手说：“久仰，久仰！您既然是我的贵客，今晚您和李先生就住到我那去。”说着就一只手拉着邵力子，一只手扯着李大钊站起来。

李大钊说：“代表们还没有走，明天我送走代表后，再去您那儿也不迟。”

冯玉祥说：“今天晚上咱们先谈，明天一早，我把你俩再送过来不是一样吗？”说着硬拉着李、邵二人往外走。

李、邵二人只好随冯玉祥一起来到城外的国民军司令部。客厅里早已打扫得干干净净。三人刚刚坐定，侍卫人员就递过热毛巾，紧接着一位护兵端着茶盘进来，每人面前放了一杯刚沏的茶水。冯玉祥吩咐说：“你们都下去吧，不喊你们，就不要进来。”众位卫士应声退下。

冯玉祥说:“邵先生远道而来,有何见教?”

邵力子忙说:“不敢,不敢。我只是奉蒋校长之命,向您通报一下南方的革命形势和广州国民政府的新举措,同时也想听听您对时局的分析。”

冯玉祥说:“您先谈谈南方的局势。”

邵力子胸有成竹地介绍说:“广州国民政府,在群众中的威信还是很高的。今年8月份,国民党左派元老廖仲恺先生虽然被刺身亡,但凶手很快就被抓获。现在南方政局稳定,社会秩序很好,烟毒被禁,赌场被封,取消苛捐杂税,人民负担日益减轻,安居乐业……”

冯玉祥听着频频点头。邵力子接着又说:“今年1月份革命军东征击败了陈炯明。但今年夏天,陈炯明在英帝国主义的支持下,又死灰复燃,正在伺机反扑。最近国民政府可能要发动新的东征。现在许多同志担心,当国民军的东征取得最后决定性的胜利时,吴佩孚从武汉发兵南下,这样广州国民政府两方面同时应战,就会非常被动。据可靠消息,目前吴佩孚正在湖南伺机蠢蠢欲动。不知您对这种局势有何看法?”

冯玉祥听后说:“我看吴佩孚南下直扑广州的可能性不大。如果他真敢冒天下之大不韪,我将从北京亲自带兵打到武汉去,端了他的老窝!”冯玉祥嘴上说得这样坚定,但他心里也有点发虚,因为他也预感到奉系和吴佩孚有联合起来攻击西北军的可能。

李大钊说:“咱们中国的民主革命屡屡受挫,一是革命阵营内部不团结;二是对反动军阀的本质认识不清,往往对他们抱有不切实际的幻想,上他们的当。据我看,南北国民军应加强团结,互相配合,互相支援,这样力量就大得多。否则就容易被敌人各个击败。再者,我们除了警惕吴佩孚的军队南下之外,还应警惕张作霖与吴佩孚联合起来攻击西北军。除此之外,我们还应看到张作霖背后有日本帝国主义的支持,吴佩孚背后有英帝国主义撑腰。总之,南北国民军应双方互相配合,对南北反动军阀和帝国主义的勾结提高警惕。只要您永远高举反帝、反封建的大旗,亿万人民就永远是您的坚强后盾,您就永远有不可战胜的力量。”

冯玉祥说:“二位所言极是,真是与君一席话,胜读十年书啊。”这时墙上的大挂钟“当!当!当!”连续敲了12下,冯玉祥说:“时间过得真快,已经半夜了。我们吃点东西吧!”说完就喊卫士:“吩咐厨房,准备夜宵!”

三人吃完夜宵,又谈了好长时间才各自睡觉。

第二天早晨起床后,邵力子对李大钊和冯玉祥说:“我出来好长时间了,蒋校长还等着我回去复话,黄埔军校还有许多工作等着我去做,不能再多耽搁了。我想今天上午就回北京,然后直下广州。”

冯玉祥和李大钊见邵力子如此着急返粤,也就不再挽留,只是紧紧地握着手说:

“望多保重。”

“后会有期。”

◆ 六、邵力子接任政治部主任 ◆

邵力子没有在北京耽搁,他从西安饭店取了箱子,换好衣服,当天就搭乘特快列车直抵武汉,由武汉取道广州。

邵力子赶到黄埔军校,正赶上第二次东征的部队要开赴前线之际,军校的气氛十分紧张。他在寝室放下箱子,只擦了一把脸就上二楼找蒋介石汇报。蒋介石看到邵力子回来,非常高兴,急忙站起来,迎过去,亲切地握着他的手说:“你辛苦了,好好休息一下。这么远的路程,往返只用了十来天,你办事的效率还是很高的,将来还可以做更重要的工作,担负更大的责任。”

邵力子说:“过奖了。这次我去张家口见到了冯玉祥,他为人豪爽,很痛快地答应了,假如吴佩孚敢于出兵南下,他将立即挥戈直捣武汉。”

蒋介石面无表情地说:“豪爽归豪爽,办事归办事。纸上写了的都不能算数,嘴上说的就更不可靠了。”

邵力子说:“我看冯玉祥还不像口是心非的人。”

蒋介石仍然板着面孔说:“冯玉祥有冯玉祥的难处,我们有我们的困难。人处困境,不是你想干什么就能干什么的。困境是不管你允诺过什么的。你去北方十来天,形势变化很快。9月中旬,陈炯明又占领了潮汕平原,并指挥刘志陆、林虎率部向广州大举进攻,局势非常紧张。第二次东征的部队已经组建起来,马上就要开赴前线。你先去休息一下,有空咱们再谈。”

为什么陈炯明死灰复燃如此之快?这是得到帝国主义和反动的北洋军阀支持的结果。英帝国主义通过香港当局给了陈炯明300万发子弹和大量现款,段祺瑞政府给了他30万元军饷和两艘军舰。陈炯明有了这些钱和武器，很快召集起旧部，并妄图勾结广东南部的邓本殷部夹击广州国民革命政府。

9月中旬，国民政府军事委员会任命周恩来为国民革命军第一军政治部主任，授少将军衔。这是中国军队设立政治部的开始，也是国民政府为第二次东征，在干部安排上作的初步调整。

这时蒋介石的反革命嘴脸还没有完全暴露出来，他表面上还能说些拥护孙中山的"三大政策"的话，做些联合共产党的事。1925年9月13日，蒋介石在黄埔军校国民党特别党部第三届执行委员会改选的大会上发表演说，调子还是蛮高的。他慷慨激昂地说："国民党的同志，对于共产党的同志，尤其不可有反对，因为我们要晓得，'反共产'这句口号，是帝国主义用来中伤我们的。如果我们也跟着唱'反共产'的口号，这不是正中了帝国主义的毒计了吗？……总理容纳共产党加入本党，是要团结革命分子，如果我们反对这个主张，就是要拆散革命团体，岂不是革命党的罪人？"①

9月28日，国民政府正式任命蒋介石为东征军总司令。东征军下辖三个纵队：第一纵队何应钦任队长；第二纵队李济深任队长；第三纵队程潜任队长。

9月28日，国民党中央执行委员会又任命周恩来为国民革命军第一军政治部主任，授少将军衔，兼第一军第一师党代表。

9月29日，国民政府又任命周恩来为东征军总政治部总主任，全权负责前方政治工作。在总主任之下，分设秘书处和社会运动科，分别处理部务，指导社会各方面运动和宣传总队的工作。周恩来就职后，从军队中抽调了几十名优秀共产党员到总政治部工作。周恩来领导总政治部组织了160多人的政治宣传队，他根据每个人的特长，分别组成了"话剧团"、"歌咏队"、"演讲队"。这些小分队时分时合，互相交叉。有的人既唱歌也演剧，一专多能，一人多职。他们在排练节目之余，还油印了大批宣传材料，写了好多红绿纸的标语，准备在东征时，沿途张贴和散发。周恩来为了开展军内及对敌军、民众的宣传工作，夜以继日地忙碌着。

9月底，蒋介石颁布了东征军的《准备出发令》，东征军分三期出发："第一期为10月1日，第三师全部及第二师第四团出发。第二期为10月5日，第一师全

① 李勇、张仲田著：《蒋介石年谱》，第97页。

部及军部出发,第二师第五团第一、二营开往省城警戒,第三营留守虎门。第三期为10月9日,其他各部队出发。”

这时,蒋介石感到周恩来负责的政治宣传工作太重要了,而且拉了许多共产党员在他的身边工作。周恩来的威信在军校中日益提高,影响越来越大。蒋介石便想免去其军校政治部总主任的职务。周恩来也看出了蒋介石的意思,不过两人还没有谈开。

9月30日的晚上,邵力子来到周恩来的办公室。只见周恩来正忙着整理各种文件,为第二次东征做准备工作。周恩来看到邵力子进来,忙让座。邵力子并没有坐下,站在周恩来的办公桌前说:“我能帮您做点什么吗?”周恩来笑笑说:“我倒希望您来帮我做点事,只是您插不上手。哎,请坐!”周恩来说着站起来走到邵力子的身边,拉着他的手,两个人并肩坐在硬靠背木椅子上。周恩来热情地对邵力子说:“我这次随军东征,还不知道什么时候能回来,政治部的工作很多,很重要。蒋校长也许请您来主持政治部的工作。他如果真的委任于您,您就大胆地干起来。”

邵力子谦虚地说:“政治部主任只有您做最合适。我看蒋校长不会让我干。”

周恩来笑笑说:“您是跨党党员,两党中您都有很多要好的朋友,做政治宣传工作更方便。”两人随后又谈了些别的事情。

10月1日上午,蒋介石主持召开了各军官长讨论东征军事计划的大会。下午4时在操场召开了第一军第一师东征誓师大会。周恩来在大会上发表了重要讲话。他说:“希望全体将士不怕牺牲,奋勇杀敌。我们的战争是正义的,正义的军队必胜。陈炯明和我们势不两立,反动军阀不彻底铲除干净,国民政府就不能巩固。”周恩来的讲话,博得了全场的热烈掌声。誓师大会后,第一军第一师立即出发了。周恩来还有一些工作要处理并没有随军出征。

10月5日上午,蒋介石果然呈请国民党中央执行委员会,任命邵力子为军官学校政治部主任。下午,周恩来请邵力子到自己的办公室说:“蒋校长已呈报政府,任命您为政治部主任。他昨天给我谈过此事,您也已经知道。我明天就要随军东征,今天咱们把工作交接一下吧。否则,再也找不出时间了。”

邵力子说:“蒋校长说您工作太繁忙,最近要东征,一定让我接政治部主任之职。我真有点勉为其难啊!”

周恩来说："您不要客气，我早就说过，您是最佳人选了。"他说着便打开几个文件柜，请邵力子当面清点各种卷宗。

邵力子扫了一眼各个文件柜内的文件，所有的卷宗都放得整整齐齐。封皮上的文件名称、卷册数码，都书写得清清楚楚。邵力子说："您真细心，我不用点数了，相信不会有错。"

周恩来说："我知道您相信我，但这是手续，您还是点一下，在这个文件登记册上，我们两个人都签上名字。"

邵力子笑笑说："我真佩服您的认真态度。"

两个人都签了字之后，邵力子又谦逊地问道："周先生，您看我今后在工作上还应注意些什么呢？我终究是个新手啊。"

周恩来紧紧地握着邵力子的手说："您一定要我嘱咐几句，我也就不客气了。在今后的工作中，副主任熊雄一定会与您好好配合的。你们两个人应该努力贯彻中共广东区委对军校发出的指示，完成上级组织交给的任务。在工作中注意团结左派，争取中间力量，警惕和反对右派势力。积极宣传孙中山先生的'联俄、联共、扶助农工'的三大政策和国民革命运动。加强军校的政治教育工作，积极培养并配备东征的革命军亟须的军事骨干和后备力量。"

邵力子点头说："周先生，我一定努力去做，和熊雄积极配合。您虽然在前线，我们还是可以经常联系、商量工作的。"

周恩来虽然在东征时离开了黄埔军校，不再担任政治部主任的职务，但他仍然以广东区委军事部长的身份，通过在军校任职的共产党员鲁易、熊雄、恽代英、肖楚女、高语罕等人，继续领导黄埔军校的政治工作。

10月6日下午3时，周恩来随东征军总指挥部及各部随军人员出发东征。当天晚上9时抵达石龙镇，总指挥部在这里设下了行营。

10月8日，周恩来在东莞、石龙各界人士欢迎东征军大会上发表演说。他号召："人民应与革命军联合起来，如同兄弟一样互相亲爱，互补提携；东征军的官兵应该纪律严明，不得拉夫，不得擅入民宅任意吃喝，更不得侮辱妇女。只有军民团结起来，才能早日将敌人打倒。"

10月10日，东征军抵达博罗。在博罗期间，周恩来多次在群众大会上发表演说，他反复号召："人民起来革命，同革命军队合作，共同打倒反动军阀，打倒列强。”周恩来还挤时间与博罗县城的知识界人士座谈，了解县政、民情。周恩来口问手记，获得了许多宝贵的材料，他热情地鼓励参加座谈的人积极投入革命。

10月13日，蒋介石指挥东征军发起了惠州战役。惠州城防坚固，城墙上有电网，城墙根有暗堡。13日牺牲了许多战士，久攻不下。

14日上午11点，周恩来和蒋介石，亲临城下指挥。蒋介石在指挥所里焦急地踱来踱去，他失去了攻城的信心，颓丧地说：“炮弹都快打光了，与其攻城失败，不如撤退。或者推迟5天，等从广州运来炮弹再攻城。”

参谋长胡谦在旁边也泄气地说：“聪明人不会以卵击石。”

周恩来果断地说：“不能停止攻击。假如推迟5天，在这段时间内，敌人可能增援，城墙和暗堡修筑得将更加坚固，给养和弹药会补充得更足。那时攻城将更加困难。为了振作我军士气，无论如何也要把战斗坚持下去，直到取得最后胜利。我们要相信士兵的觉悟，我动员共产党员组成敢死队，再次发起总攻击。”

周恩来命令第三师第七团党代表蒋先云和连长陈赓，组织以共产党员和共青团员为骨干的敢死队，强行攻城。东征军用剩余的有限炮弹，摧毁了城内的发电厂，敌人失去了一层屏障，自先胆怯。经过30多个小时的激烈战斗，终于于14日傍晚攻克了陈炯明的老巢——惠州，取得了第二次东征的决定性胜利。

当东征军从惠州转移到华阳作战时，周恩来布置共产党员肖隽英留在惠州，发展共产党的组织，开展后方群众运动，大力支援前线。

10月16日，周恩来出席在惠州举行的阵亡将士追悼大会。大会上周恩来宣读了祭文并发表演说，他勉励大家要为实现烈士们的统一广东、统一中国、打倒帝国主义的遗志而继续努力。周恩来强调，为达此目的就“要把全中国的军队都要化为革命军”。

10月31日，周恩来回到河婆。他在河婆中华医院治病时，看到过往的军人很多，他担心军人扰乱医院，便派人张贴布告：命令军人“一律不得侵犯”医院，并向中华医院赠送了“同心同德”的匾额，还为院长彭克猷题词：“博爱”。彭院长分外高兴。在此期间，周恩来还到大同医院看望伤病人员，并向医院题赠了“造福军民”的匾额。

1926年1月12日国民政府军事委员会决议：黄埔陆军军官学校改称中央军事政治学校，仍由蒋介石主持。1月19日，国民政府正式委任蒋介石为中央军事政治学校校长。

2月28日,正式任命邵力子为中央军事政治学校政治部主任。

3月1日,中央军事政治学校举行成立典礼大会。周恩来从东江地区回到军校出席成立典礼,和分别多日的邵力子相见,两人互相问候,共叙离别之情。

◆ 七、深受学生欢迎的两位教官 ◆

在黄埔军校很有几位受学生欢迎的教官,比如,周恩来、邵力子、恽代英、萧楚女、邓演达、张治中等。周恩来、邵力子在军校学生中之所以有很高的威信,一是这些学生在入学前就早已听说过他们的大名,读过他们在报章杂志上发表的文章;二是他们讲的课理论联系实际、生动活泼、深入浅出、逻辑性很强。他们分析的问题都是学生们极想了解的中国现实问题。

周恩来在黄埔军校讲课或作报告,不只学员喜欢听,许多教官都去听讲。邵力子来到军校,就经常去听周恩来的政治报告。有一天周恩来对他说:"我的报告都是针对学员的,您没有必要听。"邵力子却说:"在这方面,我必须经常向您学着点。"

有一天,周恩来要给将毕业的军官生学员们作报告。大教室里挤满了听讲的人。有的连队还想听,就坐在窗户外边、门口前边。邵力子来得早,和学员们挤坐在一条长条凳上,周恩来大约是从广州城里刚开完会,用尘仆仆地回来,只见他从外边进了校门口,直奔大教室走来。他刚走到教室门口,全体军官生学员就自动地"刷!"的一声站起来。周恩来走上讲台,两眼炯炯有神地注视着学员,有力地举起右手还礼。然后用洪亮的声音问候大家:"同志们好!"

军官生学员们齐声回答:"周主任好!"然后整齐地坐下。

邵力子置身于钢铁般的战士之间,感到一种无坚不摧的强大力量,一种热烈的气氛,他也不自觉地精神抖擞起来。

周恩来微笑着打开讲义,说:"请同志们打开笔记本。今天我讲的题目是《军队中的政治工作》……军队的政治工作,要以军事为背景。讲到军事背景,要以社会经济不安为背景。现在的军队,无论是北洋军或是革命军,都是由于社会上经济不安定、崩溃而来的。"周恩来讲到这里,停顿了一下,他一眼就看见邵力子也坐在学员中间,认真地记着笔记。许多学员听到这里也有豁然开朗之感。

周恩来接着又讲:“我们在军队里做政治工作,要以身作则,严守纪律.经常表示勇敢的态度,比士兵要更勤苦……军队中的士兵,都是被压迫阶级的农工,我们的军队要为被压迫人民的利益冲锋陷阵,我们的军队是实现我们革命理论的先锋……”

周恩来作完报告,从教室里走出来,迎住邵力子说:“怎么您又来听我讲课啦?白浪费时间。”

邵力子谦逊地说:“说真心话,学到许多东西。您讲的军队的来源,革命军队与反动军队的区别,十分精辟,对我启发很大,哪里是浪费时间!”

周恩来用一只胳膊挽着邵力子说:“老兄,您这是鼓励我啊!”两个人说说笑笑走进一楼办公室。

1926 年 2 月,邵力子除了担任军校政治部主任外,还兼任军校第四期军官生教官。从此,邵力子也开始给军官生讲课。

邵力子的名字许多学员都知道,但他本人学员们并不认识。2 月初的一天上午,学员们正聚集在沙河营房的大门等待上课。这时忽然一辆黑色小汽车飞速地驶过来,从车中走出一位身穿便服的中年人,笑容满面地朝学员们走来。同学们都在猜想,这位先生可能是校本部的高级工作人员。

来自四川德阳县的叶德生曾在北京高师毕业,后又在四川成都大学担任过教师,见多识广。他看着这位穿衣朴素的先生说:“我看这位儒雅的长者,可能是今天给我们讲授《三民主义》的教官。”

同学们不相信,便七嘴八舌地说:“你怎么知道?”

叶德生说:“不相信你们就等着瞧!”

同学们嚷:“你敢打赌吗?”

大家异口同声地说:“你若输了你请客,我们输了我们请客!”

同学们正在议论纷纷,上课的号声吹响了。三个队的学员们便立即排着整齐的队伍,徐徐进入用葵扇叶子搭盖顶棚的大课堂里,静静地坐在四人同坐的长条板凳上,等候着教官来上第一堂大课。

大家正在寂静地等待,政治科大队长胡公冕先生忽然发出:“立正!敬礼!”的口令声。随着口令声,出现在讲台上的正是刚才同学们目迎目送、为其打赌的那位儒雅可敬的先生。大家鸦雀无声地注视着这位教官,等待着他的介绍。

胡公冕先生举手向这位教官行了一个军礼，然后回过头来对大家抑扬顿挫地说："今天给大家讲授《三民主义》的教官，我不用详细地介绍，大家早就听说过。他就是我们军校秘书处处长、政治部主任邵力子先生。"胡公冕的话音刚刚落下，课堂里立即响起了雷鸣般的掌声。邵力子就是这样在学员们热烈的掌声中开始了第一堂课。

邵力子在黄埔军官学校身兼数职，平时很忙，大家很少见到他。邵力子先生第二次来上课时，课间休息，他和同学们一起坐在长条板凳上无拘无束地随便闲聊，没有一点官架子，很受同学们的欢迎。同学们越围越多，有的端来热茶，有的递上擦脸的毛巾。几位善于动脑筋的学生，诸如曾重圣、廖龄奇、袁裕、张先梅等人，东一句、西一句地向邵先生提问题。邵力子耐心地一一作着解答。他忽然一扭头看见旁边紧挨他坐着的一位同学手里拿着笔记本正在认真地记着笔记，便问："请问你叫什么名字?"

这位同学抬起头来礼貌地说："我叫文强。"

邵力子客气地说："好，请你代我做下记录。"然后对大家说，"同学们，今天时间很紧，你们提的问题我来不及一一作答，今天先把这些问题记下来，待下次上课，我再统一解答好吗?"

同学们齐声说："好。"

于是大家七嘴八舌地提出各色各样的问题。下课时，文强把整理好的问题交给了邵力子先生。

下次一上课，邵力子先生第一句话就是："各位同学的问题我认真地作了思索，你们提的问题虽然不少，提问题的角度也不尽相同，但归纳起来，是两个大问题：一是何为新旧"三民主义"，应该怎样划清界限？二是国民革命何时成功?"同学们听后，立即鼓掌大笑。同学们都惊喜邵力子先生的思维敏捷，能从那么一大堆问题中，归纳、概括出大家最关心的两大问题。

邵力子又说："从你们的笑声中可以感觉到我归纳得还不错。既然如此，我就开始一一作答了。关于旧"三民主义"。1905 年 8 月，孙中山在日本东京成立同盟会时，确定的革命宗旨是：'驱逐鞑虏，恢复中华，创立民国，平均地权。'11 月 26 日，《民报》创刊，孙中山先生在《发刊词》中第一次提出'民族、民权、民生，三大主义'。根据同盟会的革命宗旨看，旧"三民主义"的民族主义就是推翻清政府的统治;民权主义即创建民国,人民享有当家做主的权力;民生主义即‘平均地权’,也就是‘耕者有其田’。由此看来,旧“三民主义”代表了1911年辛亥革命的时代精神,基本上是反对种族主义的统治和奴役的革命。但民主革命仅做到这点是不够的,所以到了1924年,国民党召开第一次全国代表大会时,孙中山根据反帝反封建的新的时代精神,把民治、民有、民享的旧民主思想发展成了新的民族、民权、民生的新民主思想。在大会《宣言》中明确地重新解释了“三民主义”:‘国民党之民族主义,有两方面之意义:一则是中华民族自求其解放;二则是中国境内各民族一律平等。’这就明确提出反对帝国主义的内容。‘国民党之民权主义,则为一般平民所有,非少数人所得而私也。’这就明确提出了广大人民享有民主权利,区别于其他资产阶级国家把国家政权用做压迫平民的工具。‘国民党之民生主义其最重要之原则不外二者:一曰平均地权;二曰节制资本。’反对私人资本‘操纵国民之生计’。所以说,新“三民主义”包含了反对帝国主义、反对封建土地私有制和官僚垄断资本的内容,包含了联俄、联共、扶助农工的内容。以上就是新、旧“三民主义”的区别。谁努力地推行‘联俄、联共、扶助农工的三大政策’,谁就是新“三民主义”者,谁就是革命的。同学们,明白了吗?”

同学们又是齐声回答说:“明白了。”课堂气氛十分活跃。

然后,邵力子微笑着说:“第二个问题是‘国民革命何时成功?’这个问题很容易回答。我们不是算命先生,不可能准确地指出,何年、何月革命成功。但有一点是可以肯定的,那就是:什么时候真正实现了新“三民主义”,什么时候革命就成功了。有的同学也许会说:‘你说的这些都是废话。’错了。现在有一些人就不想实行‘联俄、联共、扶助农工’的三大政策。这样背道而驰的话,国民革命就不可能成功。要想革命早日成功,我们就应努力为新“三民主义”奋斗,大家越齐心,成功的日子来得就越早。同学们,你们说对不对啊?”

同学们又是齐声回答道:“对!”

第二章

北伐开始各分西东

1925年，国民革命军经过两次东征，11月初全歼陈炯明的反动军队，陈炯明逃亡香港，彻底收复了东江地区。10月31日，国民政府任命朱培德为南征总指挥，又彻底扫除了邓本殷部，邓本殷逃到海南岛偷生。1926年2月，国民军又渡海全歼邓本殷残部。这时国民政府真正统一了广东全境。

1926年3月30日，发表了“两广合作宣言”。6月1日正式成立广西省政府，黄绍竑为省政府主席，广西军队改编为国民革命军第七军，李宗仁任军长。同月，驻湖南南部的省防军第三师师长唐生智率部投奔广州国民政府，被改编为国民革命军第八军，唐生智为军长。到这时，广州国民革命政府已拥有8个军，10万余兵员。

两广的统一和国民革命军的壮大，国共两党合作的联合战线的建立，为国民革命军进行北伐，铲除北洋军阀奠定了坚实基础。1926年2月，中共中央召开特别会议，形成决议，号召全党支持国民革命政府即将进行的北伐战争，发动农民运动，实现工农大联合，从而夺取全国民主革命的胜利。1926年7月，国民革命政府宣布北伐。在中国共产党的积极支持和帮助下，北伐战争节节胜利，工农革命运动不断高涨。就在北伐战争不断取得胜利时，蒋介石和汪精卫却相继背叛了革命。

◆ 一、山雨欲来风满楼 ◆

1926年是多事之秋。

1926年1月4至19日，国民党在广州召开了第二次全国代表大会。到会代表256人，其中加入国民党的共产党员代表占2/5，左派占了绝对优势。大会前，周恩来与陈延年、鲍罗廷商量:充分利用各地选出的大会代表中左派占优势的条件,在大会上公开提出开除右派戴季陶等人的党籍,实行"打击右派,孤立中派,扩大左派"方针。计划在大会选举的中央执行委员中,加入国民党的共产党员占到1/3,少选中派,多选左派,实现左派占绝对优势的目的。

由于周恩来等共产党员的积极活动,这次大会严重地打击了右派势力。会议通过了《弹劾西山会议决议案》和《处分违反本党纪律党员案》,指出"西山会议派"的举动"足以危害本党基础,阻碍国民革命前途"。大会决定永远开除邹鲁、谢持出党。居正、石青阳本可给予警告处分,但由于还有其他违纪行为,也永远开除出党。林森、张继、茅祖权、沈定一、叶楚伧、邵元冲等10人予以警告,责令改正。免除了叶楚伧上海《民国日报》总编辑职务。

在这次大会选举中,大会选出了新的中央执行委员会和中央监察委员会。加入国民党的李大钊、谭平山、林伯渠、吴玉章、恽代英、夏曦、董必武、毛泽东、邓颖超等14名共产党员当选为国民党中央执行委员或候补委员。二届一中全会又推选吴玉章、谭平山、林伯渠为国民党中央常委,占常委总数的1/3。共产党员毛泽东任宣传部代理部长、林伯渠任农民部长、谭平山任组织部长、刘芬任秘书处书记长。另外,沈雁冰、邓颖超、澎湃等人担任国民党中央组织、宣传、青年、妇女等八部的常务秘书。各地国民党的党部也大都由加入国民党的共产党员主持。

邵力子在这次大会上被选为中央监察委员。但由于中共中央负责人在大会选举中向右派的让步,蒋介石不但第一次被选为中央执委,还被推选为中央常委,随后又被任命为国民革命军总监;戴季陶虽然受到了党纪处分,仍然被选为中央执行委员会委员。会后不久,汪精卫又被国民党中央执行委员会政治委员会推选为主席。从此,在国民党中央逐步形成了以蒋介石为中心,以戴季陶主义为灵魂的新右派集团。

不久,危险就出现了。

1926年3月20日凌晨,蒋介石以"中山舰"调到黄埔军校为借口,逮捕了海军局代理局长兼中山舰舰长李之龙,并严刑拷打。其实,"中山舰"调到黄埔军校是蒋介石下的命令,他反诬"共产党图谋暴动"、"企图推翻国民政府"。紧接着蒋介石调动了大批军队,在广州和黄埔军校实行戒严,包围了广州省港罢工委员会、解除其工人纠察队的武装;监视国民革命军务师党代表和苏联顾问,并包围苏联顾问的住宅。同时在造币厂扣留了国民革命军第一军的40多名共产党员。

3月20日上午,周恩来得知消息后,带着名卫兵前去探视。进了造币厂,卫兵就被下了枪,周恩来也不许再出来。周恩来质问工厂门卫和戒严的哨兵,都说是"奉了蒋司令的命令"。周恩来费了许多周折,打电话找到了蒋介石,周恩来在电话里气愤地对蒋介石说:"我很遗憾,有人在两党之间制造分裂,挑拨是非,把40多名共产党员扣留在这里,我希望你能合理解决这件事情。"

蒋介石却搪塞说:"李之龙被捕是他有叛变的嫌疑,我要好好查查。为了保障第一军共产党员的人身安全,我把他们集中看管起来了。请放心,我对共产党是相信的。"

周恩来说:"本来嘛,廖案发生后,我们两党曾联合一致,甄别出许多反革命分子。现在为什么又祸起萧墙呢?听说你还下令包围了苏联顾问的住宅!"

蒋介石马上装聋作哑地说:"这完全是误会,误会啊!是下级军官们干的,我一点也不摸底细。我查清后一定严肃处理。"

傍晚,周恩来从造币厂出来。他立即回到广东区委,和陈延年、聂荣臻、黄锦辉等人商议,主张对蒋介石的行为进行反击。他们认为当时革命力量大过蒋介石的右派力量,而且蒋介石不得人心,取得胜利是有把握的。当时毛泽东也在第二军副党代表李富春家中讨论此事,也主张反击右派势力。但当时中共中央负责人陈独秀等人和苏联顾问不同意,主张妥协让步,致使蒋介石的军事地位更加巩固。

"中山舰事件"当天,黄埔军校被戒严,与外界的交通、信息断绝。邵力子的心里就忐忑不安起来。几个月前,他从蒋介石、戴季陶、张继等人支持军校的"孙文主义学会",与周恩来、恽代英等共产党员支持的"青年军人联合会"的斗争中,就感到了问题的复杂,嗅到了一定的火药味。但他对谁也没有讲,只是在思想感情上自觉不自觉地倾向左派的"青年军人联合会"。他参加国民党第二次全国代表大会时,在选举时也感到了左右两派的斗争。所以,3月20日早晨,邵力子起床后,感到气氛不对,往日的出操、队列训练没有了,而且到处是荷枪实弹的士兵戒严,不许进出。他立即意识到矛盾激化了,出事了。但出了什么性质的事,他仍然被蒙在鼓里。

当天下午,邵力子听说周恩来和几十名共产党员被软禁在造币厂,他感到问题严重了。他焦急地在自己的办公室里走来走去,心里思忖:周恩来是好同志啊,忠心耿耿为国民革命日夜操劳，是谁扣留周恩来同志呢？谁敢扣留呢？只有蒋介石，别人不敢，也无权。但蒋介石为什么要扣留自己的助手呢？邵力子还清清楚楚地记得，1925 年 9 月 9 日，蒋介石在黄埔军校第二期毕业生典礼上的训话："除了共产党之外，其他团体肯和我们本党真正合作革命事业的，就很少了。"国民党"二大"后，蒋介石针对国共合作还慷慨陈词地说："国民党也不可反对共产党，反对共产党的就是背叛了总理定下来的方针和主张……共产党真正革命的同志们，实在不比我们国民党少，加入了国民党，实在能替国民党求进步，求发展，促进本党的革命精神。"邵力子想到这些，更是百思不得其解。后来听说邓演达为这事去找蒋介石去了。心想，等邓演达回来，就可以知道详细情况了。待邓演达回到军校，邵力子问他是怎么回事，邓演达只是摇头叹气道："蒋校长说了：'这是以防不测'，我们不要管。真是岂有此理！"

邵力子也生气地说了句："岂有此理！"扭头就回自己的宿舍了。

第二天，3 月 21 日早晨，邵力子来到黄埔军校校长办公室，想看看有无外界的新消息。但整个学校还是沉寂一片，失去了往日的生气。他又只好心情沮丧地回到自己的办公室。不久，有人轻轻敲门。邵力子也没回话，他紧走几步，猛地拉开房门，只见是第四期学员文强。

邵力子把文强拉进办公室，急忙问："外边有何新消息？同学们的情绪还安定吗？"

文强说："外边没有新情况，听说周恩来主任昨天就恢复了自由，离开了造币厂。同学们的情绪都还好，只是共产党员们特别气愤。"

邵力子说："周恩来主任是个好同志，只要他没事就好。你可以做做同学们的思想工作，相信先总理的'三大政策'是深入人心的，三民主义一定会胜利，正义一定会战胜邪恶。"

3 月 22 日晚上，蒋介石匆匆赶到黄埔军校召集官佐、学员训话："发生中山舰这样的事情，我也非常痛心。李之龙也是我的学生，我不会亏待他。我从未调中山舰来黄埔，这里边肯定有问题，容我查清嘛！即使李之龙一个人有罪，也不会牵扯到别人，更不会涉及共产党或其他团体……我不止一次当着大家的面说，我是坚决拥护'三大政策'的，谁反对'联俄、联共、扶助农工'的三大政策，谁就是反革命。我今后若反对共产党、反对苏联，那我就是反革命，就是孙中山的叛徒。你们任何人都可以杀掉我!”

邵力子心地善良,向来是从好的方面揣度人,从积极方面看事。他向来对善于伪装“革命”,善于耍两面派的蒋介石认识不清。今天听了蒋介石的训话,又信以为真。蒋介石的虚伪、狡猾,不只蒙蔽了邵力子,还欺骗、蒙蔽了许多善良的人们。

5月15日至22日,国民党召开了二届二中全会。蒋介石在会上提出《整理党务案》的八条具体办法。其中规定:加入国民党的共产党员,在国民党中央、省、特别是党部中担任执行委员的名额不得超过各党部执行委员总数的1/3;共产党员不得担任国民党的部长。由于中共中央的让步,此法案被通过,担任国民党中央各部部长的中共党员全被免职。在黄埔军校,教官和学员不准跨党。周恩来指示军校党组织:已经暴露身份的中共党员,不要向军校特别党部表态,未暴露身份的中共党员,同以往一样,以国民党党员身份在原来的岗位继续工作。邵力子因为资格老,仍然保留国共两党的党籍,努力为军校工作。

◆ 二、北上莫斯科 ◆

1926年6月4日,国民党中央执行委员会举行全体会议,通过了“出师北伐”和“任命蒋介石为国民革命军总司令案”。6月5日,蒋介石被国民政府任命为国民革命军总司令,被授权组建北伐军司令部,指挥各军。

6月7日,蒋介石在黄埔军校发表讲话,公然提出:“现在中国国民党里的共产党员同志,应该退出共产党,完全做一个纯粹的国民党员。”他又在反共的道路上迈出一步。

蒋介石在这时正忙于组建司令部,任命邵力子为总司令部秘书长,邓演达为总司令部政治部主任。

邓演达对蒋介石说:“我出任政治部主任不大合适,此职最好由周恩来担任。”

蒋介石向来听不得不同意见,极为不快地说:“这事我已经定下来了,你就好好干吧!周恩来我另有安排。”

邓演达是个直筒子,向来说话不看蒋介石的脸色,又问:“您打算让周恩来做什么呢?”

蒋介石不假思索地说:“我打算让他担任财经委员会主任。”

此时已接任秘书长的邵力子接过话:“这个职务对周恩来不大合适吧,他的才能在政治宣传方面。”

蒋介石更为不快:“你才与周恩来共事几天,是你了解周恩来,还是我了解周恩来?这个职务也很重要啊!你要晓得,周恩来的才能是多方面的,在这个职位上同样可以发挥他的才能。”

邵力子低头做着自己的手头工作,邓演达转身离开了司令部办公室。蒋介石在内心里是佩服周恩来的,他博闻强记,处变不惊,才思敏捷,大度宽容;无论是组织管理还是宣传鼓动,无论是运筹帷幄还是统兵陷阵;在偌大的国民党里,无论元老还是新秀,没有一个人能与其匹敌。能把这样的优秀人才拉到自己的身边,成为自己的左膀右臂,蒋介石是求之不得的。

北伐前有一天,蒋介石屈尊宴请周恩来,同席的还有张治中与恽代英等人。蒋介石委婉地对周恩来说:“你是我的江浙同乡,又与我共事多年,在一起训练过军队,打过仗,我们是至交啦!这次北伐,我从内心希望恩来兄能与我并肩出征。”

周恩来笑笑说:“谢谢你的盛情相邀。我能否北伐,只能由中共中央裁定,不由我个人抉择,还望蒋兄予以谅解。”

蒋介石给自己找了一个台阶下:“如果此次不能合作,将来再觅机会。”

其他人马上接过话茬说:“以后合作的机会多的是。”

蒋介石说:“是啊,是啊,来日方长,哈哈哈!”事情就这样过去了。

在准备北伐的日子里,周恩来根据中共中央的决议,积极帮助培训北伐的干部和军事骨干。比如,5月初,周恩来负责国民革命军政治训练部“特别政治训练班”的培训工作。该训练班的学员都是“中山舰事件”后从第一军撤出来的中共党员和政工人员。结业后,周恩来把大部分学员派往叶挺的“独立团”。在此期间,周恩来还负责广东区委与国民党左派联合,以中山大学国民党特别党部名义办的培训班,学员来自二、三、四、六各军的政工干部,约100人。结业后,学员仍回原部队。

6月22日,周恩来还被推举为“宣传员训练及补充委员会”主席和“总政治部编制委员会”主席。两三天后,周恩来就在总政治部的会议上,报告了“战时宣传训练班”计划和“编制委员会”审查结果。足见周恩来工作态度的认真和工作效率之高是一般人无法相比的。

在6月底和7月初，周恩来在国民革命军和总政治部举办的各种训练班上讲《军队的政治工作》。

在这一段时间，邵力子忙于帮助蒋介石筹备北伐工作，和周恩来很少见面。7月9日，蒋介石在广州东校场召开了北伐誓师大会。蒋介石在大会上，以国民革命军总司令的名义发表了《告将士书》、《告广东人民书》、《告海外侨胞书》，阐述北伐的意义。

蒋介石在誓师大会后并没有立即随军出征，他还在广州为把持党政军大权而苦心钻营。因为逼走了汪精卫，7月13日，蒋介石主持召开了国民党中央执行委员会常务会议，就任常委主席。在这20几天里，北伐军胜利的捷报频传，7月12日唐生智已攻克长沙；7月15日，蒋介石通电各军将士，兼程前进，直取武汉三镇。这时的蒋介石简直是春风得意，不可一世。

正在此时，中共中央和国民党中央同时接到共产国际执行委员会的一个通知：1926年11月26至12月26日，在莫斯科召开共产国际执委会第七次扩大会议。特邀请共产党和国民党各出一名代表，出席大会。本来共产国际只邀请共产党，但鉴于国民党改组以来，促进了中国革命运动的迅速发展，这就引起了共产国际对国民党的重视。

中共中央很快决定谭平山作为代表出席共产国际执委会第七次扩大会议。但国民党派谁去呢？蒋介石和国民党的一些骨干，这时正忙于北伐，不得脱身。何况在他们眼里，能否出席这样的会议，对自己权势的巩固，仕途的发展，都无关紧要，所以谁也不争着去。蒋介石考虑了许久，决定派邵力子参加会议。原因是邵力子一到黄埔军校就公开了共产党的身份，公开参加共产党的会议。在军校“孙文主义学会”和“青年军人联合会”的两派斗争中，他总是同情、支持“青年军人联合会”，站在他们一边说话。北伐后，邵力子出任总司令部秘书长，他总是在蒋介石耳边提这个建议，出那个主意，搞得蒋介石心烦。尤其是邵力子多次建议蒋介石的北伐要谋求共产国际的支援，以壮军威。蒋介石听了之后由对他不满发展到不放心。蒋介石想来想去，决定派邵力子去莫斯科开会，一是邵力子对苏联和共产国际向来感情不错，关系好。派邵力子去可以帮助自己获得苏联与共产国际的好感，捞取政治资本。二是可以使邵力子离开总司令部，这真是两全其美的好办法。因此蒋介石心里暗自高兴不已。

广州的7月,天气十分热,但蒋介石的心里更热。7月25日晚上,国民党中央党部与国民革命政府联合举办宴会,为蒋介石北伐饯行。蒋介石全身戎装,满面红光,众多僚属频频举杯祝他"旗开得胜"。蒋介石也满脸笑容地举着酒杯,满怀信心地答谢诸位同僚的祝贺,并说:"我此次出征,一定消灭北洋军阀,完成国民革命,绝不辜负国民的厚望!"

晚宴罢,蒋介石轻飘飘地步出宴会大厅,但他的头脑仍然十分清醒。蒋介石用眼角的余光扫见邵力子从身边走过来,他一把拉住他说:"到我的办公室来一下,有要事相告。"邵力子便紧随其后,步入总司令的办公室。这时侍卫人员早已接过蒋介石的军帽,和他脱掉的上衣。然后蒋介石把右手一指写字台旁边的大靠椅子说:"请坐!"邵力子坐下了,但蒋介石没有坐,他接过卫兵递给他的一把蒲扇,扇着自己的前胸,直扇得白纺绸衬衫在他的背后鼓起一个大包。蒋介石又示意卫兵给邵力子也拿把扇子。邵力子心里有些烦,暗自说:"有什么事你快说啊!"

蒋介石待脸上的汗珠落下去,才坐下来拿腔拿调地说:"您是咱们国民党的元老了,在党内德高望重。"他说到这里瞟了一眼邵力子。邵力子比蒋介石大5岁,更能沉住气,他面无表情,静听下文。

蒋介石慢慢说:"我这几天想来想去,出席莫斯科召开的共产国际执委会扩大会议,只有派您去,其他的年轻人,没有这个资格,年长者有资格而没有威望。您是二者兼备啊!"

邵力子听后,心想,离开这个是非之地的总司令部,到莫斯科参观学习,了解一下社会主义的苏联也好,于是说:"您过誉了。不过,如果您看我去莫斯科出席会议合适,我就去。这里的工作,我向谁交接一下?"

蒋介石忽然谦虚起来:"由于我这几天实在忙,后天一早就动身去前线。我的国民党中央执委主席的职务还没有委托代理人。您的工作我也没有来得及与您商量,让钮永键代理总司令部秘书长,您看可以吗?"

邵力子对蒋介石的脾气最清楚不过了,他定下来的事情,更改不得。于是说:"我看由钮永键代理秘书长挺好,他对总司令部的工作很熟悉。"

蒋介石"嗯""嗯"两声之后又说:"还有件事情。今年4月,莫斯科中山大学校长拉狄克提议:中山大学应置于苏共中央执行委员会和国民党中央执行委员会的领导下。因为太忙,一直没有讨论决定。直到5月11日,中央执行委员会召开第二十七次会议,才通过决议,同意拉狄克的提议。中共的领导则由苏共代理。我们虽然同意直接领导中山大学,但始终没有派出常驻中山大学的代表。这次你去莫斯科开会,可以作为驻中山大学的理事在该校工作一段时间。"

邵力子说:"这太好了,我本来就想出国参观学习一段时间,只是苦于没有机会,这次正好一举两得。"

蒋介石愣了一会儿,站起来用扇子扇了几下说:"您见了斯大林,代我问候……"

邵力子忙答话说:"那当然!"

蒋介石又说:"还有一件事,您看怎么对斯大林讲,就是希望今后第三国际直接领导中国国民党,不要通过中国共产党了。"

邵力子脱口而出:"中国共产党是第三国际的成员,共产国际当然直接领导中国共产党,通过共产党直接指导中国的国民革命。而国民党不是第三国际的成员,怎么好由他们直接领导?"

蒋介石不满地说:"不是其成员,也可以直接领导嘛!?"

邵力子见蒋不高兴,便说:"我见到斯大林后相机行事吧!"

蒋介石说:"好的,您去了看着办吧。天不早了,我们早点休息吧。"

7月27日,蒋介石率领北伐军总司令部乘坐火车赴北伐前线指挥作战。随行的有参谋长白崇禧、政治部主任邓演达、副官处长张治中等人。

9月初,邵力子和共产党代表谭平山,结伴赴莫斯科开会。他们乘火车途经上海,这时陈独秀、瞿秋白、张太雷、恽代英、周恩来等人正在上海,开中共中央会议,他们利用会议休息时间为谭平山和邵力子设宴饯行。

他们选了一家偏僻清静的饭店,宴席设在饭店二楼一个包间里。晚上7点左右,陈独秀、瞿秋白等人陆续来到饭店。大家边吃边聊,嘻嘻哈哈,互相敬酒,互相开玩笑。不知底细的还以为是几位朋友请客,实则正开秘密会议。瞿秋白首先说:"今天为二位饯行,应该陈老兄先说几句。"

陈独秀也不推让:"让我说,我就先说几句,首先祝愿二位一路顺风,到了那里万事如意，事业兴隆。余下的由秋白兄和诸位补充了。”

瞿秋白说：“我首先为邵力子先生代表国民党出席会议而高兴。但邵力子是跨国共两党的党员，我和独秀先生、恩来先生都商量过，为了在莫斯科活动方便，为了与国民党搞好关系，邵力子先生是否退出共产党，以一个纯粹的国民党员的身份，代表国民党出席共产国际的扩大会议。”

周恩来说：“我同意秋白同志的意见，即使退出共产党，仍然可以为党工作，而且做团结、争取、转化蒋介石的思想工作还更方便、更有利，可以在国共合作中发挥更大的作用。”

陈独秀说：“邵力子先生是共产党的元老，也是国民党的元老。多年来为党做了不少工作。但为了大局，为了革命的利益，我们还是劝您退出共产党。”

张太雷、恽代英也先后谈了自己的意见。

邵力子说：“既然是组织的决定，我就服从组织的安排，愉快地退出党组织，没有任何意见。”

最后瞿秋白说：“这样一来，我们今天的欢送会就有两层意思，既是欢送谭平山和邵力子二位先生去莫斯科开会，又是欢送邵力子先生退出中国共产党，成了一位纯粹的国民党员。”

动员邵力子退出中国共产党，除了在宴会上几个人讲的原因之外，还有两个原因，是不能让邵力子知道的。一是因为邵力子是共产党的特殊党员，他是以国民党员身份任公职，与国民党有着特殊的关系。共产党内部有许多事，告诉他不放心，瞒着他又不合适。二是陈独秀比较暴躁，作风比较专横；邵力子性格比较温和，作风比较民主，两个人性格不合，相处不融洽，借邵力子代表国民党赴苏开会之机，劝其退出共产党正是大好时机。

欢送的宴席一直到 9 点多才散。当周恩来和邵力子等人走出饭店时，周恩来紧紧握着邵力子的手说：“祝您一路顺风。”

邵力子笑着说：“谢谢，祝您在国内万事如意。”

周恩来回答说：“等您回国后，我们继续合作。”

但他们谁也没有料到，这一分别，两个人竟有十年未曾谋面，直到 1936 年“西安事变”发生后，两个人才又走到一起。

邵力子和谭平山又在上海耽搁了两天，便乘火车北上哈尔滨，取道海参崴，辗转至莫斯科。

◆ 三、出席共产国际会议 ◆

邵力子和谭平山登上从海参崴去莫斯科的火车,开始了乏味而漫长的旅行。时令虽然是9月中下旬,在广州也许穿汗衫、短裤还感到燥热,汗流不止,但在西伯利亚东部,在火车上穿着薄毛衣还有些凉。由于煤炭不足,当时有些机车的锅炉烧的是木柴,动力不足,因此火车的速度很慢。机车像一头病弱的老牛,吃力地喷着白汽,"吭哧!吭哧!""咣当!咣当!"跑了三天三夜才到了赤塔。赤塔是苏联西伯利亚东部的商品集散地,是苏联东部的大城市,纵贯中国东北三省的"中东铁路"即在此接轨。所谓大城市只是相对人口多一些,住得集中些,还没有20世纪90年代的小城镇繁华。

火车在赤塔车站停下来,因为这是大站,火车要上水,加燃料,停车半个小时。邵力子和谭平山充分利用这段时间到站台上买了点黑面包和饼干之类的小食品。火车从赤塔往西行的第三天的早上,这时可以远远看见贝加尔湖,只见湖面碧波荡漾,水天一色,煞是好看。天近中午,火车到了湖边,沿着湖的南岸山崖曲折前进。不时穿过短短的隧道,车内忽明忽暗,颇为有趣。

火车越过伊尔库茨克以后,铁路两边东方色彩的建筑逐渐被欧洲风格所代替。本来天气就有些寒意,一天夜里,邵力子和谭平山被冻醒,他们一看车窗,玻璃上居然结了一层霜。邵力子触景生情地说:"刘禹锡在《秋词》中说的'山明水净夜来霜,数树深红出浅黄',一点不假啊!"

谭平山掖了掖身上的毛毯,笑笑说:"岑参的诗句不是说'北风卷地白草折,胡天八月即飞雪。'这才是结霜,说不定明天就要下雪呢。"还真被谭平山说中了,第二天透过窗玻璃,居然看到灰蒙蒙的天空飘着雪花。

经过十几天的长途旅行,邵力子和谭平山终于在9月底抵达莫斯科。他们一下火车,就被共产国际的工作人员接到一家宾馆住下,并帮助他们办了报到手续。会议的工作人员告诉他们:"离大会开幕还有一个多月,你们可以在莫斯科好好休息一下,参观、游览一些名胜古迹。"

邵力子借这段时间,先到中山大学报到,熟悉了一下情况。

1926年11月21日上午,大会工作人员通知邵力子和谭平山:"大会明天上午10点在克里姆林宫小礼堂举行。你们二位的贺词安排在明天上午在开幕式上宣读，请做好准备。明天上午9时，我们派车来接你们去会场。"

邵力子是一个认真负责、做事细心的人，本来他在离开上海时就准备好了"贺词"，这时又拿出来反复斟酌，修改，并请谭平山看看有无不妥帖的地方。

11月21日夜里，邵力子反复诵读"贺词"，几乎快背熟了。他躺在床上还兴奋地久久不能入睡，想象着第二天大会的隆重场面。

第二天上午9点钟，汽车准时来宾馆接邵力子和谭平山二人。汽车直奔克里姆林宫大门，这里门卫特别严格，进去的工作人员都要检查证件；外边来访者，都要登记，验看必不可少的证明文件，经过联系才能进去。译员告诉他们说："克里姆林宫作为俄国圣地，革命前老百姓是不能进去的。现在是苏维埃社会主义共和国联盟政府和俄罗斯苏维埃共和国政府所在地，所以这里进进出出的工人、农民、战士特别多。这在革命前是不可想象的事。"邵力子听了译员的介绍，心里感慨万千。他在这里亲眼看到了当家做主的工农兵可以自由出入国家的最高领导机关，而在中国，普通的工人、农民，连县衙门都不得随便进去。他更加明白了一个道理，不彻底摧垮旧政权，劳动人民不可能真正当家做主，扬眉吐气。

因为邵力子和谭平山是出席共产国际会议的代表，汽车已有特殊的通行证，所以在门口没有停留就直接开进去了。

大会开幕前，邵力子和谭平山在译员的陪同下，来到小礼堂。这里已经来了不少代表，共产国际的工作人员通过译员给各位代表互相做着介绍，代表们热情地欢聚在一起，有的互相拥抱、问候，有的握手寒暄，气氛十分热烈、友好。

上午10时整，斯大林准时出现在主席台上，会场上立即爆发出热烈的、长时间的掌声。斯大林向各国代表频频招手致意。宣布开会后，大会主席致开幕词，然后是各国代表致贺词。

谭平山代表中国共产党致了贺词之后，紧接是邵力子以中国国民党"友好代表"的身份致贺词。只见邵力子从代表席位上快步登上主席台，向斯大林颔首致意，然后转向与会代表们。邵力子用洪亮的声音宣读事前写好的贺词：

> 同志们！请允许我代表国民党在第七次扩大全会开幕的日子，向你们、向各国的共产党代表们致敬！（掌声）

劳动人民和被压迫人民争取解放的全部革命斗争史证明了：能拯救人类不受压迫和剥削的，不是帝国主义强国瓜分殖民地国家的工具国际联盟，也不是身为帝国主义国家帮凶的阿姆斯特丹国际，而只能是世界革命的司令部——共产国际。（掌声）

以列宁为奠基人和创始人的共产国际是唯一的核心，它团结着全世界无产阶级和殖民地国家的被压迫人民，它领导着他们为摆脱占统治地位的资产阶级的压迫和帝国主义的剥削而进行斗争。1923年，在孙中山直接领导下改组的国民党，与中国共产党结成了统一战线，为解放被压迫的中国而斗争。国民党必将取得成就，这是因为它正确地把中国革命看作是世界革命的组成部分，因此，也就可以指望得到共产国际和全世界无产阶级的全面支持。（掌声）

我们确信，只有共产国际才能联合世界无产阶级和东方一切被压迫民族，去达到彻底战胜帝国主义的目的。要以国际无产阶级和东方被压迫民族的统一战线，来对抗世界帝国主义的统一战线。（掌声）

共产国际万岁！

世界革命胜利万岁！[①]

邵力子致完贺词，全场掌声雷动。邵力子稳步走下主席台，回到座位上，心里久久不能平静。

会议期间，邵力子参加了小组讨论。大家对中国的北伐战争不甚了解，对国共两党如何合作，如何建立统一战线也都十分关心。邵力子在大会上作了一次发言，对代表们所关心的问题一一作了解释。邵力子还详细地阐述了孙中山先生提出的新“三民主义”，他说：“新‘三民主义’的核心精神就是‘联俄、联共、扶助农工’。”邵力子还强调说：“国民党要想实现自己领袖孙中山博士的遗训，就必须使军队成为人民的武装力量。”

11月29日，谭平山在第十一次大会上作了“关于中国情况的报告”。他在报告中指出中国革命的任务有三大项：

---

① 原载：《共产国际有关中国革命的文献资料》（笔者转引自《邵力子文集》下册，第124－125页）。

(1)彻底摆脱帝国主义,反对帝国主义的侵略和奴役。

(2)完全消灭半封建的军阀制度,建立统一的革命政权。

(3)实行政治民主化,人民真正当家做主。

谭平山在报告中认为,“中国的无产阶级还处于必须与资产阶级争夺民族革命领导权的发展阶段”,为了掌握领导权,无产阶级应该做到以下两点:

(1)争取广大农民群众,得到城市小资产阶级的支持,阻止资产阶级右倾,只有那时,无产阶级才能组织自己的统一战线。

(2)无产阶级应该巩固和扩大工会运动,以便首先把一切产业工人和农业工人,及手工业者组织起来。共产党应该尽一切可能引导这些人直接参加革命斗争,得到中国整个无产阶级的支持。

邵力子在小组讨论中,完全支持谭平山的报告,有时还结合自己的体会,对报告的要点加以必要发挥。

大会结束的前一天,斯大林给与会代表专门作了《论中国革命的前途》的演讲。邵力子聚精会神地听讲,但由于不懂俄语,只能借助身边的翻译。翻译说一句,他就记一句。他记下来的讲话,尽管词语很不连贯,但从大意来看,仍然很受鼓舞。

◆ 四、斯大林接见邵力子,周恩来领导工人起义 ◆

共产国际第七次执行委员会扩大会议闭幕后,谭平山同志很快就回国了。邵力子也想回国,但国民党中央来电通知他“暂留苏联”。

一天晚上,邵力子正在宾馆整理斯大林《论中国革命的前途》的演讲记录稿,忽然有人敲门。邵力子忙站起来去开门,走进来的竟是苏联外长莫洛托夫。邵力子感到十分意外,惊喜地握住莫洛托夫的手说:“您好!您好!”

莫洛托夫也用生涩的中国话说:“您好!吃住还习惯吗?”

邵力子说:“一切都习惯,谢谢你们的关心和照顾。”邵力子边说边拉着莫洛托夫坐在写字台旁边的沙发上。这时宾馆的服务员端着刚冲好的两杯香喷喷的咖啡走进房间,在他们每人面前放了一杯就走出去了。

莫洛托夫喝了一口咖啡之后,兴奋地说:“告诉您一个好消息,明天上午,有一位苏联领导人要接见您,他想了解一下中国的革命情况,您可以好好准备一下。”

邵力子也不好意思问是哪位领导人，只是心里暗自高兴。莫洛托夫通过译员随便和邵力子聊了一些中国和苏联的风土人情就告辞走了。

邵力子送走了莫洛托夫，就猜想：这位“领导人”是谁呢？为什么莫洛托夫不告诉我呢？想必就是斯大林了。

邵力子已无心整理记录，他收起桌子上的笔记本，便专心地思考明天的谈话提纲。这天晚上，他又兴奋得没有睡好。

第二天上午10点钟，莫洛托夫准时来接邵力子。莫洛托夫和译员陪着邵力子来到克里姆林宫二楼，刚走进一间会客大厅，斯大林就从旁边一个侧门笑容可掬地走出来。邵力子忙走上前去握手、问候，然后他和莫洛托夫分别坐在斯大林两侧的沙发上，译员坐在斯大林和邵力子之间的侧背后。

斯大林首先说：“您在开幕式上的贺词讲得很好。我对您说的国共合作，并建立了统一战线一事，十分感兴趣。”

邵力子刚坐下时，还有点拘束，一听斯大林夸他的贺词，心里就轻松了许多。还没有等邵力子答话，斯大林又说了：“国共两党合作进展得如何？我听共产国际派到中国去的代表反映，好像不大融洽，您能详细谈谈吗？中国人谈中国自己的事情，总不会有偏见吧。”

邵力子昨天准备好的谈话提纲用不上了，不过邵力子还是非常机警的，他稍微停顿了一下回答说：“国共两党就像亲兄弟一样，兄弟二人对问题的看法不一定完全一致，也不可能完全一致，在某些问题上有些分歧是难免的，经过协商，还都能统一认识，协调行动。”

斯大林又进一步问道：“您谈谈在哪些问题上是一致的，在哪些问题上不一致？”

邵力子心想，这问题提得够尖锐的，自己的回答能代表两党中央的意见吗，万一由于自己的回答引起两党领导人的纠纷，惹出许多不必要的麻烦，该怎么办？他这时庆幸自己在出国前退出了共产党，想起瞿秋白说的“以一个纯粹的国民党员的身份，代表国民党出席共产国际会议”的话是十分有道理的。邵力子想到这里，便说：“斯大林同志，我仅以一个普通的国民党员的身份，谈谈我个人的看法，既不能代表国民党中央的意见，更不能代表共产党。”

斯大林见邵力子有顾虑，便说：“我们两个人是随便交换个人意见，请您放心，谈对谈错都没关系。”

邵力子说：“就我个人看，国共两党在对待反动的旧军阀上，思想认识和态度是一致的。比如：1925 年两次东征，打败了陈炯明；1925 年 6 月，在广州‘省港工人大罢工’中，在‘沙基惨案’中，镇压商团叛乱；最近进行的北伐战争等等，都是合作、配合得很好的。”

斯大林边听译员的翻译，边点头，脸上露出满意的神色说：“您谈得很好，请您继续谈谈在哪些地方出现过分歧呢？”

邵力子略微思考了一下说：“分歧都是在一些小事上发生的误会，解释清楚也就没事了。比如，传得纷纷扬扬的‘中山舰事件’，一方说‘图谋不轨’，一方说‘根本没有此事’，双方说清楚，消除误会就又和好如初了。”这时邵力子仍然没有认清蒋介石的反革命本质，他认为“中山舰事件”只是一场误会而已。

斯大林又问：“您认为这次北伐能取得胜利吗？”

邵力子回答说：“现在北伐军已由武汉三镇沿长江东下，攻克了南昌，不久可直下芜湖、上海。国共两党如能这样长久合作下去，国民革命成功是没有问题的。”

最后斯大林表示，苏联是坚决支持中国革命的，并预祝中国革命在国共合作、工农团结下早日取得胜利。

这时邵力子想起在广州临别时，蒋介石嘱咐他要转告斯大林的话。但邵力子觉得实在说不出口，便变换了意思说：“希望共产国际今后加强对国民党的领导。”

斯大林听了译员的翻译，没有任何反应，只是说：“好啦，今天我们就谈到这里吧。”说着就站了起来，邵力子也赶紧站起来，与斯大林握手告别。

谭平山回到国内，很快向中共中央传达了共产国际执委会扩大会议的精神。

1926 年 12 月，周恩来秘密离开广东到了上海，担任中共中央组织部秘书，兼中央军委委员。

1927 年元旦，周恩来出席上海区委召开的活动分子会议，并在会上作了《关于广东问题的报告》。周恩来在报告中分析了广东的政治局势和国民党中各派的政治态度，指出“中山舰事件”是国民政府被所有旧势力包围的结果。“中山舰事件”以来，国民党中的新右派，积极压制共产党，摧残工人运动，希望大家注意局势的发展。

1927年1月底,共产国际执委会第七次扩大会议作出的《中国问题决议案》全文传到中国。"决议案"指出:今后中国革命的动力是无产阶级领导下的工人、农民和小资产阶级,革命的中心任务是开展土地革命;在国共关系上"组织左派并与之密切合作,不要企图以共产党员代替他们做领导工作"等要点。中共中央经过详细讨论,决定接受这个"决议案",并作出《中共中央政治局对于共产国际第七次扩大会议中国问题决议案的解释》。随后,中共中央即把共产国际的"决议案"和中共中央关于《决议案的解释》两个文件发至区委、地委和特支进行讨论。

2月,周恩来出任中共上海区委军事委员会书记。周恩来因为其他事情缠身,没有参与第二次工人起义的准备和领导工作。

2月17日北伐军占领杭州,上海总工会为了配合北伐战争,18日晚上决定全市大罢工。2月22日下午6时,中共中央决定由罢工转为武装起义,各区的工人群众开始袭击军警、步哨,参加起义的军舰炮轰敌人的兵工厂。直到2月23日晚上,闸北、南市还有数处仍在进行巷战。这时,帝国主义和孙传芳勾结在一起,对起义工人进行了疯狂的镇压。中共中央和上海区委紧急举行联席会议,为了保护工人阶级的力量,决定停止罢工和战斗。第二次起义宣告失败。

第二次工人武装起义虽然失败了,但中共中央立即着手准备组织第三次工人武装起义。中共中央决定由陈独秀、罗亦农、赵世炎、汪寿华、尹宽、彭述之、周恩来、肖子璋组成特别委员会;由周恩来、顾顺章、颜昌颐、赵世炎、钟汝梅组成特别军委,负责罢工和起义的组织、领导和指挥工作。

2月24日,周恩来出席上海区委各部书记联席会议,听取各部情况汇报。周恩来决定采取"为进而退"的策略。他在会上发言指出:"军事工作,继续进行,组织要特别严密。"

2月25日,周恩来决定,让海军委员会委员郭有恒等做北洋政府驻沪海军的工作,并以传单形式发表告市民书,反对渤海舰队和直鲁联军。晚上,周恩来出席特别委员会会议,讨论党务、军事及派工人代表团联络北伐军等问题。周恩来发言指出:可先召开工人代表大会,对小资产阶级群众要尽量争取。会议根据周恩来的提议,决定派人同北伐军东路前敌总指挥白崇禧联络,向他说明上海工人罢工的意义和准备情况,催促他迅速进军上海。

中共中央在这天发表了“上海总同盟罢工告民众书”。号召上海市民团结起来,同工人一起反对帝国主义和军阀联合起来干涉中国革命,如果帝国主义和反动派不停止,则将“以武力回答武力”。号召工人及市民团结起来夺取武器,响应北伐军,拥护国民政府。

3月3日,周恩来在军委会上作《关于上海的武装起义》的报告。报告总结了上海工人第二次武装起义的经验教训,肯定第二次起义是“名副其实的起义”,“仍然具有很大的意义”,但起义“是在事前根本没有什么准备的情况下进行的”,在强大的反动军队镇压下失败了。周恩来在报告中还谈道,起义失败的更为主要的原因是:中国共产党对无产阶级革命的领导权和革命的目的不明确。他说:“我们在接到共产国际执委会第七次扩大会关于中国问题的决议案之前,全党甚至没有武装夺取政权的打算。我们的工作充其量只是帮助国民党政府和帮助国民党而已。党似乎只是辅助的力量,军事工作也就被看作一种次要的工作。所以遇到需要独立行动的场合,就没有力量,没有准备,党的领导人在事变中也就不可能果断地做出决策。这是党的指导思想问题。”周恩来总结了第二次武装起义的经验教训之后,提出:“当前最重要的是进行两项主要工作:召开市民代表大会;进行武装起义夺取政权。”为完成这两项任务,周恩来对军事、政治、组织各方面的准备工作做了严密部署。

由上述《关于上海的武装起义》的总结报告可以看出,年轻的周恩来是把共产国际的《中国问题决议案》和中国的实际情况结合起来理解接受的。这时他在思想上更加成熟,工作上更为老练。这时的周恩来,在思想上明确了工人阶级是革命的领导阶级,革命的目的就是要建立人民自己的政权。他就是本着这样的指导思想开始组织准备第三次工人武装起义的。为了保证起义的成功,周恩来派顾顺章到兵工厂接洽购买军械,除此之外,还派一些人到各地筹款和购买武器;周恩来与赵世炎说服一批进步工人参加闸北商会会长组织的保卫团,利用合法身份参加军事训练,并取得枪支弹药,等待时机,配合武装起义;周恩来为了培训武装起义的骨干,他从工人中选拔当过兵,有实际作战经验的共产党员做教员,举办军事训练班;在起义前周恩来组织训练了有5000工人组成的武装纠察队,在人数上和反动军队的人数相等;召开了临时市民代表会议,准备建立民选政府,鼓舞人民的斗志;周恩来还亲自参加了工人纠察队的训练,实地观察街区地势,为起义工人制定避开租界当局可能干涉的行进路线;等等。

3月20日,周恩来起草了致白崇禧和薛岳的信,并亲自派人送达。这天早晨,周恩来召开特别委员会会议,在思想上、组织上、物质上对武装起义作了充分的准备。傍晚,北伐军前锋逼近上海龙华。

3月21日晨,中共上海区委发出了举行武装起义的命令。12时,上海总工会发出总同盟罢工命令后,全市80万工人举行总罢工,上海工人第三次武装起义开始。周恩来担任起义总指挥,赵世炎为副总指挥。工人纠察队为先锋,在广大人民群众的支援下,战斗在七个区同时打响,向驻扎在上海的反动军阀军队发起了猛烈的进攻。在起义中,周恩来显示了卓越的组织和军事才能。在激烈的巷战中,他坚定沉着,奋不顾身地在前沿阵地指挥,表现了对党,对革命事业的赤胆忠心。最后迫使反动军阀毕庶澄的部队龟缩在闸北火车站附近顽抗。周恩来、赵世炎直接指挥起义工人纠察队,包围了残敌。周恩来在最后的战斗中,亲临前沿阵地,察看地形,确定进攻方略和路线,于3月22日下午6时,攻克敌人最后一个据点——北火车站。上海工人第三次武装起义,从21日中午12时开始,到22日下午6时,历经30个小时的激战,打垮了5000余人的反动军队和警察,取得武装起义的彻底胜利。

武装起义的枪声打响后,上海总工会曾派代表与进抵上海龙华镇的北伐军进行联系,请求派军援助,可是白崇禧的部队在蒋介石指使下按兵不动,妄图让反动军阀扑灭工人的武装力量。然而,上海工人阶级,在党的领导下,在各界人民的支援下,靠自己的力量终于摧垮了反动军阀,占领了中国最大的工商业城市、帝国主义和反动军阀长期统治的中心据点——上海。

3月22日,经上海市民代表选举,产生了由钮永键、杨杏佛、汪寿华、顾顺章、罗亦农、白崇禧等19人组成的上海特别市政府。

周恩来和赵世炎领导的上海工人阶级第三次武装起义,是第一次国内革命战争时期中国工人阶级英勇斗争的杰出表现,是中国革命史上光辉的一页,也是世界工人阶级武装起义史上有数的范例之一。3月28日,中共中央发出《中国共产党为此次上海巷战告全中国工人书》,指出上海工人第三次武装起义的胜利证明“工人阶级的确是全国最革命的阶级,能够切实担负起革命的使命,能够领导其他被压迫阶级摧毁军阀的武力,并建立新的革命民主政权”。

◆ 五、蒋介石悬赏通缉周恩来 ◆

上海革命民主政权的建立，工人武装的崛起，引起了帝国主义、军阀、买办、官僚及其他反动分子的极大仇视。1927 年 3 月 26 日，蒋介石乘军舰抵达上海。帝国主义分子派车把蒋介石接到法租界“交涉署”，他公开向帝国主义表示：“决不会用武力改变租界的现状。”从此开始了同帝国主义的暗中交易。紧接着上海商业联合会主席虞洽卿也赶来欢迎蒋介石。蒋介石握着虞洽卿的手笑哈哈地说：“请您转告商界，革命军不会收回租界的，让他们放心经商就是了。”青红帮头目杜月笙等人也在场，蒋侧过脸去轻声说：“你们可以迅速成立‘中华共进会’。”说完转身拉着虞洽卿的手说：“您有号召力，出面筹措经费，购买武器，把这些人也装备起来。”装备这些“组织”干什么，蒋介石虽然没有明说，但大家心里都清楚——准备与工人纠察队对抗。

3 月 28 日，周恩来出席特别委员会会议，建议上海总工会致电国民政府，报告组织纠察队的意义，要国民政府承认并发给津贴。就在这一天，蒋介石指使吴稚晖、蔡元培、张静江、古应芬等人，在上海莫里哀路孙中山住宅，召开“中国国民党中央监察委员会常委会”，通过了吴稚晖提出的《纠察共产党谋叛党国案》，决心公开反共，背叛革命。

3 月 29 日，上海特别市政府召集市民代表大会，举行市政府委员就职典礼，但蒋介石命令：“暂缓办公”。并发布命令“解散上海工人纠察队”及一切红色“工会组织”，反革命面目公开暴露。周恩来得知此事后，立即找到刚从武汉来上海的国民党中央政治委员会委员、国民政府常务委员宋子文，请他出面支持新选出的市政府和工人纠察队。宋子文说：“命令已经下达，怎好收回？如果在未下达之前，尚可挽回。”这也是纯属客套话而已。

周恩来见宋子文不肯支持革命，便立即分别去会见进驻上海的国民革命军第二十六军第二师师长斯烈和东路军第三纵队第二十一师师长严重，动员他们支持革命。

周恩来旋即又去会见何应钦，与他谈了政治、军事、外交、常务、交通诸多方面的问题。周恩来说：“我们共产党的方针是，谁对敌人妥协就反对谁。”周恩来尽力做何应钦的工作，使其尽量消极不助蒋反共。

3月30日，周恩来出席特别委员会会议。他在会上详细分析了起义后上海的政治形势："蒋介石、白崇禧对付我们党和工人纠察队，早已有了准备，将来也许以扰乱社会治安的名义来镇压革命群众。"周恩来建议中共中央派人去南京做程潜的工作；派人去安徽做李宗仁的工作，让他在发生意外事变时，保持中立。他还建议，发动工人群众不断地慰问北伐军士兵，向他们做思想工作使之"左倾"。周恩来还建议，利用黄埔同学会的名义欢迎蒋介石；调派共产党员蒋先云到蒋介石处工作，调胡秉铎到何应钦处工作，争取蒋介石不至于公开背叛革命。

就在周恩来布置防范蒋介石叛变革命的同时，蒋介石也在紧锣密鼓地进行反革命活动。4月2日，蒋介石在高昌庙兵工厂，主持召开秘密反共会议，参加者有：吴稚晖、何应钦、白崇禧、陈果夫等人。这一天，国民党中央从武汉发给蒋介石训令："克日离沪赴宁，专任筹划军事。"

但蒋介石拒不执行，他最会要反革命两面派了，一方面于4月3日，公开发表拥护汪精卫复职通电："今后所有军政、民政、财政、外交事务，皆须在汪主席指导之下，完全统一于中央，中正率全军而服从之。"另一方面则秘密召集吴稚晖、蔡元培、古应芬、宋子文、钮永键、张静江等人在上海总司令部举行秘密会议。会议决定：

4月15日召开国民党二届四中全会，解决"党事纠纷"；

武汉国民党中央和国民政府所发布的命令一概无效；

由各军队、国民党党部、机关的最高长官和负责人对"在内阴谋捣乱者"，予以制裁；

工会武装纠察队，应归国民革命军总司令部指挥，否则，不准存在。

4月5日上午，蒋介石又秘密召集反共会议，由于到会的中央执行委员和监察委员是少数，不能形成决议，便由吴稚晖向中央监察委员会提出一个所谓检举中国共产党"谋叛"的呈文，并盗用国民党中央监察委员会的名义，据以咨请中央执行委员会、国民革命军总司令蒋介石及地方军事当局，作"非常紧急处置"。

4月6日，蒋介石派军队给上海工人纠察队赠送书写着"共同奋斗"四字的锦旗，以麻痹工人，就在派人送旗的同时，蒋介石在上海龙华镇召开秘密会议，决定在上海"清共"。

4月8日，蒋介石指派吴稚晖、白崇禧、陈果夫等人，篡夺了中国共产党领导上海工人起义胜利的果实后,由市民选举成立的“上海市民政府”的政权。

4月9日,蒋介石在上海公布了《战时戒严条例》,禁止集会、罢工、游行等。还成立了淞沪戒严司令部,任命白崇禧为戒严司令。

4月11日,蒋介石待一切都布置好之后,便发出密令:“已克复的各省,一致实行清党。”

4月12日清晨,蒋介石指使黄金荣、杜月笙为头子的青红帮组织的“中华共进会”,纠集大批流氓,配以武器,臂戴“工”字红袖标,冒充工人,从法租界出动,袭击共产党领导的上海工人纠察队,制造混乱。当工人纠察队奋起自卫时,事先奉命埋伏好的白崇禧部队第二十六军,以调解“工人内讧”为名,收缴工人纠察队枪支,占领上海总工会。周恩来闻讯赶往工人纠察队总指挥部,后又被骗往二十六军第二师司令部。周恩来在交涉中,特别强调:“工人纠察队的枪支无论如何不能收去!”由于相持不下,当即被软禁于司令部,后来经罗亦农派黄逸峰通过第二师党代表将周恩来救出。此时,叛变的军队已在上海开始“清党”大屠杀。随后,南京、杭州、广东、湖南等地也发生了逮捕共产党人和进步人士的反革命事件。这就是蒋介石发动的“四一二”反革命政变。

12日当天,愤怒的上海工人,在共产党的领导下,立即夺回上海总工会会址——湖州会馆。总工会立即在大院内召开代表大会,决定全市总罢工,重新组织工人纠察队,继续同帝国主义和蒋介石进行斗争。

4月13日,上海20万工人举行大罢工,周恩来、赵世炎领导了在闸北青云路召开的10万群众参加的大会。周恩来在大会上发表了简短的、极富鼓动力的演讲,会后和群众一起上街游行。游行群众遭到叛变军队的残酷屠杀,周恩来幸免于难。

4月14日,周恩来会见刚由南昌到上海的郭沫若。郭沫若向周恩来谈了蒋介石在九江、安庆的反革命罪行。最后劝周恩来说:“上海局势太紧张,你还是从速离开上海为好。”

周恩来沉着地说:“只要不脱离工人群众,还是可以摆脱敌人的。”

4月15日,周恩来出席中共上海区委主席团会议。在会上周恩来分析了北伐军各军对蒋介石的态度后,果断地指出:“蒋的力量并不大,只要武汉出兵,有5万精兵,在一个月内即可削平蒋的势力。过去,对蒋介石和其他右派势力,太忍让，是十分错误的。”最后他建议把这个情况电告武汉政府。

当日，周恩来就把自己在主席团发表的意见拟成电文，并亲自交给了宋子文，请他转交给汪精卫。从宋子文的谈话中，知道蒋介石要下令通缉自己。

4 月 16 日，周恩来出席了中共上海区委主席团会议之后，又出席中共中央特别委员会会议。会上李立三宣布，由李立三、陈延年、维辛斯基、赵世炎、周恩来、罗亦农等组成特别委员会。在会上周恩来首先发表意见说：“我们应立即致电武汉汪精卫，说明两点意见。一是在政治上，上海起义后有‘右倾’错误，如继续下去，非常危险。‘四一二’事变后，蒋介石对我们只是表面和缓，实际上是准备整个打击。我们在宣传上对蒋介石揭露也不够，以致市民不知道惨案的真相。今后在宣传上，应该反帝、反蒋并行，新、旧军阀都要反。二是在军事上，武汉方面没有对付蒋介石的积极方略，应该先削平蒋介石，然后北伐，现在我们应立即致电武汉，要赶快定下打东南的方针。”

这时周恩来在致中共中央的“意见书”中写道：“蒋氏之叛迹如此，苟再犹豫，图谋和缓或预备长期争斗，则蒋之东南政权将益固，与帝国主义关系将益深。”“故为全局计，政治不宜再和缓妥协。上海于暴动后，已铸此大错。再不前进，则彼进我退，我方亦将为所动摇，政权领导尽将归之右派，是不仅使左派灰心，整个革命必根本失败无疑。”明确指出，国民政府应该“决心讨伐，迅速出师，直指南京。”①

4 月 17 日，汪精卫通电声讨蒋介石；武汉国民党中央政治会议发布了《免蒋介石本兼各职令》，命令中说：“蒋中正屠杀民众，摧残党部，甘心反动，罪恶昭彰，已经中央委员会议决，开除党籍，免去本兼各职。着全体将士及革命民众团体拿解中央，按反革命罪条例惩治。”

蒋介石的反革命气焰并没有因为“罢免本兼各职”而有所收敛，相反更加嚣张。4 月 18 日，蒋介石在南京政府另组国民政府，推举胡汉民为国民政府主席、中央政治会议主席，并通过“清共”等反革命决议。南京国民政府在蒋介石的操纵下，与武汉国民政府分庭抗礼，形成“宁汉对立”局面。

4 月 25 日，中共党组织从第二十六军第二师师长斯烈处获悉，蒋介石已下

---

① 《周恩来选集》上卷，第 6 页。

令,“悬赏两万五千元缉拿周恩来”,另一个消息说:“悬赏八万银元缉拿周恩来!”

周恩来笑着说:“没想到我的脑袋居然值这些钱。”

同志们知道后,都劝周恩来迅速离开上海,躲一躲。周恩来不但没有离开上海,反而写信让邓颖超迅速来上海。5月1日,邓颖超悄悄来到上海,和周恩来日日夜夜生活、战斗在一起。

4月27至5月9日,中国共产党在武汉召开第五次全国代表大会。周恩来是“五大”代表,但因为忙于领导上海的工人运动,没有去武汉参加会议。大会根据共产国际执行委员会第七次扩大会议的《中国问题决议案》精神,批评了陈独秀忽略同资产阶级争夺革命领导权,以及忽视农民土地问题的错误。虽然进行过批评,但没有根本纠正。大会仍然坚持忽视掌握军队领导权的错误方针,选举陈独秀任总书记。在这次代表大会上,周恩来虽然没有出席,但被大家选为主席团成员,并当选为中央委员。随后在五届一中全会上,被选为中央政治局委员,任中央秘书长。

◆ 六、邵力子隐居南京,蒋介石被迫下野 ◆

1927年4月中旬,蒋介石背叛革命,发动“四一二”反革命政变的消息传到了莫斯科中山大学。邵力子和学生们震惊了,愤怒了。许多人简直不敢相信这个事实。他们刚刚欢庆过革命的胜利,马上又要面对国内“反革命的白色恐怖”,这在感情上实在接受不了。

晚上,学生们义愤填膺地聚集在大礼堂召开了声讨蒋介石背叛革命的大会。许多学生登上讲台,发表了谴责蒋介石的讲话。谁也没有料到,蒋介石的长子蒋经国会登上讲台演说。大家只见蒋经国身穿列宁式高领皮夹克,头戴鸭舌帽,大步跨上台子,走到台中间,愤怒地说:“我在这里不是作为蒋介石的儿子,而是作为中国共产主义青年团的儿子来讲话的。今天,蒋介石背叛了革命,从此他就是中国工人阶级的敌人。我今天最后一次称他为爸爸。过去,他是我的父亲,革命的好朋友;现在,他去了敌人的阵营,他就成了我的敌人。”蒋经国最后建议大家到共产国际大厦前去游行示威。蒋经国由于激动和愤怒,声音都有些发抖,语句也有些不太连贯。他的讲话在同学中间引起了强烈的反响,同学们报以热烈的掌声。第三天,《真理报》还刊登了蒋经国谴责蒋介石背叛革命的声明。

大会上，群情激奋，当场通过了致武汉国民政府的电文，大家一致要求严惩“革命的叛徒”蒋介石。电文如下：

当前中国革命发展引起了帝国主义及其忠实走狗的反击。假革命的蒋介石及其一伙违背了党的原则和纪律，他们背叛了我们的革命，屠杀了上海的革命工人，从而成为帝国主义的走狗。现在他们成了我们革命道路上的障碍。但是我们有信心，得到我们工人群众和革命军队支持的国民党中执会和国民政府一定会勇敢坚定地进行反对反革命的蒋介石及其一伙的斗争，我们确信，我们会得到最后胜利。

中山大学全体国民党员和共产党员①

“四一二”反革命政变后，邵力子的思想陷入困惑之中。他日夜在思考：国共两党合作得很好，蒋介石为什么要这么做？这样做，中国革命的前途是什么？他实在理不出一个头绪来。除了思考国家的前途之外，他还为许多共产党的朋友担心。首先想到的是周恩来，因为是他领导的武装起义，蒋介石会放过他吗？他现在平安吗？在哪里呢？干什么呢？原来和自己一起在上海大学工作的共产党员朋友瞿秋白、邓中夏，还有许多共产党员学生，安全吗？

随着国内局势的急剧变化，蒋介石反革命气焰的嚣张，中山大学的学生也出现了多极分化。不少中共党员满怀义愤地站在无产阶级立场上反对蒋介石的反革命行为；也有一些中共党员和国民党党员思想混乱，徘徊不前，左右摇摆；还有一些右派分子如郑介民、康泽等人积极地准备离开苏联，打算回国投靠蒋介石。

邵力子从布鲁塞尔回到莫斯科以后，就和国内失去了联系。他再没有接到过国民党中央或蒋介石的任何指示。邵力子无所适从，正在苦闷当中，苏共中央一位干部来找他说：“我们接到中国国民党中央的电报，让你回国复命。”

邵力子早就想回国看看了，也没有什么好准备的，收拾了一下行装，便找傅学

① 盛岳：《莫斯科中山大学和中国革命》，1980年12月版，第133页。

文，向她辞行。邵力子刚走到她的宿舍门口，正好傅学文拿着本书要向邵力子请教些问题便说："邵先生，真巧，我刚要去找您，您就不请自来了。"

邵力子说："这叫天意。我们到外面走走吧！"

于是两个人像平时那样肩并肩地走出校门，然后他们跨过沃尔洪卡大街，走向大教堂南边的公园。公园里没有什么游人，傅学文这时习惯地挽着邵力子的胳臂，侧过脸来问："邵先生，您说的'天意'是什么意思？"

邵力子说："我正要找你说个重要的事情，你也正想找我，果不期然就碰到了一起，你说这不是天意吗？"

傅学文像个大孩子一样，这时两条胳膊抱着邵力子的胳膊问："您找我谈什么重要事情啊？"

邵力子说："今天苏共中央通知我，国民党中央要我很快回国。"

傅学文侧过身子，停住了脚步，站在邵力子面前，两只眼睛潮湿了："我们刚认识没几天，您就要走……能不回去吗？我真希望能天天看到您，随时向您学习……您若走了，没人再陪我去医院看病，更不会有人为我配制中草药，帮忙煎好……"傅学文两只手拧着邵力子胸前的纽扣，眼里滚下了泪珠。原来傅学文到苏联后，因为不适应这里干燥、寒冷、多风的气候，秋、冬、春三季她经常咳嗽，哮喘。

邵力子说："我也希望能永远和你生活、学习在一起，只是……组织的决定，必须服从。"

傅学文两条胳臂半搂着邵力子的腰说："假如我的病在这里仍然治不好，过些时日，我就退学回国了……"

5月初，邵力子登上了莫斯科开往海参崴的火车。他躺在卧铺上，思绪万千，想中国的革命问题，想自己的工作问题。想来想去，傅学文的影子总是出现在眼前，挥之不去。

1919年，邵力子的元配夫人屠玉英因病去世后，他悲痛欲绝，最初不想再婚，后来亲朋好友介绍过几位贤淑的女士，因为不中意，又被他婉言谢绝了。邵力子万万没有想到，在莫斯科会遇到一位自己喜爱的，并聪慧过人、脾性温柔、善解人意、活泼大方的年轻女子。而这位女子又深深地爱慕着自己。他想象着与博学文结婚后的美好未来，兴奋得辗转反侧，难以入睡。

5月底，邵力子从海参崴乘船回到了上海。整个上海被白色恐怖所笼罩，许多朋友，有的被捕，有的被杀，有的外逃不知去向。人心惶惶，今非昔比。看到的和听到的，都增加了邵力子的思想负担和精神苦恼。他还要不要到南京去见蒋介石“复命”，思想斗争再三，还是决定去南京一趟。

邵力子在南京国民政府里见到了蒋介石。两个人寒暄过后，邵力子本想一本正经地向蒋介石汇报一下共产国际对中国革命的意见和自己在莫斯科的见闻、感受。他刚刚说了一句话，蒋介石就举起右手一摇，说：“不用谈这些了，我也不想听。我想征求一下您的意见，继续做秘书长如何？”

邵力子说：“秘书长的工作已经有人在做，我也不想再担任秘书长之职，可以随便在司令部安排个工作，只要不起草文件，不写文章就行了。”

蒋介石看了邵力子一眼，不动声色。邵力子又鼓足了勇气问：“根据目前的形势看，有些做法是否违背了先总理的‘三大政策’？如果这样发展下去，帝国主义势力如何清除？反动军阀如何打倒？”

蒋介石气呼呼地说：“我还想问问你，怎样才能实行‘三大政策’？”

真是话不投机半句多。邵力子一看这阵势，马上说：“您不必生气。我回去好好想想，以后有机会再谈。”

蒋介石之所以生气，并不全是因为邵力子的话引起来的。因为他实行反共、反人民的政策，另立中央，很不得人心。前不久，刚被武汉国民党中央和国民政府“开除党籍”、“罢免本兼各职”。4月22日，武汉国民党中央执行委员、候补执行委员、国民政府执行委员、军事委员会委员宋庆龄、毛泽东、吴玉章、邓演达等40人，又联名发表《讨蒋通电》。通电谴责蒋介石“反抗中央，另立中央”，“一切帝国主义之工具，皆麇集于其旗帜之下，以从事反革命；一切革命分子，皆被以共产党或勾结共产党之名，除之务尽”。通电号召：“凡我民众及我同志，尤其武装同志，如不让革命垂成之功，毁于蒋介石之手，唯有依照中央命令，去此总理之叛徒，本党之败类，民众之蟊贼。”

邵力子从国民政府出来，找到老朋友于右任。两人推心置腹地谈了半天。于右任说：“老蒋已四面楚歌，日子很不好过。真要是武汉国民政府的军队打过来，他可能很快垮台。”

邵力子也说：“我回国后，听了各方面的意见，大家都认为，在这样的政治形势下,很难施展自己的才干,在政治舞台上有所作为。”

于是两个人商量好,在南京小西门一带的一位老朋友家,暂时隐居起来,以观形势的发展。

果然不出邵力子、于右任所料。

8月1日凌晨,周恩来、朱德、贺龙、刘伯承等人领导中共掌握的两万余国民革命军,在南昌举行起义,打响了武装反抗国民党反动派的第一枪。全歼3000余国民党军,于拂晓前占领南昌。当天公布了周恩来改定的《中央委员会宣言》,称“武汉与南京所谓党部政府,皆已成为新军阀之工具,曲解三民主义,毁弃三大政策,为总理之罪人,国民革命之罪人”。

8月8日,武汉第四集团军总司令唐生智发表了讨伐蒋介石的通电,并委任程潜、何键为东征军江右军、江左军总指挥,率部沿长江两岸向东前进。在这种情况下,8月12日,蒋介石在南京召开高级军事会议,检讨对孙传芳作战失利的原因时,指责部下不听指挥,贻误了军机。没料到白崇禧却说:“总司令太辛苦了,应当休息休息,让我们试试吧!”

李宗仁也附和说:“我同意健生(白崇禧的字)的意见,总司令还是休息为好。”

散会后,蒋介石单独找何应钦谈话,问他:“对此事有什么意见?”蒋介石满指望能得到他的支持,没想到何应钦却说:“在目前的形势下,我也只能同意他们的建议。”

迫于形势,蒋介石只好下野,向国民政府递上《请辞国民革命军总司令》的呈文。

8月13日,蒋介石离开了南京去了上海。8月14日蒋介石在上海发表了《辞职宣言》。

8月17日,汪精卫在武汉召集国民党中央政治委员会会议.通过了他提出的“迁都南京”的议案。至此,蒋介石下野,“宁汉对立”的局面结束了。

◆ 七、身在“曹营”心在“汉” ◆

蒋介石下野,是短暂的。他利用下野的四个多月,解决了他日思夜想与宋美龄的婚姻大事。1927年12月1日,蒋介石在上海与宋美龄举行了隆重的结婚仪式。先在教堂举行了一次洋婚礼,接着又在大华饭店举行了一次中国传统方式的婚礼。证婚人是南京国民政府大学院院长蔡元培,名义介绍人是谭延闿。蒋介石心情之兴奋从他发表在当天上海报纸上的《我们的今日》可见一斑。蒋介石称:"余今日得与最敬爱之宋美龄女士结婚,实为余有生以来最快慰之一日……余确信,余自今日与宋女士结婚以后,余之革命工作必有进步。余能安心尽革命之责,即自今日始也。"

正当蒋氏新婚燕尔之际,12月3日召开的国民党二届四中全会预备会议通过了《敦请蒋介石复职的决议》,同时蒋介石被推举筹备国民党二届四中全会。12月1日,第二集团军总司令冯玉祥"敦促蒋介石复职";12月9日,何应钦又发出通电"敦促蒋介石复职";12月13日,蔡元培发表讲话,"敦促蒋介石复职"。

1928年1月2日,蒋介石在上海接到南京国民政府的电报,"请即返南京复职,完成北伐任务。"蒋介石在一片要求"复职"的呼声中,于1月7日正式复职,并发表了《总司令复职致国民政府电》。

2月2日至7日,国民党召开了二届四中全会。蒋介石被选为中央常务委员、军事委员会主席,确立了蒋介石在国民党全党的统治地位。全会通过了《国民政府组织法》、《整理各地党务决议案》、《制止共产党阴谋案》等文件。蒋介石在全会上更加猖狂地鼓噪反共:"倘若共产党仍然存在,他们的理论与方法还未清除,我相信共产党重新起来三个月后,国民党便会分散,国民革命仍旧不能成功。所以各位委员和各位同志对于共产党的势力须要有坚定的决心,从根本上来铲除消灭。"

邵力子在这时答应蒋介石的要求,出任国民党中央政治会议委员,陆海空三军总司令部秘书长等职务,参与蒋介石的帷幄决策,与陈布雷、周佛海一起为蒋介石起草文稿。以后邵力子又出任国民党甘肃和陕西的省政府主席、中宣部部长等要职。

邵力子为什么后来又放弃隐居,做了蒋介石的幕僚呢?

首先,是由于阶级的局限性造成的。邵力子虽然是上海共产主义小组的发起人之一,但他的世界观和阶级立场仍属于民族资产阶级范畴。由于民族资产阶级受帝国主义和中国封建势力的剥削和压迫,有反对帝国主义和封建主义的革命要求;同时又由于他们在经济上,未能与帝国主义和封建主义完全断绝关系,在政治上又表现出妥协性和软弱性。尤其是在革命处于低潮时期,许多出身于民族资产阶级或小资产阶级的上层人士,相继脱离革命队伍,或转向反革命,就不足为奇了。邵力子先生在白色恐怖中先是“隐居”,实则观察政治形势,后是追随蒋介石,做其僚属就不难理解了。

其次,邵力子受传统儒家思想的影响很深。邵力子5岁就能读《大学》、《中庸》,7岁即随叔父入私塾,21岁参加乡试中举人。自古绍兴就出了许多爱国义士,他从小就以这些人为榜样,“忠君爱国”的思想,在邵力子的头脑里是根深蒂固的。在1927年至1928年这段时间,他看到的国家政府只有南京的国民政府,政治“首脑”就是蒋介石。他要想为国效力,对人民有所作为,只能通过到蒋介石控制的政府工作去实现。

再次,邵力子对蒋介石的反革命本质认识不清,对其抱有不切实际的幻想。蒋介石向来是采取反革命两手欺骗人民,说是一套,做是一套。因为他离蒋介石太近,只能听到他讲的革命辞藻,往往看不到他的反革命行径。比如“中山舰事件”,邵力子只能听到蒋介石的解释,他不清楚蒋介石是如何要阴谋诡计逮捕舰长李之龙的,还天真地认为蒋介石拘留几十名共产党员是“为了他们的安全”“把他们保护起来”的。邵力子在一篇文章中回忆说:他曾多次劝谏蒋介石“不可背离孙先生的联俄、联共的政策,尤其不可杀害那些听从孙先生的话而参加了共产党的青年”。蒋总说他自己并不反苏反共,而是下面有人如此,他自己管不了。有时他又把不团结的责任推给对方。

傅学文在《永恒的纪念》一书中回忆说:

> 1925年5月从莫斯科回国向蒋介石复命到1931年“九一八”事变这一期间,是邵力子思想斗争最激烈的阶段。后来他告诉我:他坚决反对蒋介石“四一二”反革命政变,但当时北伐大业只有通过蒋介石才能完成;“济南惨案”又提醒他看清日本帝国主义必欲亡我的野心,也只有国民党这个中心力量才能团结抗日。因此,他经过一段的隐居冷静思考以后,才决心利用蒋介石对他的信任,一面随时劝谏,限制蒋的反苏反共,维护孙中山先生的三大政策;并营救一些受难的共产党员、革命青年,掩护一些进步组织。另一方面,

尽力之所及，为国家为人民做一些有益的事。这是他决定的立身处事方针。

由以上情况看，邵力子虽然在蒋介石身边工作，但他内心里还是同情共产党，倾向革命的。可以说是身在“曹营”心在“汉”，身在国民党心在共产党。在以后的漫长岁月里，邵力子始终致力于国共合作，不改初衷。邵力子认为，只有国共合作，不计前嫌，才能带领全国人民，团结御外，赶走帝国主义。有时，蒋介石反共“剿共”搞得昏天黑地，邵力子仍然保持了清醒的头脑。他始终不忘贯彻孙中山先生的三大政策，不肯附和反共反苏；在蒋介石疯狂发动内战时，邵力子却不遗余力地呼吁和平，并为之奔走。

1928年，上海的开明书店因为出售进步书刊，遭到当局的迫害，面临查抄进而被查封的危险。书店创办人章锡琛、章锡珊兄弟俩，既想谋求长期生存，又不愿意投靠国民党反动派，于是便到南京找邵力子。兄弟俩对邵先生讲明情况后说：“我们想请您担任开明书店的董事长，不知您肯否答应?”邵力子立即慨然应允，章锡琛兄弟俩高兴得不得了。从此后，上海的地痞流氓和国民党当局，只要听说开明书店的董事长是邵力子，就不敢再找他们的麻烦了。

1931年1月，左翼党员作家胡也频在上海被捕入狱。丁玲为营救丈夫到处求援。她找到地下党员陈望道同志。陈望道立即给在南京政府工作的邵力子写了封信，嘱咐丁玲说：“快去找邵先生，他也许有办法。”丁玲对邵力子很熟悉，她在上海平民女校上学，后来在上海大学文学系旁听，经常听邵力子讲课。于是她火速赶到南京，拿着信找到国民政府。工作人员把她领到一间办公室里，等待邵先生的接见。她见办公室里挤满了等待接见的人，心里立即凉了半截，担心排不上号，认为没有希望了。正在发急时，有一个工作人员请她进里间屋去。丁玲走进里屋，多年没见面的邵力子先生立即站起来和她握手，还像过去教课时那样平易近人，非常亲切、惋惜地说：“怎么搞的？竟然卷到这么大的案子里去了。”他立即给上海市长张群写了一封信，叮嘱丁玲说：“赶紧回上海，立即把信交上去。”丁玲接过信，心里热乎乎的。丁玲匆匆赶到上海，还没来得及把信送出去，胡也频就在龙华镇被杀害了。邵力子先生的信虽然没有能挽救胡也频的性命，但丁玲还是万分感激他的慨然帮助。

1931年2月1日，邵力子和傅学文经过多年的恋爱，在南京世界大饭店举行了婚礼，由好友于右任、陈绍宽做证婚人。于右任在婚礼上称颂他们的结合说：“我们都知道学文女士是大家风范，仲辉先生是江南才子，双美结合，是天赐良缘，构成佳偶，伫望在事业上互相支持，在精神上互相鼓舞。这不仅是家室之福，而且是邦国之庆。”

于右任这番祝词，典雅隽永，不仅在婚礼上赢得热烈的掌声，而且也是邵力子和傅学文两个人终生遵循的准则。

第三章

“西安事变”两人重逢

1931 年 9 月 18 日，日本帝国主义公然在沈阳寻衅发动了侵略战争，继而侵占了我国东北三省。这时蒋介石坚持“攘外必先安内”的投降卖国政策，同日本帝国主义签订了一系列丧权辱国的协定。1932 年 1 月 28 日，日本又公然在上海挑起侵华战争。蒋介石居然把奋起反抗的十九路军调离前线，派往福建“剿共”，并于 5 月份签订了《淞沪停战协定》。1933 年 3 月，日本帝国主义又侵占了我国华北的热河省。国民党政府又与日本签订了《塘沽协定》，承认日本侵占我国东北和热河省是“合法”的，还划出一个“非武装区”，整个华北地区受到日本帝国主义的监视和威胁。6 月份又签订了《何梅协定》，根据日本侵略军司令梅津的要求，蒋介石反动政府撤换了河北省主席和北平、天津两市市长，取缔了反日的群众团体，镇压反日活动。

在军事侵略的同时，紧跟着的是经济和文化侵略。日本打着“中日提携”的招牌，逐步控制了华北的铁路交通、工矿企业、电力设备等。天津六大纺织厂有四家成了日本的企业。中国的报刊、书籍不能出现一点反日言论，相反却充斥着为日本侵华做舆论宣传的文章。

由于日本帝国主义的疯狂侵略，蒋介石领导下的国民党政府屈辱卖国，激起了全国各阶层人民的愤怒。随着民族矛盾的上升，国内阶级矛盾也发生了很大变化。首先是工人、农民、小资产阶级和知识分子纷纷起来投入抗日救国运动。1935 年 12 月 9 日，北平的大中学校爆发了大规模的爱国学生运动，而且迅速波及全国各地。这时民族资产阶级和开明士绅的政治态度也发生了变化，他们公开站到了爱国学生一边，敢于发出“万般有罪，爱国无罪”的呼声。在抗日运动的推动下，国民党左派和爱国民主人士也公开提出“反蒋抗日”的口号。在国民党的军队中，一些爱国将领对蒋介石的“不抵抗主义”十分不满。国民党驻东北的军队，如马占山、李杜、苏炳文等部队，拒不执行蒋介石的命令，奋起反击日寇的侵略。在全国高涨的抗日运动推动下，国民党领导集团内部也开始分化。亲日派与亲英、美派的矛盾也在加剧。全国人民强烈要求抗日的呼声日益高涨，蒋介石不但不抗日，反而调动重兵“围剿”陕北红军。由于矛盾激化，在1936年12月12日，爆发了逼蒋抗日的“西安事变”。

在民族危亡关头，中国共产党始终高举团结抗日的旗帜，及时调整了自己的政策和策略，团结一切抗日力量，形成全国人民抗日民族统一战线。在共产党正确方针的影响下，蒋介石和国民党政府接受了中国共产党和东北军、西北军的团结抗日的主张，宣布“停止内战”，国共两党实现了第二次合作。这时，分别多年的周恩来和邵力子，又在处理国共两党的复杂矛盾中，走到一起了。

◆ 一、邵力子从甘肃到陕西 ◆

1931年12月15日，蒋介石主持国务会议，改换了四个省的政府主席。邵力子被任命为甘肃省政府主席。不几天蒋介石因为“不抵抗日军侵略”，被中国国民党中央常务委员会免去国民政府主席和所兼行政院长的职务，就第二次下野了。但蒋介石仍然宣布“系辞职，仍以中委资格辅佐国事”。因为蒋已下野，同时甘肃的社会秩序也不安定，所以邵力子也就没有急于去甘肃赴任。

1932年1月12日，张继、何应钦去奉化迎接蒋介石返南京复职。1月13日，蒋介石到了杭州就开始处理政事。邵力子一直拖到4月才正式去甘肃赴任。

邵力子在甘肃任职期间，看到西北黄土高原的荒凉，人民过着贫困的生活心里十分难过，他就立下志向，决心为改变甘肃贫穷落后的面貌做点实事。于是，他深入各地，实地考察。只可惜邵力子还没有来得及实施自己的计划，1933年初，蒋介石就免掉了邵力子甘肃省政府主席的职务。

邵力子将要从兰州返回南京时，他请来天水市图书馆的馆长，指着房间里的多箱图书说：“这些图书是我多年购买收藏的。我也没有什么更宝贵的东西留给甘肃人民做纪念，就把这些书赠给你们图书馆好了。”

图书馆馆长见有这么多图书，既高兴又惊讶地说：“这些书都是您拿薪俸买来自己看的，都给了我们图书馆，您还看什么？”

邵力子笑笑说:“我需要这些书,但甘肃人民更需要这些书。我知道你们的经费不多,无钱买书,你把这些书拿去让大众看,比在我这里发挥的作用更大。我心里更高兴。”

图书馆馆长说:“我代表天水群众谢谢您!我一定让这些图书充分发挥作用,不辜负您的一片心意。”

邵力子回到南京,向国民政府复命。当时邵力子夫妇住在户部街5号,家里经常宾客不断,热热闹闹。过了春节之后,江南已经暖融融的,春意正浓了。2月26日,邵力子在他原来复旦大学的学生朱仲华的陪同下,和傅学文一起乘特快列车去杭州。下午6时左右,火车行至嘉兴车站。邵力子在包厢的车窗前久久伫立,凝视着远方的嘉兴南湖,触景生情地说:“时间过得太快了,转眼已经十多年啦。”

朱仲华不解地问:“您指什么事十多年啦?”

邵力子说:“1921年夏天,共产党在上海召开成立大会,到现在已经有十多个年头。当时在上海开会的会场受到特务的搜查,我和周佛海分别建议代表们转移到嘉兴南湖来,租一只大游艇,在湖上边荡舟,边继续开会。这样可以甩开特务的盯梢,非常安全。与会的代表终于采纳了我的建议。”

朱仲华感到非常惊奇,便问:“您当年出席大会没有?”

邵力子摇摇头说:“我当时因为办《觉悟》副刊,离不开上海,没有出席会议。”然后他向傅学文和朱仲华讲了中共成立时的情况。

邵力子在杭州游览了两天,3月1日,乘车到绍兴。他应绍兴中学的邀请,到校发表了演讲。他在讲演中,念念不忘国耻,反复鼓励同学们爱国、抗日。邵力子说:“现在是国难严重的时候,各位同学能够很安静地读书,课余还能到城南道上去散步游戏,但是你们要想到东北的同胞,正在帝国主义铁蹄之下”,“我们心灵上,一方面要念书,一方面时时要想到日本人为什么要来欺侮我们”。“日本人欺侮我们,可说已到极点,所以我希望你们努力求学,将来替国报仇。”“我们在困难严重的当儿,应当努力求学,记牢日本人的强暴。”邵力子在讲话中还希望同学们“尽量采用中国货”,不要用“外国货”,要抵制日货。

邵力子还把绍兴中学和甘肃中学的情况作了比较,讲了甘肃农村的贫穷状况,广大青年连饭都吃不上,哪里还有钱去读书?从而激励学生们要珍惜现在的幸福生活，努力学习，将来报效祖国，建设祖国，使贫穷落后的中国赶上世界强国[①]。并题词“卧薪尝胆”作为校训。

3月3日，邵力子又出席绍兴县各界欢迎大会，并发表了《从绍兴到世界》的讲演，对各界群众的鼓舞很大。

5月5日，国民党中央政治会议通过一项议案：免去杨虎城将军陕西省政府主席的兼职，任命邵力子为陕西省政府主席。第二天广播电台就广播了这一任免决定。杨虎城对蒋介石此次的任免事前一点消息都不知道，他愤愤地对身边的人说：“官不做没有关系，但这种做法太恶劣！”杨虎城知道这是蒋介石在削弱自己的权势，派邵力子来制约自己。但他又想到，邵力子是自己多年的旧友，由他主持陕西的政务总比别人来要好得多。

邵力子当时想辞退任命，蒋介石却严肃地对他说：“大西北这地方很重要，你要下力气管好，特别是注意陕北共产党的活动。南方已被共产党搅得不得安宁，北方不要让他们成气候。你去了之后，共产党有什么新情况，要及时向我报告。”

邵力子只好接受任命，回家去做准备工作。6月20日，他偕夫人傅学文在秘书张丰胄的陪同下，乘火车去西安赴任。

邵力子夫妇在潼关一下火车，便看到杨虎城将军和其随从在站台上迎候他们。两位老朋友见面，分外亲热。原来1922年，杨虎城将军曾护送于右任经四川赴上海。在上海经于右任介绍，杨虎城与邵力子相识。邵力子知识渊博，为人善良、正直，过去主编的《觉悟》副刊，以及他所写的文章深受广大青年的欢迎。因此，杨虎城对邵力子向来非常敬佩。当晚，杨虎城和夫人谢葆贞在省政府设宴为邵力子夫妇接风洗尘。

席间，杨虎城首先向邵力子敬酒：“我代表省政府的诸位同仁，欢迎您来陕主政，希望您在陕大展宏图，八百里秦川在您的治理下，百业兴旺，老百姓能安居乐业。”

邵力子忙站起来致谢说：“兄弟来陕，人地两疏，全仰仗杨将军及在座诸位提携，不胜感谢。”

从此，杨虎城专职任陕西绥靖公署主任，主管军事；邵力子任陕西省主席，主

---

① 见《邵子力文集》下册，第1030—1031页。

管地方行政。邵力子向来为人随和，平易近人，只要有拿不准的事，都会主动向杨虎城将军请教。邵力子在陕西主政三年多，他和杨虎城将军相处得十分融洽。

邵力子把工作安排得稍微有些头绪后，就带着一些官员到各县去视察。有时坐车，有时骑马。经过一段时间的调查研究，他得出的结论与杨虎城将军原来的规划是一致的：要改变陕西贫穷落后的局面，应该把工作的重点放在经济建设上。经济建设的重点首推农业，只有发展了农业才能改善农民生活。要发展农业就要兴修水利。邵力子回到西安后，立即找到杨虎城将军激动地说："我到外地转了一圈，非常同意您原来开发陕西的设想。泾惠渠的第一期工程，已经放水，部分老百姓已经受益，其结尾工程困难再大，我们也要筹备资金，坚持下去。"

杨虎城立即高兴地说："您与我想到一块了。现任水利局长李仪祉就是陕西籍的著名水利专家，前几年我费了好大劲才从外省请回来的。"

邵力子说："我还没有来得及和李仪祉先生长谈。总之，我们现在就按照原来的设想，马上勘测洛惠渠。"

有一次为兴修洛惠渠拨款，邵力子打电话与杨虎城将军商量。杨将军笑着说："这些都是您职权范围内的事，您看该怎么办就怎么办好了。"

邵力子说："您在陕西搞了多年的水利建设，各方面的情况都比我熟悉，我自然得先向您讨教了。"说完两个人拿着话筒都哈哈大笑了。

1933 年夏天，邵力子耳闻陕北有石油矿，据有关人士讲，1905 年，清政府曾拨款筹建过延长石油官厂。后来由于资金短缺，难以为继。1914 年，北洋军阀政府又想钻探，但搞了两年也没成功。邵力子想，假如在陕北能开采出石油来，发展陕西的交通就不愁燃料了，陕北群众的生活也会富裕起来。于是他翻阅各种图书资料，发现在《延安府志》、《延长县志》、《延川县志》中对陕北群众利用石油点灯、做烛、制墨、敷疮以及岁纳官贡，都有详细记载。这时正好国民政府国防设计委员会委派地矿专家孙越崎到陕北调查石油资源。邵力子知道这个消息后非常高兴。

9 月 10 日，孙越崎与助手张心田从南京出发，乘火车刚到潼关，邵力子早派了陕西省政府建设厅技正①赵国宾带着汽车前来迎接。赵国宾对孙越崎说："省府邵主席指示，要我陪同您一起考察，并照顾您的生活。"孙越崎一听心里感到热

① 技正：旧中国技术人员的官职，负责技术事务，在厅（局）中为最高职位。

乎乎的。

经过两个多月的勘查，孙越崎了解到，陕北油田大约有5万平方公里，延长只是一个中心油田。经过几个月的准备，1934年夏天，国防设计委员会正式任命孙越崎为“陕北油矿探勘处”处长。接到任命后，孙越崎即带领两个勘探队，分别住在陕北的延长县和延川县修路、运钻探机器和各种设备，雇用民工，等等，都得到了邵力子和省政府的大力支持。

到1935年4月，共钻油井7口，最深的148米，最浅的80米。并有两口井产油。然后对原油进行蒸馏，生产出汽油、煤油、柴油和蜡烛等产品。邵力子得到孙越崎的报告后，心里非常高兴，心想落后的陕北也有了民族工业，而且能生产煤油、汽油等产品。人民生活将会很快得到改善。

陕北人民的生活的确改善了，生产的石油产品也发挥了巨大作用，但这些都是在共产党的领导下干成的。1935年4月，延长的炼油厂建成没几天，油矿所在地延长县，就被刘志丹、高岗领导的陕北红军解放了。同年10月，中央红军胜利到达陕北，后来陕甘宁边区政府利用原来的设备，在这里成立了延长石油厂。石油厂的负责人之一是毛泽东的弟弟毛泽民。毛泽民到厂后，对原来的工程技术人员实行团结优待的政策，很快恢复了油井的生产。据边区政府的统计，从1939年到1946年，延长油矿共生产原油3155吨，汽油164吨，煤油1512吨，蜡烛5760箱。这些产品不仅满足了边区人民交通、生活照明、印刷的需要，而且还销往边区以外的地方，换回了当时边区急需的物资。

当时建设厅的一些人对邵力子说：“辛辛苦苦建成了陕北油矿，却白白送给了共产党。”

邵力子听了，笑笑说：“不管怎么样，石油没有流到外国去。有了煤油，陕北的群众生活好了。这就达到了我们开发石油资源的目的。”

当时陇海铁路仅仅修到潼关，陕西境内的交通和运输主要靠马车拉，毛驴驮，小车推，担子挑。外省的商品运不进，本省的物资运不出。严重地扼制了经济的发展。1933年冬天，在一次研究经济建设会议上，邵力子提出：“在汉唐时代，由于西安是政治中心，依靠畜力车，商业还可以发展起来。今天，其他省份都有了火车、汽车、轮船，我们再靠畜力、人力等落后的交通、运输工具，来发展工商业，肯定落后。所以我建议，努力筹备款项，把陇海铁路由潼关延长到西安，然后再延至宝鸡。”

杨虎城当即表示赞成和支持邵力子的看法：“邵主席说到我们心坎儿上了。修铁路，马上就干！”于是邵力子和杨虎城通力合作，向南京政府打报告，商谈联合投资事宜。筹资和勘查设计同时进行，一旦有了一定的资金，便立即开工。为了加快进程，杨虎城还派部队支援铁路建设。到1934年年底，就通车到临潼；1935年年初，火车就通到西安。然后又想方设法，修了咸阳渭河铁桥，把铁路延至咸阳。

在修铁路的同时，又修成了通往河南、甘肃、湖北等地的公路干线。

邵力子除了开发物质资源外，还十分注意开发人力资源。当时陕西的广大妇女，由于没有文化知识和技能，多数妇女没有社会地位，不能参加社会工作，只能成天围着锅台转，仍然受着封建礼教的束缚和压迫。1933年秋季，由邵力子筹资，傅学文出面在西安市后宰门，筹建了一所占地50亩的西安“培华女子职业学校”。邵力子任名誉校长，董事有谢葆贞（杨虎城夫人）、傅学文、宋伯鲁等人，傅学文负责具体领导工作。当时开设了贸易会计、银行会计、预算会计等专业。每年约有600名学生毕业。1936年底，邵力子夫妇把这所学校交给地方接办。为了纪念邵力子、谢葆贞、傅学文等先辈，1984年7月26日，经陕西省高教局批准，恢复原来的职业学校，并升格为“西安培华女子大学”。

邵力子夫妇在陕西农村考察时，发现农村妇女生孩子，因为沿用千百年来的旧法接生，致使死于难产和病菌感染的妇婴不计其数。民间用一句俗话“木盆边上跑马”来形容生孩子的危险性。为了改变这种落后状况，1934年2月，邵力子夫妇筹集两万多元资金，加上政府拨款，在西安创办了“西京助产学校”。一年后改成“陕西省立助产学校”。新中国成立后，该校于1958年迁到宝鸡市，改称“陕西省宝鸡卫生学校”。

有一年冬夜，邵力子和杨虎城在一起喝茶聊天。杨虎城将军愤慨地说：“现在有些为官者，贪赃枉法，公物不知惜，国库不知节，盗起不敢御，民困不思救，吏奸而不能除，法纪松弛而疏于治理。这是国家的不幸，人民的灾难啊！”

邵力子也有同感：“我们必须倡导‘不做大官，要做大事’的精神。要求全省的公务人员，恪尽职守，艰苦奋斗，埋头苦干，铲除积弊，处处为国家，事事为百姓。每个机关都如此，日久效自著，全省的风气就会逐渐变了。”

两个人一直谈到夜深。

◆ 二、张学良奉命“剿共” ◆

1935 年夏天，长征的红军与第四方面军会合，然后继续北上。其时，蒋介石正在四川坐镇“围剿”红军，他看清了红军的战略意图，意识到有成立“西北剿总”的必要，以隔断红军与苏联的交通联络。蒋介石立即命令张学良撤掉武昌行营，在西安成立“西北剿匪总司令部”，自己兼任总司令，由张学良任副总司令，代行总司令职权。

对于是否去西北，张学良非常犹豫。他身边的人也都不想去，唯有秘书黎天才坚决主张去西北。黎天才劝张学良说：“在西北可以接近红军，也可以和各个反蒋势力联合，必要时可以与蒋介石闹翻脸，割据一方，把西北建成抗日后方基地。”

张学良认为黎天才讲得有道理，但到了陕西，马上面临“剿共”这一难题。他又不想与红军作战。这时他的思想斗争特别激烈。后来他考虑，陕北刘志丹部仅几千人，装备差，自己有 20 几万装备良好的东北军，战胜红军没问题。只要保留住东北军，他就有打回老家、收复东北的希望。他在《自述》中认为“陕政当局本系旧好，自能合作”。这里的“陕政当局”自然是指邵力子，因为邵力子是蒋介石的亲信，命他主政陕西的目的就是为了对付中共；这次命张学良来陕西，是为了彻底肃清“共匪”。两个人有共同的使命，再加上私人友情，所以张学良自忖与邵力子“合作”是没有问题的。于是，张学良便同意了蒋介石的意见。

9 月 13 日下午，张学良乘自备的“博鹰”（今译波音）号飞机从武汉飞到西安。在西安机场受到邵力子、杨虎城以及省政府要员，十七路军将领的热烈欢迎。张学良心中自然高兴。

当晚在西安绥靖公署的大楼里，省政府和绥靖公署联合举行了欢迎张学良的盛大宴会。主宴席是张学良、邵力子、杨虎城和陕西省的政要、士绅、贤达及夫人。两侧陪席的则是东北军的将领和十七路军的官佐们。张学良和杨虎城频频举杯祝酒，笑容满面，心里却各自暗暗揣摩对方。这时，杨虎城与蒋介石的矛盾和斗争已发展到相当尖锐的程度。杨虎城深知蒋介石的阴谋，他派张学良到陕北“剿共”，可达到“一石三鸟”的目的，既可以摧垮陕北的红军，又可以削弱东北军的实力，还可以挤走十七路军。然后再派蒋氏嫡系来入陕统治。杨虎城手持酒杯与张学良碰杯说:“祝副总司令旗开得胜!”心里却暗自念叨:“你可不要上蒋氏的当。”

张学良是个心直口快的人,嘴上不住地说:“谢谢仁兄的吉言,但愿天从人意。”心里也在想:“你可千万别暗中‘勾结’共产党,从中与我作梗。”因为张学良也深知蒋氏与杨的矛盾,也知道十七路军里有共产党员。张学良仅仅是耳闻和猜想,其实杨虎城身边有许多共产党员。中原大战结束时,杨虎城曾对身边的人讲过:“中国的新军阀没有一个能斗过蒋介石的,能同蒋介石斗的只有中国共产党。我们要同蒋斗,只有同共产党合作。”这一认识,是杨虎城在陕西执政掌军的基本出发点。杨虎城一出任陕西省政府主席,就公开任用知名的共产党人南汉宸做省政府秘书长。南汉宸在西安做的第一件大事,就是根据杨虎城的决定宣布释放所有的政治犯。其中共产党员和进步人士占了绝大多数。这自然引起蒋介石的极大不满。1933 年,李济深等在福建成立“中华共和国人民革命政府”时,杨虎城非常高兴,曾派宪兵营副营长、共产党员童陆生去联系,因为人民政府失败得太快而未果。由于杨虎城不满蒋介石控制的国民党的一些做法,1933 年他还支持学生砸烂省党部的牌子,捣毁省党部办公室。所以,张学良对杨虎城有一定戒心是可以理解的。

邵力子也不住地随着张、杨二人祝酒、喝酒。同时他也冷静地观察张、杨二人的言谈举止,因为邵力子也吃不准两个人葫芦里到底卖的什么药。心想:今后陕西的政局不好主持。因为邵力子非常赞成共产党提出的“团结抗日,一致对外”的政策,但他只能暗地里同情和支持共产党,不禁止抗日言论,不抓捕共产党员,但在公开场合的讲话,他还要做官面文章,奉蒋氏之命进行“剿共”。所以 CC 特务头子、国民党陕西省党部书记宋志先埋怨说:“江西是共产党员集中的地区,在那里红是红,白是白,红白分明,工作比较好办。西安这个鬼地方是红白不分。不少人做的是国民党的官,吃的是国民党的饭,却说的是共产党的话,甚至做的是共产党的事。有些人虽然不是共产党,却比共产党还危险,他们做的是连共产党都做不到的事。”所以邵力子觉得陕西省政府主席不好当是有道理的。

10 月 2 日,国民政府公布了张学良任西北“剿共”总司令部副总司令,代行总司令职权,节制陕、甘、宁、青四省军政的命令。10 月 3 日,各大报纸都刊登了这条消息。上海《中华日报》大字标题是“彻底肃‘匪患’将在西北设立西北‘剿匪’总司令部”,肩题是“将来由张学良常驻指挥一切”。

这时东北军正源源不断地调入陕北。每当部队经过西安时,张学良在表面上总按照蒋介石的意思训话，以鼓舞士气："攘外必先安内，现在共产党在后方捣乱……我们不能集中优势力量对日作战。"他又说："日寇是强大的，共产党比较日寇弱……弱的解决不了，怎能解决强的?!""希望我全体官兵，勇往直前，完成'剿共'之重任，建树统一之功勋。然后回师北上抗日，收复东北，返回老家去，那时候，我们该有多么愉快，我们该有多么光荣呢。"①

9 月份，张学良满怀信心地布置了对红军的作战计划。9 月 20 日，张学良亲自赴陕北前线"督剿"，路不好走，他有时骑自行车到部队视察，还和战士们一起吃饭。10 月 1 日红军佯攻甘泉，围点打援，在崂山设伏消灭东北军一一〇师，俘虏 3700 人。师长何立中重伤，不治身亡。张学良认为这一仗是中了埋伏，不以为然。

10 月 5 日，张学良驾机飞往成都，向蒋介石汇报陕北战况。蒋见张学良情绪有些波动，便鼓动张学良联合山西的阎锡山一块"剿共"。10 月 6 日，张学良与杨虎城一起飞到榆林、绥德一带视察部队，当日返回西安。7 日，张学良独自飞往太原，与阎锡山会晤，阎锡山答应派军赴陕"助剿"。尽管张学良如此忙碌，如此忠心耿耿地执行蒋氏的指示，但蒋介石仍不放心。8 日上午，蒋介石又亲自来西安与邵力子、杨虎城一起研究陕北"剿共"的军事部署。

10 月 13 日，蒋介石又飞到太原，同时把陕西的国民党地方军二十二军军长井岳秀、八十六师师长高桂滋召到太原，与阎锡山一起商议"围剿"初到甘肃、陕北的中央红军。尽管蒋介石就是这样亲自督战、策划，东北军仍然吃败仗。

10 月 25 日，红军十五军团在榆林桥又消灭东北军一〇七师一个团及一个附属营，活捉团长高福源。这一仗是红军攻城，而且守城的有 3000 多人，团长高福源又是有名的骁勇战将。这次败仗才引起了张学良的注意。张学良在去南京开国民党中央全会前曾嘱咐部下："任何行动，需听我的命令。"张学良在南京开会期间，东北军不得乱动的情况下，11 月 21 至 26 日，直罗镇战役又消灭了东北军一〇九师和一〇六师一个团。师长牛元峰阵亡。

在两个月内，经过三个战役，东北军被红军吃掉两个师、两个团、一个营。这样惨重的失败在东北军战史上是没有的。当时张学良和杨虎城都在南京参加国

---

① 应德田：《张学良将军与西安事变》，全国政协存稿。

民党第五次全国代表大会，东北军又遭重创的消息传到南京后，许多党国要员对张学良采取了冷漠、奚落的态度。这使张学良非常伤心，情绪沮丧。杨虎城知道这个消息后，主动地找到张学良，对他进行亲切地安慰："老弟，你还年轻，千万不能为这点事而过分伤感，影响了身体健康就损失大了。再说，胜败乃兵家常事，谁人不知？在此紧要关头，你要好自为之。天下事，并非就此完结，来日方长。"

张学良听了杨虎城的话，心里十分感动，说："老兄，谢谢你对我的关心，我不会因为这点挫折而趴下。东北军连吃三次败仗，使我的头脑开始清醒了。"

杨虎城说："头脑开始清醒就好，有许多问题值得我们好好认真思考。"有些话到了嘴边，杨虎城又咽回去了，因为他终究对张学良的思想深处还摸不太透。

张学良说："红军转战二万五千里，已经十分疲惫，却能打败我装备很好的东北军，这的确发人深思呀！"

杨虎城不好再说别的，只是连声说："是啊，是啊。"然后告辞出来。

◆ 三、张学良杨虎城联合抗日 ◆

张学良这时心里很不平静，思想斗争十分激烈，尤其是蒋介石不允许他补充兵员，取消了被红军消灭的两个师的番号，使他十分伤心。张学良通过错综复杂的形势分析，他已认识到蒋介石让自己到西北"剿匪"的险恶用心。他在心里开始彻底否定了蒋介石制定的——"攘外必先安内"的"国策"。同时在他身边的一些进步人士和朋友也劝他团结抗日。张学良这时下了决心"退出内战，坚决抗日"。但他在哪里能找到与中共联系的渠道呢？他想从三方面着手进行：①他认为中共中央仍在上海，托朋友到上海去找；②他知道东北大学共产党员多，便请东北大学派学生代表来西安见他；③想通过前线与红军的接触与中共中央取得联系。

张学良在南京参加了国民党第五次全国代表大会后，没有参加五届一中全会，就以料理私事为名匆匆赶到上海，找到老朋友杜重远。张学良用汽车把他拉到郊外长谈。

张学良说："东北军参加'剿共'内战是卖命换饭吃，是无期徒刑。这条路不能再走下去了。如何走？我又没办法，想听听你的意见。"

杜重远分析了其形势后说："东北军只有抗日才有出路，你个人也有荣誉。东北军现驻扎在陕北，正好联合红军和杨虎城共同抗日。"

张学良担心地说:“我的东北军与共产党多次作战,他们还愿与我联合吗?”

杜重远给他解释了中共(八一宣言)的精神:“只要你决心抗日,共产党一定会同你联合。”

于是,张学良决心退出内战,联共抗日。

1935年12月中旬,张学良回到西安。这时北平爆发了“一二·九”学生爱国运动,并且很快波及全国。有一天晚上,杨虎城到金家巷五号公馆去拜访张学良。自从东北军来到西北后,杨虎城就十分注意与张学良处好关系,告诉部下不要与东北军发生冲突和小的摩擦。只有这样才能保住十七路军,不至失掉西北的地盘。现在要想进一步反蒋联共,就必须得到张学良的支持与合作,否则是非常困难的。所以杨虎城利用一切机会与张学良接近,观察张的思想动向。自从杨虎城在南京安慰了张学良之后,两人在感情上近了许多。今天他又想接着谈学生运动,摸摸张学良对蒋介石的态度。

杨虎城与张学良寒暄之后说:“你刚从上海回来,本来我不想打搅你的休息,可是全国的学生们天天上街游行,要求抗日。西安也不例外,北平、天津都压下去了,逮捕了许多学生,咱们这里怎么办?”

张学良一听,气不打一处来,猛地站起来说:“学生们要求抗日有什么错?日本帝国主义打进来,中国人俯首帖耳当亡国奴就对了?”

杨虎城听了平静地说:“我也是这样想,所以才没有采取任何措施,邵主席对此也没有表示什么意见。”

张学良在客厅里来回踱着步说:“学生们愿怎么闹就怎么闹,不要管他们。”

杨虎城说:“我也是这样想。副总,我有一问题始终解不开,你既然口口声声说‘打回老家去’,当时为什么在东北不与日本鬼子打个你死我活?”

张学良一听这话,迅步走上二楼,过了会儿手里拿着一张折叠的纸下来说:“你今天不提东北的事,我还不想让你看这个。”说着把那张有些发黄的纸递给了杨虎城。杨虎城一看,是1931年9月19日蒋介石发给张学良的密电,电文很简单:“沈阳日军行动,可作为地方事件,望力避冲突,以免事态扩大,一切对日交往,听候中央处理。”

杨虎城看完电令,又折叠好,还给张学良说:“啊,我明白了。”

张学良说:“你还没有完全明白。1932年春,日寇侵占了热河,全国人民愤怒谴责蒋和我投降卖国，一致要求抗日。我本来下决心要与日寇决一死战，收复热河，且已制订好了作战计划。3月6日，蒋介石匆匆由南方来到石家庄。8日通知我到保定相见。当晚12时我乘专列去保定。我以为蒋约见我是为了研究反攻热河的计划。没想到9日下午4时，蒋的专列才到保定车站。我登上他的专列后，蒋严肃地对我说：‘现在全国舆论沸腾，攻击我两人。我与你同舟共命，若不先下去一个人，以息全国愤怒的浪潮，难免同遭灭顶。所以我决定同意你辞职，待机会再起……’于是我就引咎辞职，替蒋某人背上了不抵抗的黑锅。汪精卫还封我一个‘不抵抗将军’的诨号。世界上哪里有不抵抗而成为将军的呢？真是莫大的讽刺，比挖我的祖坟还厉害！”张学良说到这里时，眼里闪着泪花。然后张学良又讲了自己如何被迫出国，回国后又调遣“剿匪”，搞得东北军民流离失所，痛苦不堪，无家可归。最后他对杨虎城说，“杨将军你放心，我到西北来不是来抢你的地盘，夺你的饭碗的。”

杨虎城安慰说：“张将军，我们都是爱国的热血军人，保卫祖国是我们共同的职责，根本不存在‘抢地盘，夺饭碗’的问题。你也不要伤心。我们应吃一堑，长一智。只要决心打日本，就有用武之地。”

张学良说：“最近在南京召开的全国代表大会，也非常使我寒心。我通过会内、会外的各种迹象，已深刻地认识到，蒋委员长是对‘剿匪’心切，对抗日则无动于衷，而且有许多大员还是亲日派。”

杨虎城说：“在第五次大会上，我也有同感。当前，全国上下本来应该和衷共济，团结抗日，可是这次代表大会上的种种表现，则是貌合神离，说起来真是令人痛心。认识一件事，认识一个人多么不容易啊！”

张学良说：“还有更使我伤心的呢。过去蒋委员长曾宣布：因为打红军遭受损失的部队优先补充，这次东北军连吃了三次败仗，不但没有补充，反而撤销了一〇九、一一〇两个师的番号，停了饷。我请求为两个阵亡的师长发10万元的特恤也被驳回来。我张某人混得不值10万块钱了！”

杨虎城冷静地对张学良说：“时间长了，我们对一些事就容易看清楚了。比如，派你来陕北‘剿匪’，这一步棋就很厉害。”杨虎城说到这里，就没有往下深说。

张学良在南京时就已经意识到，蒋介石是借打红军之名，行消灭异己之实；背信弃义，用心险恶。因为他对杨虎城还不太了解，没有明确把这话说出来。

两个人经过这次谈话，在感情上距离已大为缩短。

张学良不知道杨虎城早就和共产党及共产党领导的红军有联系。早在1927年冬，杨虎城就向地下党组织提出申请加入中国共产党。并表示：“希望能做第二个贺龙”，还建议把他领导的第十军改编成工农红军。党员魏野畴愿做杨虎城的入党介绍人。但中共在“八七”会议之后，受“左倾”关门主义的影响，中共河南省委没有批准杨虎城的申请。杨虎城在组织上虽然没有入党，但他始终没有中断与共产党员的联系。

1930年，南汉宸回到十七路军以后，杨虎城和共产党的关系则更为密切。他在西安掩护了一大批地下党员开展抗日宣传和组织青年的活动；收留和掩护了一些共产党员在十七路军工作；与红四方面军订立互不侵犯、合作反蒋的秘密协定；等等。

中央红军到陕北后不久，1935年12月5日，毛泽东就给杨虎城写了一封信，托共产党员汪锋把信送到西安，交给杨虎城。信中说：

> 鄙人等卫国有心，剑履具备，行程两万，所谓何来？既达三秦，愿求同志。倘得阁下一军，联镳并进，则山河有一幸，气势更雄，减少后顾之忧，增加全军之力。鄙人等更愿联合一切反蒋抗日之人，不问其党派过去之行为如何，只问今日在民族危急关头是否有抗日讨蒋之诚意。凡愿加入抗日讨蒋之联合战线者，鄙人等无不乐于提携，共组抗日联军，并设国防政府主持抗日讨蒋大计。

杨虎城从南京开会刚回到西安，就见到了汪锋，看到了毛泽东的信。所以他对联共抗日充满了信心，对未来形势的发展非常乐观。

杨虎城对张学良有了深刻的了解后，便努力争取改善十七路军与东北军的关系，争取早日实现联共抗日。杨虎城在西安绥靖公署新设了一个“联络处”，主要任务是与东北军的高级将领联络感情。

为了扭转十七路军高级干部对张学良的看法，杨虎城曾多次讲话，谈到张的才华和爱国之心：“辛亥革命后，大小军阀都培养自己的子弟，但都失败了，张少帅是唯一成功的。‘皇姑屯’事件后，他受命于危难震撼之际，收拾好父亲扔下的那样一个烂摊子，从容解决了东北的易帜问题，是十分不易的。东北沦陷后，东北军散布关内各地，张学良仍然是东北军甚至是流落关内的东北人的领袖，这不仅说明他在东北军和群众中威信很高，还说明他的才能和见识是一般人比不了的。‘九一八’事变，张学良替蒋介石背了黑锅。我们不能人云亦云。我们要看到张学良有杀父之仇，亡乡之恨。我们一定要与东北军搞好团结，否则就会中了蒋介石的奸计，同归于尽。”

这些话传到张学良的耳中，张学良非常感动。有一次在交谈中，杨虎城知道东北军王以哲部军费没有汇到，王以哲军长很着急。杨虎城立即暂停了十七路军的经费，拨给王以哲使用。

杨虎城为了密切与张学良的关系，当他知道张学良喜欢打网球时，便让人把自己公馆内废弃多年的一个网球场修复，让十七路军中的高级将领常邀请张学良来打球，也便于他与张学良经常见面，沟通信息。

1936 年元旦阅兵仪式之后，杨虎城召集参阅的十七路军连长以上的军官训话，他公开抨击国民党政府丧权辱国的政策，表示了对南京政府断送东北和华北的极大愤慨，他说：“过去我们对敌人还敢指名道姓，而今天却用××来代替“日本”二字，这是我们最大的耻辱……今后我们部队的训练，再也不能按打内战那一套搞了，不管别人抗不抗日，十七路军是坚决要抗日的。”

张学良知道杨虎城的讲话内容后，很受鼓舞。

张学良和杨虎城之间，由不了解而关系密切，继而发展到推心置腹谈抗日的问题上，中间起重要作用的是杜重远和王炳南诸人。1936 年初，杨虎城到上海医治牙齿和检查心脏，住在虹桥医院，这时杜重远也在这里疗养。两个人在一起经常谈论抗日救国问题，互相了解以后，杜重远便把张学良的想法告诉了杨虎城。后来共产党员王炳南又成了张学良与杨虎城之间沟通信息的桥梁。这样，张、杨二人和两支军队便在联共抗日的目标下，团结得更加紧密。

◆ 四、肤施会谈，联共抗日 ◆

正在张学良四处寻找中共之时，红军按照中共中央的指示，把俘虏的东北军团长高福源释放回来。

红军按照老传统，对东北军的俘虏一律优待，愿意参加红军的留下来，愿意回西安的一律发给路费送回去。但是对团长高福源,周恩来特别指示说:“让他参观学习一段,送到甘泉附近的红军总部,由彭总做他的思想工作。”

高福源是辽宁盖平人,北京大学肄业,为救国弃学从军,人非常聪明。他在瓦窑堡参加了“东北军军官政治学习班”,如饥似渴地读了许多书籍、材料,明白了抗日救国的道理,进步很快。他对南京政府的不抵抗主义和“剿共”打内战,以及利用“剿共”来削弱甚至消灭红军的阴谋,如大梦初醒。

高福源对彭德怀说:“东北军普遍要求打回老家去。张学良、王以哲都要求抗日。关键人物是张学良,如果他了解红军的情况,是可以合作抗日的。”

彭德怀说:“你可以回去做做张学良、王以哲的工作。”

高福源兴奋地说:“我若能回去,一定不辜负红军对我的优待和希望。”

周恩来还询问了他回西安的安全问题有无保证,并嘱咐他回去后多讲“红军停止内战,共同抗日的主张”。

高福源离开红军总部时,彭德怀送他200元做路费,并派骑兵把他送到洛川王以哲防线外面。

高福源到达西安后,张学良立即召见。他向张学良谈了在苏区的见闻,说:“共产党是坚决主张抗日的,成立了各种抗日组织开展活动,而在我们这里却是爱国有罪,抗日犯法……”

张学良又问:“共产党的抗战政策如何?”

高福源说:“共产党号召建立的抗日民族统一战线是不问政治见解、宗教信仰,是团结全国一切抗日力量的最好形式,共产党倡议停止内战,一致抗日是非常真诚的。”

张学良问:“根据你的观察,红军的战斗力如何?”

高福源说:“红军的装备虽然不如我们,但他们从长官到士兵,政治觉悟很高,军事训练有素,是一支不可战胜的部队。苏区的军政关系、军民关系很好。红军不只优待俘虏,他们还向被困在甘泉城内的东北军送粮、送蔬菜等物资。红军非常同情东北军的处境,极愿意与我们合作共同抗日。我们必须同红军联合起来,才谈得到打回老家去,这是东北军今后唯一的出路。”

谈话持续了三个多小时,最后张学良说:“你谈得非常好,休息一两天赶快回去,请红军派一位代表来,我们正式商谈一下。你放心去办这件事,此去如有危险，你的家属生活、子女教育都由我和王军长负责。”

1936年1月16日，高福源先到洛川，见了王以哲军长，19日到了甘泉红军总部，说：“明天副司令来洛川，请你们派一位代表去与他见面。”正好李克农在总部，经彭德怀和杨尚昆同意，李克农当天下午与高福源到了洛川。

1月20日，李克农与张学良会谈了三个多小时。李克农向张学良说明了共产党关于停止内战，共同抗日，成立国防政府，组织抗日联军的主张。张学良说：南京政府同意建立国防政府的不乏其人。只要中共确有团结抗日的诚意，他愿意为此而奔走。双方商定：为应付环境，双方各守原防，并在可能范围内恢复通商。最后张学良说：“近日我要去南京公干，顺便做些工作，大约两周后回来，那时我想在洛川或者肤施（延安）与彭德怀司令会谈一下。”

这是张学良第一次和中国共产党接触，从此开始走上联共抗日的道路，是他一生中最大的转折。

2月10日，周恩来指示李克农说：“按目前形势看，这次谈判成功的可能性比较大。按瓦窑堡会议精神，力争谈成。也可先谈具体问题，如局部合作抗日，经济通商等。重大问题及时请示中央。”

3月3日，张学良从南京回到西安，4日即亲自驾机飞抵洛川。张学良与李克农是第二次见面，他身着长衫，一见李克农就爽快地说：“我是来做大买卖的，是整销，不是零售。”

李克农握着张学良的手，诙谐地说：“张将军，您几时解甲从商啦？”

张学良联共抗日的情绪之所以这样高涨，要“整销”而不“零售”，其中有这样一个重要原因：1936年初，在蒋介石的授意下，宋子文、孔祥熙请宋庆龄派可靠的人，把国共谈判条件的信送往陕北。宋庆龄找到董健吾牧师，董又找了一位青年，名叫张子华，系甘肃共青团书记。是特科托董把张子华带往陕北，汇报工作，并把国共谈判条件的信函送达苏区。董健吾找到张学良，请用飞机把董、张二人送往肤施，并向张学良讲明了其中原委。张学良知道蒋介石也要“通共”，所以他才敢说要“整销”不要“零售”。张学良还把董健吾、张子华是南京来的客人，向众人宣扬出去。这就起到了障眼法的作用，蒋系特务也就不怀疑张学良“通共”了。

张学良与李克农从4日白天，一直谈到5日凌晨4时。除了枝节问题有分歧之外，基本问题都达成了一致意见。至此，张学良才知道中共中央已在陕北，他希望能与周恩来、博古或彭德怀在肤施会谈。

3月16日,李克农到山西石楼向毛泽东汇报了与张学良会谈的结果。3月27日,中共中央召开政治局会议,一致认为张学良联合抗日的态度是诚恳的;同意张学良的提议,决定派周恩来、李克农为全权代表,到肤施去谈判。

4月7日,周恩来与李克农从瓦窑堡动身,8日至肤施东北的川口,因遇雨受阻。9日下午,张学良亲自驾机同王以哲、刘鼎从洛川飞往肤施。下午6时,张学良派人到川口接周恩来等五人。晚8时,周恩来等抵肤施大教堂,当晚即开始谈判。

张学良对这次会谈十分保密,只有王以哲、刘鼎和他的副官、随身参谋知道。其他人一概不知,是张学良入陕后的一次所谓的"失踪"。会谈的房间里,只有张学良、王以哲、刘鼎、周恩来和李克农五人。夜间吃了一顿面条,也是由孙铭九和一二九师的团长赵绍宗送到台阶,由王以哲接递进去的。

张学良在教堂里面迎接周恩来和李克农。周恩来一见张学良就说:"我是在东北长大的。"

张学良说:"我了解,听我的老师张伯苓说起过。"

周恩来一听,觉得奇怪,便问:"张伯苓怎么是你的老师?"

张学良笑了:"我原来抽大烟,打吗啡,后来听了张伯苓的规劝,完全戒除了,因此拜张伯苓为师。咱们两人还是同师呢。"大家听了都爽朗地笑起来。

周恩来和张学良第一次见面,就像老朋友一样,无拘无束地畅谈起来。严肃的政治谈判也就这样开始了。谈判一直持续到10日凌晨4时,双方商讨了如下几个问题:

1. 关于"停止内战,一致抗日"的总方针,关于中共提出的抗日救国纲领和成立国防政府、组织抗日联军的主张等,张学良完全同意。

2. 关于红军出兵华北,号召并推动全国抗日。张学良同意,但不同意走山西,他认为红军在山西的阻力大,红军绕道宁夏、绥远出兵华北。张学良列出四条理由:"(1)宁、绥人口多,粮食多,可以做红军抗日的后方;(2)绥远邻近蒙古便于取得苏联的帮助;(3)红军让开陕北一些县城,我好向蒋介石交账;(4)红军和日本接火,我可以公开联共抗日。"周恩来凝神听完张学良的理由后说:"有道理,但我必须向毛泽东及中央其他同志报告后才能决定。"张学良估计自己的意见未必行得通,也就没有坚持。

3. 关于红二、四方面军北上抗日问题。张学良知道二、四方面军的力量大于陕北红军,便说:“欢迎川西北红军来陕,来多少都欢迎。红四方面军经过陕、甘,东北军可以让路;二方面军经过中央军防区,我去斡旋。”

4. 关于联蒋抗日。张学良提出:“抗日的力量越大越好,蒋是国内最大的实力派,抗日统一战线应包括蒋在内。否则,蒋以中央政府名义反对不好办。”周恩来说:“你的意见很好。去年底,中共中央已在研究蒋介石是否包括在抗日统一战线之内的问题。这是一个极重要的战略问题。在瓦窑堡会议上,毛泽东提出了统一战线中间接同盟军问题,已经从理论上解决了联蒋的难题。我们可以再商量。”张学良又分析了南京政府:有亲日派,如汪精卫等;也有主张联俄抗日的,如宋子文等;也有主张联共抗日的,如孔祥熙、宋氏姐妹。蒋介石有抗日的可能性。这个问题讨论的时间最长。周恩来最后说:“这个问题很重要,回去报告中央,再做答复。”张学良认为他的意见可能被接受,心里非常高兴。

5. 关于培养干部问题。张学良认为东北军干部很少,而红军干部多,成长快,希望红军派一批干部去东北军工作。周恩来说:“原来我们的干部也很少,不得不随时随地注意培养,才解决了干部缺少的问题。我们现在办红军大学,你也可办军官训练团,上面还可以办抗日大学。我们也可联合办一所抗日大学。”张学良明白了干部要自己培养,而且逐级培养。张学良回到西安不久,就和十七路军一起办了“王曲军官训练团”。

会谈结束后,张学良拿出一本上海《申报》纪念60周年印制的大地图送给周恩来说:“让我们共同保卫中国吧!”这本大地图是我国第一部投影等高设色地图,可做军用,对缺乏地图的红军来说,是比较珍贵的礼物。另外张学良还赠送私款2万元银洋,后来又赠送20万法币。到1936年底,张学良共接济红军76万元之巨。

会谈后,周恩来离开肤施到十里堡遇雨停宿。夜间,周恩来高兴地对同行者说:“谈得真好呐,想不到张学良是这样爽快的人,是这样有决心,有勇气的人。出乎意料,真出乎意料啊!”4月22日,周恩来给张学良写了一封信,请刘鼎带到西安转交。信的开头是:“坐谈竟夜,快慰平生,归语诸同志并电告前方,咸服先生肝胆照人,诚抗日大幸!”

当刘鼎回到洛川,把周恩来的信交给了张学良,他读后说:“肤施会谈,正如周先生说的，真是太满意了！周先生态度和蔼可亲，说话有情有理，给我的印象十分深刻。他的谈话解决了我很多的疑难问题。我要是早见他几年多好啊！”

总之，会谈双方都十分满意。

◆ 五、张学良怒查省党部 ◆

1936年6月，张学良与杨虎城在王曲镇举办了“军官训练团”。张学良和杨虎城为正、副团长。张学良亲自驻团。第一期学员108人，都是东北军和十七路军连以上干部。6月15日开学，张学良因公去南京，6月22日，张学良回来就到“军官训练团”作了《中国的出路唯有抗日》的报告。他在报告中说：“……除了抗日之外，实在没有其他路子可走！”“我们绝不能再蹈‘九一八’事变时委曲求全的覆辙；我们宁肯因斗争致死，决不束手待毙！”“中国目前是被日本帝国主义支配着，它绝不容我们统一”，所以他说“抗日与统一，统一与抗日，这两件事情是具有不可分离的连环的关系。”“东北是日本从我们的手里用武力夺去的，我们要用我们的力量夺取回来！”最后他慷慨激昂地说：“张学良早有决心，违背国家民族利益的事绝不干，反之，又绝不惜牺牲！”

这次报告是张学良在东北军和十七路军内公开表示抗日的决心，彻底否定了他曾拥蒋武力统一中国，再去抗日的错误主张，在思想上已经树立了只有抗日才能统一的观念。

张学良作了这次报告之后不久，就发生了查抄国民党陕西省党部的事件。

1936年8月29日夜，张学良忽然接到杨虎城的电话，告诉他：“副司令，东北大学的宋黎等人被省党部的人抓了，在大街上被我的特务营巡逻队截了下来，请你派人来把他们接回去吧。”

宋黎是东北大学学生会的负责人，曾组织、领导了北平的“一二·九”学生运动。宋黎、马绍周等作为北平学联和东北大学学生会的代表，受张学良的邀请来到西安。当时张学良不在西安，杨虎城接待了他们，说：“张副司令请来的客人，也就是我的客人。”杨虎城询问了北平的学生运动。宋黎等人详细地回答了各种问题，并深入阐述了十七路军和东北军应该停止“剿共”，团结抗日的道理。杨虎城认为讲得非常好，就拉着他们说：“把你们刚才讲的，对我们的干部们讲讲。”宋黎推辞再三，还是被杨虎城拉到绥靖公署大礼堂，当时正赶上纪念周，有700多名军官听讲。宋黎除了宣传抗日救国的道理之外,并慷慨激昂地抨击了蒋介石的不抵抗政策,拱手把东北、华北让给日本侵略者。宋黎的讲话得到十七路军干部的热烈欢迎,同时也受到了国民党特务的注意。

张学良回到西安后,见到宋黎等人十分高兴,便把他们留在西安,协助东北军搞抗日宣传。尽管有张学良的保护,但西安的特务们还是请示了南京,决定逮捕宋黎等人,并解往南京。29日夜晚,几个特务持枪闯入西北旅社,绑架了宋黎、孙达生、马绍周等四人就往外走。在街上正好碰到十七路军的巡逻队,宋黎十分机警,大喊:“土匪绑票!”“快救命啊!”巡逻队立即将特务们拦住。特务们立即亮出证件,说明是抓共产党的。但十七路军的宪兵营中,共产党员很多,一听是特务们秘密抓共产党,便说:“请出示逮捕证!”

特务们说:“我们捕人从不用逮捕证。”

巡逻队士兵说:“没有逮捕证,随便抓人,土匪无疑!”

巡逻队的一位排长说:“我们经常碰到冒充抓共产党的土匪,你们是真抓,假抓,跟我们一起到宪兵营去!”于是,巡逻队把宋黎和特务们一起押到宪兵营,报告了杨虎城。杨虎城又立即通知了张学良。

正在这时,卫队营长孙铭九也来报告:“副司令,我们参谋部的关沛苍听说宋黎被捕,到西北旅社了解情况,在路上也被省党部的特务捕去了,怎么办?”

张学良一听,感到事情来得过于突然,怀疑自己联共抗日的事已经被泄漏出去,国民党特务对自己和部属下毒手了。于是决定,先把被捕者救出来,再杀他几个特务。

黎天才知道这件事后,马上来劝张学良:“副司令,泄一时之愤,解决不了问题,如果立即反蒋、联共、抗日,杀他几个特务,出口气也可以。但现在又不到火候,你应该知道‘小不忍则乱大谋’的道理。”

张学良问:“那你说该怎么办?”

黎天才说:“查抄省党部的特务部门,把关沛苍等人救出来,查抄他们的保密文件,看是否我们走漏了联共抗日的消息。捉他几个主要特务,交军法处依法处理,不要直接杀人。”

于是张学良立即给省政府主席邵力子挂了电话。

邵力子被一阵急促的电话铃声惊醒,他拿起话筒一听,是张学良的声音,口气很严厉地说:“请你到我的司令部来一下!”邵力子在电话上又不便问发生了什么事,他心中暗自琢磨:“即使问,张学良也不会讲,在电话上能说清还让我去干什么?”于是邵力子要了汽车,立即赶到南院门“西北‘剿匪’总司令部”。当张学良见到邵力子时,以从未有过的严厉态度对他说:“我在这里是代总司令,是代表委员长的。我是国民党监委常务,是代表中央的。你们省党部的人怎么竟敢这样藐视我,擅自抓走我的部下呢?即使抓共产党,为什么不让我先知道呢?抓我司令部的人,不让我知道,是何用心?”

邵力子被张学良一连串的质问,弄得“丈二和尚摸不着头脑”,只得和气地解释说:“副司令,先不要生气。省党部是由杨虎城将军兼管,我只是负责省政府这边的工作。不过我也可以查清这件事,马上向你报告。”

张学良稍微缓和一些说:“我已经派人去搜查省党部,请你配合,限天亮前把抓走的人,送到这里来!”

邵力子说:“我现在就去派人查清此事。”

30日凌晨4时许,邵力子匆匆忙忙从省党部赶到南院门,见到张学良说:“副司令,现已查清,昨天夜里发生的事是调查统计室(国民党‘中统’特务组织的前身)的人干的,他们按照蒋委员长的命令,逮捕刘澜波、力又文①、马绍周、孙达生四个共产党员。但事前未请示副司令,这是他们的错误。现在托我向副司令请示。”

张学良说:“什么共产党员,全是捏造罪证,诬陷好人。我的秘书我还不知道!这里哪有个力秘书?”

邵力子说:“没有共产党就好。但他们发愁蒋委员长那边无法交代。”

张学良说:“蒋委员长那里,由我负责答复,告诉他们别管了。很对不起你,惊动了你,让你半夜三更也没睡成觉,你回去好好休息吧。”

邵力子走后,张学良亲自带着秘书,一一审读从省党部搜抄来的密件,没有发现他和杨虎城秘密联共抗日的任何情报,这才放心了。但逮捕刘澜波等人,确有蒋介石的手令,而且他又释放了这些人,还查抄了省党部,事关重大。于是他亲拟

① 特务们将“栗又文”写成了“力又文”,当时栗又文不在西安,被张学良派到新疆执行联苏任务去了。

复蒋电报，“自请处分”，他在电文中先申明：陕西省党部无视他中常务和副司令的地位，径直逮捕西北总部的工作人员，“是不信任良，不信任总部，群情激奋，迫不得已，遂向省党部索还被捕人员。唯因事出仓促，未能事先呈报钧座，不无急躁之失，请予处分。并拟将马绍周等交总部军法处严加审讯”云云。

蒋介石这时正在广州处理“两广事件”无暇分身，只好隐忍不发。他在给张学良的电报中说：“我弟处理此案，殊失莽撞；唯既知错误，后当注意。所请予以处分一节，应免置议。至马绍周等人审理，准如所拟办理。”

张学良把蒋介石批准逮捕的马绍周、孙达生、刘澜波等人，交给总部军法处，由江雄风审理。江雄风是复兴社特务处所派，在西北“剿总”任办公厅情报科科长，兼西安市公安局督察。张学良交代江雄风说：“对人犯一不许用刑，二不许离开西安。”同时派人暗中通知被审理人员，要他们在法庭上作斗争。其中孙达生不知道张学良的部署，跑到陕西绥靖公署去躲避。张学良派孙铭九把孙达生找回来，严厉地问他：“你是不是共产党员？”

孙达生说：“不是。”

张学良说：“是不是有什么把柄落在他们手里？”

孙达生说：“没有。特务抓人要什么证据？”

张学良说：“既然这样，你为什么躲起来？”

孙达生说：“我没有军籍，在东北军没有正式职务。”

张学良说：“没有军籍可以给嘛！”然后张学良把审讯时不许用刑等事情都告诉了孙达生，还嘱咐他说，“受审时，应该像个东北人的样儿，在法庭上你还可以控诉国民党的不抵抗主义，以及无家可归之苦。”在审讯时，孙达生、刘澜波等人在法庭上痛快淋漓地揭露了国民党的不抵抗政策；质问“宣传抗日有何罪”；等等。江雄风抓不住任何证据，也不能定罪，只好把他们几个人释放了事。

“搜查省党部”实际上是张学良对蒋介石不抵抗主义的公开斗争，是两个人矛盾不断深化的表现。说明张学良自从与周恩来会谈后，在思想上起了急遽的变化，他为了在中国实现团结抗日，不惜牺牲个人的一切利益，甚至与蒋介石公开决裂。

◆ 六、华清池蒋介石被扣 ◆

1936 年夏秋之际，西安的抗日救亡运动，在张学良、杨虎城的支持下，邵力子主席的默许下发展得声势浩大、蓬蓬勃勃。在其他城市，议论抗日是有罪的，而在西安则是自由的。不只是爱国的青年学生纷纷来西安读书，就是一些常坐书斋的爱国志士也以各种名义来西安聚会。历史学家顾颉刚，借参加考古学会之机，从北平不远千里，来到西安也要会见张学良、邵力子、杨虎城大谈抗日。

这年的 9 月 8 日，毛泽东通过地下党员捎信给邵力子，明确指出"国共两党实无不能合作之理。《三国演义》云：天下大势，合久必分，分久必合"。"今又有合的机会"，他希望邵力子能"去旧更新，重整'觉悟'旗帜"，努力促进国共合作，共同团结抗日。"为此一国一民族添欢喜"。这封信对邵力子的震动很大，他为共产党、毛泽东以国家民族的利益为重的宽大胸襟所感动。于是，邵力子借着蒋介石来西安的机会，从爱国的愿望出发，恳切地向蒋介石建议说："委员长，我们应该停止'剿共'，一致对外。否则，人心思乱将不可收拾，对东北军不能施加压力，因为他们都有怨气，多压可能发生激变。"

蒋介石听了十分生气，斥责邵力子说："你真是书生气十足，不识时务！"

邵力子辩解说："国难当头，还是应该团结起来，一致对外为好。"

蒋介石说："你把问题看颠倒了，不安内怎能攘外呢？共产党的阴谋就是利用攘外来夺取政权，这一点你都看不透，你是真糊涂还是假糊涂呢？至于东北军有怨气我知道，张汉卿是大事糊涂，小事聪明的人。如果不用压力，他就有可能与共产党合流。今天'共匪'势力已成穷途流寇，不乘此一举'剿灭'，如旷日持久，又将坐大，问题就严重了。"

1936 年 9 月 18 日，西安各界群众在南院门"西北剿总"门前举行"东北沦陷五周年纪念大会"。会场上公开贴出"团结抗日，共赴国难！""放弃攘外必先安内的政策！"张学良戎装出席大会，并讲话："中国只有实现统一，才能收复国土。继续内战和分裂，只能害了自己的同胞，最后落得亡国灭种！"他接受了群众"要求抗日"的请愿书，并表示："亲率东北军披甲还乡，为国效死，为民报仇，不达目的，誓不罢休！"

蒋介石由于"剿共"心切，对西安的形势和邵力子的劝告均置之不理，反而到西安亲自督战。

12月4日，蒋介石在张学良的陪同下，乘专列由洛阳来到临潼，住在华清池。蒋介石面谕张学良和杨虎城："现在'剿共'已到最后5分钟的成功阶段，一个月内，将完全消灭红军。如若违抗命令，将给予适当处置。"

从这天起，蒋介石分批邀见东北军旅长以上军官餐叙。蒋介石向他们表示："有我蒋某在，就一定能带你们打回东北老家去，但你们必须听从我的命令。"蒋介石借此拉拢东北军高级将领，以便将来撤换了张学良，他好直接控制、指挥东北军。

这时张学良已经感觉到蒋介石要采取措施处置东北军，并使之与十七路军分离。杨虎城劝他采取"挟天子以令诸侯"的办法，迫使蒋介石抗日。张学良认为不到时候，对蒋还抱有一线希望，不肯放弃最后诤谏。当张学良知道蒋介石在背后邀东北军将领餐叙时，他还嘱咐他们，向蒋表示"打回东北老家去"的愿望与决心。

12月7日上午，张学良邀杨虎城来他的公馆商量制止内战的办法。张学良说："我今天再去劝蒋一次，他若再不听，咱们就动武的，'先礼后兵'，对得起他。"

杨虎城说："不要再劝了，蒋是一个死不回头的人，劝不转。弄不好，闹翻了，反而露了马脚，蒋离开西安就不好办了。"

张学良说："看不出蒋对我们有提防。蒋这个人很骄傲，以为我们只会服从他，不会有其他举动。"杨虎城就不好再说别的。

12月7日下午，张学良到华清池谒见蒋介石，他痛哭陈词说："日寇侵略我国，步步进逼，继东北沦陷之后，华北名存实亡，近又绥远告急，国家民族存亡已到最后关头。非抗日不足以救亡，非停止内战、举国团结一致，不足以言抗日。继续'剿共'断非出路。共产党的政策是民族抗日第一，对红军完全可以用政治方法解决。"张学良声泪俱下，慷慨陈词。蒋介石一听，勃然大怒："你这是受了共产党的迷惑宣传。你就是拿枪打死我，我也不能停止'剿共'。"说完回到卧室，不再理张学良。

12月8日一早，蒋介石决心对张学良和杨虎城采取措施，他召见东北军王以哲、刘多荃来华清池共进早餐。蒋介石对他们说："现在的'剿共'军事仅剩最后5分钟了，你们要理解我的用意，服从命令，努力'剿共'，方是你们应持的态度。"他又威胁王以哲说:"你军部的电台,经常与共产党联系,你还以为我不晓得,我早就知道你们这些活动,只不过没有采取措施罢了。"当晚,王以哲便报告了张学良:"蒋已知道六十七军电台与中共有联系的事,并要'改过','努力剿共'。"这时,蒋鼎文也有劝张学良交出军权的非正式表示。

12月8日晚上,邵力子也有些异常感觉,他主动找杨虎城交换意见,说:"我总觉得时局有些不稳,担心汉卿(张学良的字)先生的安全,我们这里千万别发生类似日本今年2月26日的'法西斯'军人政变就好了。"

杨虎城也不便多说什么,只是说:"不会的,东北军绝对听从张学良将军的指挥。"

12月9日,蒋介石见张学良极力反对内战,主张抗日。于是,下决心让卫立煌、蒋鼎文替代张学良、杨虎城指挥东北军和十七路军"剿共"。蒋介石已内定卫立煌为"晋陕绥宁四省边区总指挥",蒋鼎文任"西北'剿匪'前敌总指挥",陈诚以军政部次长名义"指挥绥东中央军各部"。蒋介石在这一天给陕西省主席邵力子写了一封信,让他将上述消息交《大公报》发表。

蒋介石写好的"手谕"还没有送出去,西安爱国青年为纪念"一二·九"运动一周年,举行的盛大游行示威就开始了。这次游行示威活动是两个救亡组织发起的,当时张、杨二位将军不同意,怕惹出麻烦,影响他们的计划。但又不便明说,只好同意,嘱咐部下,注意保护学生的安全。

这一天,学生们从清早集合出发,举着"打倒日本帝国主义!"的横幅,高呼着"停止内战,一致抗日!""东北军打回老家去!"的口号,向"西北剿总"门口汇集。国民党的警察、特务,如临大敌,不断堵截,甚至鸣枪威胁。东北竞存小学(学生们都是流落西安的东北儿童)有一学生竟被流弹击成重伤。

游行队伍到了"西北剿总"门口,张学良不在,交际处的一位普通干部接见说:"你们的爱国热忱,本人极为钦佩。所陈各节,当一一代为转达。"

学生们又来到绥靖公署请愿,杨虎城因公外出,由参谋长李兴中代为接见,并讲话:"军人的职责是捍卫国家。现在我们的国家被日本帝国主义侵略到这种地步,实在是我们军人的耻辱。"学生们又强烈要求释放上海七位要求抗日进步人士。李兴中说:"上海的七名救亡领袖,我是十分敬佩的,一定转告上峰,早日释放他们。关于有人开枪打了学生,我一定转告杨主任,严肃查处此事。"

学生们来到省政府门前请愿，邵力子很快出来接见学生们，他说："我非常同情你们的爱国行动，我一定保护你们，并且支持你们的爱国行动。但是我希望你们一不要荒废学业，二不要违反校规。"学生们对他的两点希望极为不满，又提出各项抗日的要求。这使邵力子感到很为难，他开始什么话也不说，最后只是轻轻地言不由衷地说："你们清楚，我没有一兵一卒，怎么出兵抗日？请大家去找张副总司令和蒋委员长吧。"

学生们义愤填膺，一致要求到临潼去见蒋介石，不达抗日目的，誓不罢休。下午3时许，学生的队伍浩浩荡荡行进到西安东大街。总指挥接到报告："中山门已被国民党军队封锁，出不去。"游行队伍又绕到中正门（今解放门）出城。下午4时，游行请愿队伍绕到中正门。中正门又被封锁。学生们向把守城门的官兵、警察多方宣传团结抗日的道理。后来十七路军的一位少将参谋暗示守城士兵悄悄打开门锁，学生们才欢呼着出了城。

下午5时，蒋介石知道学生们要来临潼请愿，他马上打电话给张学良："马上制止，如学生不听劝阻，格杀勿论。"与此同时，蒋让侍卫队和宪兵二团在灞河附近布防设伏，准备屠杀赴临潼请愿的学生。

学生请愿队伍行进到灞河西边东十里铺，忽然后边追来一辆小汽车，从汽车上下来两个穿便衣的人。学生们还以为是国民党的特务来了，一看是张学良和王以哲军长。张学良告诉学生们："不要往前走了，再往前走是去送死！"学生们难过得痛哭流涕，表示不怕死，一定要到"行辕"去请愿。

张学良情急中，站在公路边的土坡上，对请愿的学生们讲："你们的要求，就是我的要求。也许我的要求比你们的要求还迫切。请大家相信我，我是要抗日的。我们的期望一定会实现的。你们提的要求，我一定转呈蒋委员长，我代表你们去请愿。在一周之内，我用事实答复你们。"这时，学生们才平静下来。此时夜幕降临，热血青年们仍然排着整齐的队伍，迎着刺骨的寒风，高唱着救亡歌曲："向前走，别退后！生死已到最后关头。"朝西安城走去。

当晚，蒋介石打电话让邵力子到华清池，一见面，蒋就气呼呼地说："从今天组织游行，在游行中打的标语，喊的口号来看，这肯定是共产党和救国联合会策划的。你怎么事先就一点也不知道，你这省主席是怎么当的？"

邵力子辩解说："共产党组织活动我怎么会知道？再说，调统室的人事前都不知道,我就更不会知道。”

蒋介石说:“不管怎么说,在西安这个地方,发生这样的事,你就是失职!”

邵力子说:“委员长,‘九一八’事变后,东北三省同胞备受妻离子散、家破人亡之苦。有志青年被逼得走投无路,参军后来到西北。东北军官兵和东北群众的遭遇,很快得到西安各界的同情。在纪念‘九一八’、‘一二·九’的日子里,发生游行的事,一点也不奇怪。”

蒋介石生气地说:“现在你完全站在学生的立场上与我说话,这是绝对不允许的,今后你要加强戒备和防范措施,回去吧!”

邵力子刚刚离开华清池,蒋的气还没有消,传令兵就通报:“张副总司令到!”

张学良一走进五间厅,蒋介石就恶狠狠地问:“今天学生游行,我让你武装弹压,你为什么不下令开枪?”

张学良避开蒋介石的质问先报告了学生的请愿情况,然后又陈述“停止内战,一致抗日”的意见。蒋介石一听大为生气,申斥张学良说:“你不是站在我的立场讲话,你不代表政府,而是代表学生!你已失掉了国家大员的身份。”

张学良辩解说:“我讲的这些话,既代表了国家利益,又代表了学生们的要求。这是一致的。”

蒋介石说:“胡说,一个人绝不能同时代表两个方面。西北社会浮动,人心不安,都是你造成的,你应该承担一切责任!”

张学良说:“我在陕西待不成了,让我到绥远去抗日吧!”

蒋介石说:“你的任务就是‘剿共’,否则,就把你的东北军调到福建去。”至此,张学良已看出蒋介石是不顾一切地要打红军,要彻底“剿共”,没有回头的可能性。

9日夜,张学良回到西安城内,立即把王以哲等人召到公馆,秘密部署“兵谏”计划。

12月10日上午,蒋介石召开秘密军事会议,参加者有:蒋鼎文、卫立煌、陈诚、朱绍良、钱大钧等。会议决定了第六次对陕北的“围剿”计划;决定在12日颁布第六次“剿共”总攻击令,如果张、杨不执行命令,就将他们撤职查办,把东北军调到福建,十七路军调到安徽;逮捕在西安的共产党员和进步分子;以及对蒋鼎文等人的任命等。这次秘密军事会议的内容,很快让张学良和杨虎城知道了。

12月10日，毛泽东与周恩来又打电报给张学良，通报了中共与国民党的谈判出现了严重分歧，不能继续下去的情况，电报称："陈立夫第三次找潘汉年谈红军留3万，服从南京，要我方让步。我们复称根本不同意蒋氏对外妥协、对内苛求之政策，更根本拒绝其侮辱红军之态度……"①

当天晚上，张学良与杨虎城秘密商议"兵谏"计划：扣留蒋介石由东北军担任；解除西安城内中央军、警、宪、特的武装，逮捕国民党中央军政大员，控制飞机场，扣留军用飞机，由十七路军担任。时间定于12日清晨行动，抢在蒋介石的前头。

12日凌晨，东北军与十七路军按既定计划行动，扣留了蒋介石。

◆ 七、"三位一体"逼蒋抗日 ◆

12日上午，张学良和杨虎城立即宣布：成立西北抗日临时军事委员会并通电全国，提出八项主张：

> 1. 改组现在南京政府，容纳各党各派人才共同负责救国。2. 停止一切内战。3. 释放上海被捕之爱国领袖。4. 释放全国一切政治犯。5. 开放民众爱国运动。6. 保障人民集会结社一切之政治自由。7. 确实遵行孙总理遗嘱。8. 立即召开救国会议。

通电发出后，张学良又分别致电南京行政院副院长孔祥熙和蒋介石夫人宋美龄。说明兵谏目的，只要蒋答应抗日的要求，一定保证其安全。这两封电报使孔、宋二人放心了。

张学良和杨虎城为了得到地方势力和国民党元老的支持，同时还给李宗仁、白崇禧、傅作义、阎锡山、冯玉祥等人致电，说明兵谏动机和事件经过。

紧接着张学良又去西京招待所，看望了南京来的军政要员和邵力子，以及被击伤的侍从室主任钱大钧。这些要员都认为兵谏太危险，但对张、杨提出的八项主张是赞成的。所以陈诚、邵力子、卫立煌、蒋鼎文等人都在通电上签了字。

12日上午9时，蒋介石被送到西安新城大楼东厢房住下。不久张学良来见

---

① 见《毛泽东年谱》(1893—1949)上卷，第619—620页。

蒋。蒋介石见张学良进来,把脸拧过去,只是长吁,一句话也不说。张学良说:“委员长受惊了。”蒋介石也不理,张学良又重复了一句,蒋仍然不答。张学良说:“我们是受全国人民的要求,才举行兵谏。我们内心纯正,完全是从国家着想,不是为个人利益打算。现在请委员长平心静气,勇于改正错误,联合全国力量,坚决抗日,以争民族生存,则学良和全国人民于愿足矣。”

张学良说完把《八项主张》的宣言递给蒋看。

蒋把“宣言”推到一边,说:“不看,不看。你若真是为国家,就应该把我送回洛阳再谈。”

张学良说:“今日之事岂容搪塞。希望你勇于改正过错,群策群力,共赴国难,如果你仍执迷不悟,坚持偏见,我们只有交国人公裁了。”

蒋介石一听“国人公裁”四字,心中一惊,忙说:“过去我待你那么好,现在你竟想把我交国人公裁?你既然说是为国家,就应该把我送回洛阳再谈。”说完就闭目不再说话,脸上的青筋暴起,身体在微微颤抖。张学良只好退出。

中午,蒋介石写了一张便条:“请邵主席来谈。”

12 日早晨,邵力子也被拘禁。头天晚上,邵力子参加张学良举行的宴会,至夜 12 时方回到省政府后楼就寝,凌晨忽被枪声惊醒。枪声很近,他还以为是东北军闹事,又无法查询,就同傅学文下楼。他们刚一出楼门口,傅学文的右手就被流弹擦伤。他们又退回楼内用纱布包扎好伤口,然后两人躲到一楼藏书室,在书柜旁坐到天明。

早晨,杨虎城派人把邵力子接到绥靖公署卫士队队长室。在这里住到 17 日,才移住九府街“止园”。

12 日上午 10 时许,张学良来卫士长室看望邵力子。张学良说:“昨天晚上让你受惊了,听说夫人的手还受了伤,现在怎么样?”邵力子说:“我没事,傅学文的手是轻伤,已到医院上过药,包扎过了,请你放心。”

张学良说:“我们连日来对委员长苦谏、诤谏,希望他放弃‘攘外必先安内’的政策,联共抗日。但委员长不听谏言,决心‘剿共’。所以,我和杨虎城将军不得不实行兵谏。我们没有别的目的,就是为了抗日救国。现在蒋委员长已到新城大楼。我们一定保证他的人身安全。”

邵力子说:“你们的目的和愿望是好的,我相信,也完全理解,但太冒险了。一定要做好善后工作。”

张学良说：“目前最重要的是劝说蒋委员长接受抗日的要求，我们仍然愿意接受他的领导。但委员长现在怒气很盛，一句话也听不进去，并且拒绝进食，也不肯穿送去的棉衣。您能劝劝委员长吗？”

邵力子立即随张学良乘车来到新城大楼。张学良让邵力子一个人进去见蒋，他就干别的去了。邵力子到了大楼的东厢房，张学良的特务营营长宋文梅一直跟在后边。

蒋介石见邵力子来了，稍微欠了一下身子，问：“你从哪儿来？”

邵力子据实相告：“我住在绥靖公署卫士队队长室。我没事，只是希望委员长及时进食，注意加衣防寒。”蒋介石气呼呼地说：“你告诉张学良和杨虎城，要么立即把我送回洛阳，要么立即枪毙。”

邵力子说：“这两位将军完全是出于好意。只要你答应抗日，接受他们提出的八项主张。他们会立即送你回洛阳的；请你放心，没有人敢枪毙你。”蒋介石闭目不作理会。

12 日子夜，张学良告诉刘鼎，电告中共中央“我已发动捉蒋，请予支持”。13日晨 5 时，张学良又致电毛泽东：“吾等为中华民族及抗日前途利益计，不顾一切，今已将蒋介石及其重要将领陈诚等扣留，迫其释放爱国分子，改组联合政府。兄等有何高见，速复。”当日毛泽东和周恩来复电张学良：“恩来拟到西安面商大计。”

13 日上午，邵力子又应张学良的要求，劝蒋移住师长高桂滋新宅，因为那里有防寒设备，草地宽阔。蒋拒绝说：“我哪里都不去，如果不能送我去洛阳，我就死在此地。这是西安绥靖公署，我是行政院院长。”

14 日，蒋介石的顾问端纳从南京飞来，并带来了宋美龄给他的信，信中劝导说：“你的脾气不好，你心中的话，总不能很好地对部下说明，你也不能很虚心地倾听部下的意见……东北官兵是亡省亡家的人，他们要求抗日是自然的事情，你应把你心里的话告诉他们，对他们的抗日情绪，应该很好地给予安慰。你不这样做，所以激出这次的事端来……望你为国家为民族保重身体……”信末附着一句话：“南京的情况戏中有戏。”蒋介石读了宋美龄的信，又听了端纳的劝告，态度缓和下来，立即移居高桂滋公馆。

12月17日下午,周恩来乘飞机到了西安。周恩来先到了七贤庄“秘密中转站”。他借来剃须刀,刮掉了胡须,然后才去金家巷张公馆。这时张学良已经和东北军许多将领在楼下迎接。张学良的第一句话就是:“美髯公,您的胡子呢?”周恩来用手一比画说:“刮掉了。”张学良说:“哎呀,那太可惜了。”周恩来说:“做统战工作了,要讲点礼貌。”

在宴会前,周恩来与张学良在客厅里进行了长谈。

张学良说:“只要蒋委员长同意停止内战,一致抗日,我们就送他回南京,还拥护他做抗日的领袖。”

周恩来非常同意张学良对蒋介石的方针,然后他就西安事变的前途和处理方针发表意见说:“蒋介石虽然被扣留,但他的实力还在。因此对蒋的处理要慎重。事变有两种前途:一是说服蒋介石抗日;一是蒋介石拒绝谈判,那就公审他,宣布罪状,予以处置。但这样会引起更大规模的内战,给日本帝国主义侵略我国提供借口。所以,我们应该力争有个好的前途。说服蒋介石,让他停止内战,一致抗日。”

张学良非常同意周恩来的分析,他说;“宋子文和宋美龄近日要来西安谈判。”于是两人又商量与他们谈判的条件。

12月22日,宋美龄、宋子文、蒋鼎文来西安准备和张学良、杨虎城、中共代表周恩来谈判。蒋介石见了宋氏兄妹后表示:同意改组政府,三个月内开救国会议,改组国民党,同意联俄、联共。

12月23日,宋氏兄妹与张学良、杨虎城、周恩来谈判。周恩来首先提出解决西安事变的六项主张:

> 1. 双方停战,南京方面的军队撤至潼关以东;2. 改组南京政府,肃清亲日派,加入抗日分子;3. 释放政治犯,保障民主权利;4. 停止“剿共”,联合红军抗日,允许共产党公开活动;5. 召开各党派、各界、各军救国会议;6. 与同情抗日的国家合作。

张学良和杨虎城也同意上述六项主张为基础进行谈判。宋氏兄妹表示“个人同意六项主张”,但还要与蒋介石商量。24日,宋氏兄妹又与张学良、杨虎城、周

恩来谈判,双方共同达成协议如下:

1. 改组行政院,由孔祥熙、宋子文任正副院长。2. 中央军调离西北。3. 蒋允许回南京后释放爱国领袖。4. 红军、苏区不变动,宋氏兄妹担保蒋介石停止"剿共",经张学良接济红军经费。抗战发动后,再改红军番号,统一指挥,联合行动。5. 开放政权,召开救国会议。6. 分批释放政治犯。7. 抗战发动后,中共公开。8. 联俄,与英、美、法联络。9. 蒋氏回南京后通电自责,辞行政院院长职。

24 日下午,周恩来与宋子文单独谈判。宋子文请周恩来做他抗日、肃清亲日派的后盾,并派代表长期驻沪,与他秘密接洽。周恩来答应了他的要求。宋子文又保证说:"回南京后,先改组国民党,开放政权;与孙夫人宋庆龄商量释放政治犯的办法;南京政府每月可接济红军、苏区 50 万元的经费。"

与此同时,蒋介石也与张学良单独谈话,表示同意宋氏兄妹与他们达成的协议。

24 日晚上,周恩来由宋氏兄妹引导,到高桂滋公馆会见蒋介石。周恩来进入蒋的卧室,只见蒋介石躺在床上,面容衰老憔悴,嘴里没有一颗牙齿(蒋介石满嘴假牙,12 日早晨逃跑时没来得及戴,丢失了),难看得很。蒋介石看见周恩来,面色突然煞白,继而是满脸愧色,勉强欠身坐起,请周恩来坐下。宋子文先说:"委员长这两天病了,不能多谈话。"

周恩来说:"蒋先生,我们有 10 年没有见面了,你显得比从前苍老多了。"

蒋介石点点头,长叹了口气,说:"恩来,你是我的部下,你应该听我的话。"

周恩来抓住话题,针锋相对地说:"只要蒋先生能改变'攘外必先安内'的政策,停止内战,一致抗日,不但我个人可以听蒋先生的话,就连我们红军也可以听蒋先生指挥。"

宋美龄忙说:"以后不要再'剿共'了,这次多亏周先生千里迢迢来西安斡旋,实在感激得很!"

接着周恩来向蒋介石详细说明了中共当前的方针政策。蒋介石对周恩来表示:①今后不再"剿共",要联合红军一起抗日,统一中国,由他指挥;②今后宋氏兄妹和张学良将全权代表他与周解决一切问题;③蒋回南京以后,周恩来可以直接去谈判。蒋介石说完这些,表现出十分疲惫的样子对宋氏兄妹说:“你们可以同恩来多谈谈。”

周恩来见此情形便说:“蒋先生休息吧,今后有机会再谈。”于是告辞出来。

12月25日下午,在周恩来毫无所知的情况下,蒋介石没有留下任何文字材料,张学良就放走了他,自己还要亲自驾机送蒋介石回南京。

12月26日晚上,周恩来在叶剑英的陪同下来看邵力子。这是邵力子和周恩来分别10年后的第一次见面。1925年,叶剑英、邵力子在广州共过事,也是老熟人了。多年未见的老友重逢,自然分外亲热。

三人谈离别之情,谈当前局势,无拘无束,非常随便。

周恩来说:“我是12月17日乘飞机来到西安的。到西安后,知道你的处境安全,也就放心了。”

邵力子说:“这几天你们够忙的。我听说与蒋委员长谈判,很是费了一番周折。”

周恩来说:“这是难免的。听说你还劝说了委员长几次。”

邵力子说:“委员长这个人很固执,很难说得通。”

周恩来说:“形势所迫,他不通也得通,最后接受了我们提出的九条。”于是周恩来把谈判经过,详细地向邵力子作了介绍。

然后周恩来向邵力子谈了:西安事变后的期待;当前中国的处境和前途,全国人民的责任;特别是国共两党的历史使命;最后周恩来向邵力子解释了中共当前的政策:“为了抗日救国,共产党坚持联合国内一切党派、军队共同奋斗,组成民族统一战线,互相尊重,互相信任,以谋求共同发展。”

邵力子从周恩来的谈话中,知道了共产党的方针政策,明白了西安事变解决的真正原因,心中十分高兴,对周恩来卓越的谈判才能更是佩服。邵力子怎么也没有想到,以后在国共谈判中会经常与周恩来打交道。西安事变的和平解决,也为国共第二次合作奠定了基础。

◆ 八、邵力子溪口陪读 ◆

12月26日下午,杨虎城来看邵力子,歉意地说:“这次事变,自问动机纯洁,但具体做法上有些地方不够妥当。因而使您受惊,夫人受伤,总觉心中不安。”

邵力子说:“事变已经得到和平解决,不愉快的事过去了,就不要再提了。但愿抗日救国的愿望能早日实现。”

杨虎城又说:“今天晚上,绥靖公署设宴。欢送事变时曾被扣留的南京要员回南京,也请您出席作陪。我们希望你能留下来继续主持陕西的省政。”

邵力子笑笑说:“你看我还能主持省政吗?”

杨虎城说:“为什么不能?我们都希望你能留下来。”

在欢送宴会上,杨虎城有一个简短的致词,其中有句话是:“希望邵力子先生能留下来继续主持陕政。”在场的人既没有人表示同意,也没有人表示反对。邵力子也没说什么就过去了。

27日,许多人都乘飞机回了南京,邵力子没有走。第二天,即28日,杨虎城又来见邵力子,他说:“今天我接到张少帅的亲笔信,他说蒋先生盼您即日回南京。少帅也同意,并嘱我不要再挽留您。所以决定明天送您回京。”

12月29日,邵力子夫妇在杨虎城夫妇的陪同下来到机场。在机场上杨虎城夫妇和邵力子夫妇依依惜别,杨虎城说:“希望您以后有机会再来陕西。”

邵力子说:“相信我们后会有期。”

邵力子夫妇到了南京,朋友们见面,争相询问西安事变的经过,以及他对事变的评价和对张、杨二人的看法。当时许多官员都在骂张、杨以迎合上司。但是邵力子还是实事求是,是怎么回事,就怎么讲。从维护团结抗日的大局出发,他明确表示:“我不赞成说张、杨二人是‘乱臣’,是‘土匪’的说法。张、杨二人这种做法太冒险、太鲁莽,不能说没有错误,但要求团结抗日,还是出于爱国的动机,是无可厚非的。我们只能惋惜张、杨二人读书不多,却不宜看做‘乱臣’、‘土匪’。”

邵力子这样的讲话,在当时的南京是不合时宜的,引起许多人的不满和惊异。一位曾做过邵力子的秘书,后来调往江苏省党部做委员的先生听了邵力子的话说:“莫怪委员长说他是书生,一点不假啊!”

这不能说邵力子迂腐,只能说明邵力子为人正直的人品。

蒋介石在南京导演了一场政治闹剧:先是判张学良有期徒刑10年,紧接着又特赦,特赦之后又交军事委员会严加管束。

这时,陈果夫等曾秘告邵力子在西安“参与劫持领袖”,要求开除其党籍,然后查办。但因证据不足，只好作罢。蒋介石为了挽回面子，发泄怨气和怒气，还以“不尽职责”的罪名把“西北剿总”参谋长晏道刚，在军法处“收审”两个多月。以“不明廉耻”罪“查办”了“西北剿总”政训处长曾扩情。后来因为日本公然发动侵华战争，南京告急，这两个人才恢复了自由。

1937年1月中旬，蒋介石命令邵力子到溪口，指导张学良读古文。这时张学良已经被软禁，邵力子名义上是去帮助张学良读古书、“洗脑筋”，实际上也是蒋介石对邵力子的一种处分，要他为“西安事变”补过。不久，就免去了邵力子陕西省政府主席的职务。

邵力子夫妇到溪口时，张学良住在文昌阁，这是一座两层楼房的建筑，脚下是日夜奔流的剡溪。这里环境清幽，是蒋介石与宋美龄回溪口时的常住之地。1月下旬，邵力子夫妇来陪张学良读书，大家就一起搬到雪窦山上的雪窦寺内的中国旅行社招待所。这个招待所在雪窦寺西侧，二层小楼，六间客房，有餐厅。旅游旺季，借用雪窦寺的厢房，临时增加百余张行军床，生意还算红火。张学良来溪口前，军统特务即通知他们：“有要人来住，立即停止营业。”

张学良上山那天，随从人员很多：有邵力子夫妇、杭州市长周象贤、杭州警察局局长赵龙文、张学良的两名副官和一位护士，还有赵一荻女士。内卫是军统特务队长刘乙光、副队长许建业和30名特务。外线警戒是一连宪兵。

张学良来到雪窦寺门前看到“中国旅行社”的牌子，心情骤然轻松，高兴地说了一句：“啊！中国旅行社。”因为当时全国各大城市都设有“中旅”总社的分支机构。张学良经常出入于西安的“中国旅行社”，所以他看到“中旅”的牌子有一种亲切感。

邵力子和张学良终日在四面群山包围着的雪窦寺中读书。有一天，张学良向邵力子谈起东北军的内部矛盾时说：“最近卫队营长孙铭久指使卫队枪杀了六十七军军长王以哲等四位军官，委员长的政策又一变再变，杨虎城都难以控制东北军了。”说到这里他非常伤心。

有一天，邵力子问张学良：“放了蒋介石就可以了，你为什么还要亲自送他到南京呢？”

张学良以非常悔恨的心情说：“送蒋介石回南京完全是我自己的主张，杨虎城表示坚决反对，因为我坚持要这么办，虎城也没有办法。现在我回不去了，把难题留给了杨虎城。我不在,杨虎城很难维持那里的局面。”

张学良又说:“这次冒着生命危险送蒋委员长回南京,原本是想扮演一场从来没有演出过的好戏,如果委员长能以大政治家的风度放我回西安,这出戏岂不成了千古美谈。真可惜,一出极好的戏,竟演坏了!”

张学良讲这段话时的心情是十分复杂的,一是对邵力子的信任;二是对杨虎城处境的同情;三是对自己贸然护送蒋介石回南京的行动的真诚悔恨。

邵力子劝他说:“这些已经成为历史了,追悔也没有用,还是利用这段时间多读一些有益的书吧。”

1937 年 2 月初,邵力子请假回故乡过春节,张学良对邵力子说:“您的故乡是越国故都,是报仇雪耻之邦,有禹陵、兰亭等古迹,我也很想前去瞻仰游览,但我已没有自由了。您回绍兴,希望能给我带点绍兴特产回来,让我尝尝!”

邵力子在绍兴过节期间,把张学良的愿望对亲友们讲了,他询问道:“在绍兴买点什么美味可口、东北人又极少尝到、携带又方便的食品呢?”邵力子的学生朱仲华考虑问题比较细心,他说:“张少帅对面粉、牛奶做的糕点可能都吃过,但南方米粉制成的糕点可能吃得少,尤其是米粉类特产,诸如绍兴香糕和桂花素蛋卷就很有特色。绍兴香糕在过去还是贡品,又名‘进京香糕’。张少帅可能没有吃过。”

邵力子说:“那就请你代我选购些有特色的礼品吧。”

后来朱仲华买了两盒孟大茂香糕和两盒桂花蛋卷,邵力子十分满意,带回溪口,张学良吃了香糕后不住夸赞说:“香甜可口,香甜可口!”此事一度传为美谈。

1937 年 2 月,邵力子因为要去南京开会,便与张学良告别。张学良两眼湿润,动情地说:“你一去,也不知何时才能相见。”邵力子紧紧地握着少帅的手说:“我们很快会再见面的,希望你多保重。”

1948 年 6 月,邵力子偕夫人傅学文去台湾,本打算去新竹看看被禁的老友张学良,却被当地警宪官员,以“上峰有令,不得见客”而“婉言”拒绝。

令人遗憾的是,直到邵力子与世长辞时,张学良将军都没有获得自由,两个人再也没有见过一面。谁也没有想到,当年两个人的话别,竟是他们的永别。

第四章

第二次国共合作

1937 年 7 月 7 日,日本侵略军突然向我卢沟桥驻军发动进攻。8 月 13 日,又突然进攻上海。中国军队奋起抵抗。从此,中国人民伟大的抗日战争全面爆发了。由于日本帝国主义疯狂侵略,中日间的民族矛盾十分尖锐,而国内矛盾却日趋缓和。在这种情况下,中国共产党的方针政策也有所调整,主要是正确处理好民族矛盾和阶级矛盾的关系,放手发动工农群众,动员全国各族人民,联合主张抗日的政党,特别是要联合国民党,建立抗日民族统一战线,推动全面抗战,争取抗日战争的胜利。

卢沟桥事变爆发的第二天,中国共产党就发表了《中共中央为日军进攻卢沟桥通电》,号召:"只有全民族实行抗战,才是我们的出路","全中国同胞,政府,与军队,团结起来,建筑民族统一战线的坚固长城,抵抗日寇的侵掠!"明确提出:"国共两党亲密合作抵抗日寇的新进攻!"

当日,中共中央决定,由周恩来率领代表团,同国民党进行谈判。7 月 15 日,周恩来在庐山向蒋介石递交了《中共中央为公布国共合作宣言》。经过与国民党曲折的谈判和斗争,国共两党终于实现了第二次合作。

◆ 一、邵力子出任国民党宣传部部长 ◆

1937 年 2 月,刚过春节,国民党为商讨对付中国共产党和日本帝国主义的侵略政策,拟召开五届三中全会。蒋介石立即打电话给溪口的邵力子,让他速回南京。

蒋介石一见邵力子就吩咐说:"我们党马上要召开五届三中全会,大家研究让你做大会审查组负责人和大会宣言的起草人,不知你的意见如何?"

邵力子说："既然大家提议，委员长又同意，我个人还能有什么意见！"

蒋介石说："如果没有意见，你今天就开始着手筹备工作。这里有一份材料，你拿去好好研究一下。"

邵力子来到大会筹备处，打开文件一看，抬头是"中共中央致国民党三中全会电（1937年2月10日）"，只见电文写道：

……深望国民党本着和平统一团结御侮的方针，将下列各项定为国策：

1. 停止一切内战，集中国力，一致对外；

2. 保障言论、集会、结社之自由，释放一切政治犯；

3. 召集各党各派各界各军的代表会议，集中全国人才，共同救国；

4. 迅速完成对日抗战之一切准备工作；

5. 改善人民的生活。

如果国民党果能制定此国策，则中国共产党为表示诚意，愿对国民党五届三中全会作出以下几项保证：

1. 在全国范围内，停止推翻国民政府之武装暴动方针；

2. 苏维埃政府改名为中华民国特区政府，红军改名为国民革命军，直接受南京中央政府与军事委员会之领导；

3. 在特区政府区域内，实行普选的彻底民主制度；

4. 停止没收地主土地之政策，坚决执行抗日民族统一战线之共同纲领。

邵力子读完电文，他深深为中国共产党推动抗日民族统一战线早日形成的决心和诚恳态度所打动。这时，邵力子又回忆起周恩来在西安看他时的一段话："西安事变之和平解决，意味着中国的政治生活走入一个新的阶段的开端。进攻红军的战斗将停止；对外退让的政策将告终结；国内统一战线将初步形成。"他对周恩来的预见性十分佩服。

当天晚上，邵力子找到冯玉祥饮茶，邵力子问他："最近中共致电三中全会的文件你看到了吗？"

冯玉祥说："原件没有看到，内容大致知道一些。据说中共为了实现两党重新合作，政治、军事许多方面都作了让步。我们也应该有所表示。"

邵力子问:“你打算怎么做?”

冯玉祥说:“我想联合一些人,提出一个恢复孙中山先生的‘联俄、联共、扶助农工’三大政策的议案。你想,共产党提出的五项要求和四项保证,都是有利于消除两个政权对立的措施,有利于形成抗日民族统一战线,有利于动员全国人民团结起来对日抗战,国共第二次合作大有希望。我对此充满了信心,我们的提案还须你鼎力相助啊!”

邵力子说:“很好,我党必须重提坚决执行‘孙中山制定的三大政策’,否则就难以实现国共合作。表决时,我一定举双手赞成。”

2 月 15 日,国民党五届三中全会在中山陵举行开幕式。汪精卫在开幕词中继续高唱“攘外必先安内”的方针。他说“西安反侧初定,隐忧未已”,“尤勿使数年以来之‘剿匪’工作,功亏一篑。”当天,宋庆龄、何香凝、冯玉祥等 14 人联名提了《恢复孙中山先生手订联俄、联共与扶助农工三大政策案》;杨虎城、于学忠提出的《团结抗日八项主张》的提案;李宗仁等 9 人提出《迅予组织民众,训练民众,武装民众,以为抗战总动员之基础案》。汪精卫提出《坚持“剿共”的政治决议草案》,立即就遭到多数人的反对。

2 月 18 日,宋庆龄在《实行孙中山的遗嘱》的讲演中,严厉地批驳了汪精卫:“直到今天,政府中仍有个别人士不了解救国必先结束内战的道理,在今天居然还可以听到‘抗日必先剿共’的老调,这是多么荒谬!”邵力子在大会发言时也坚决支持宋庆龄的提案:“我们面对日本帝国主义的侵略,必须联共抗日,‘剿共’只能对敌人有利。”

大会经过激烈的讨论,通过了《促进救国大计案》、《关于国防经济建设案》、《关于根绝赤祸之决议案》、《西安事变经过之决议》等。大会最后一天,蒋介石讲话表示:在一定的条件下,开放言论自由,释放政治犯,集中人才。他还密令部属不再使用“赤匪”、“共匪”等字眼。这实际上是部分答复和接受了中共的要求。

邵力子在三中全会上,由众人推荐,被任命为国民党中央宣传部部长。

大会闭幕后,冯玉祥和于右任来到老朋友邵力子的办公室祝贺。冯玉祥说:“祝贺你荣任宣传部部长,希望你利用此职为国共合作,团结抗日做番事业。”于右任说:“你出任中宣部部长,我们十分高兴,但此职引人注目,免不了有人找你的麻烦,你要加倍小心才是。”邵力子说:“多谢二位的关照,今后在工作中还望二位老兄多多指点。”

三个人客套之后，就谈到正题上来了。

于右任说：“我们都是孙中山的忠实信徒，毫无疑问要忠实地履行孙先生的‘三大政策’。”

冯玉祥说：“我想，要忠实地履行孙先生的‘三大政策’，在今天就是努力促成国共第二次合作，发动工农群众，团结抗日。”

于右任说：“不过有个问题我还不明白，这次会议通过的《关于根绝赤祸之决议案》中，提出取消红军，取消苏维埃，停止赤化宣传，停止阶级斗争，这有利于国共合作吗？”

邵力子说：“我们不能只看表面的词语，要看实质内容。我很赞成周恩来先生在西安时对我谈到国共合作前景时的一番话，他说‘从表面看，取消了苏维埃政府，但改成了中华民国特区政府，实行民权政治，以期全国政权统一；取消了红军番号，但改名为国民革命军，军队还有；停止阶级斗争，是停止以暴力没收地主土地的政策，以便于团结各个阶级，集中力量抗击日本帝国主义。’所有这些，都和中共致国民党三中全会电的四项保证是一致的，所以说这些条款，对国共合作没有妨碍。”

于右任说：“经你一解释，我明白了。”

邵力子笑笑说：“原来我也不懂，后来经周恩来先生这么一指点才明白过来。”

于右任和冯玉祥二人听了，也爽朗地笑了。

2月19日，邵力子以中宣部部长身份，在南京接见新闻记者的采访。

一位记者提问：“国共合作抗日，你认为有可能吗？”

邵力子回答说：“国共合作抗日，完全有可能实现。因为团结抗日，一致对外，是全国人民的愿望，是大势所趋，不是少数人所能左右的。”

记者又问：“国共合作抗日会有阻力吗？”

邵力子笑笑说：“阻力肯定会有，但国共两党的进步势力会联合起来清除各种阻力。不管怎么说，在中国共产党的统一战线政策的推动下，经过各方面的努力，使国民党五届三中全会在政策上有了重大转变，结束了十年内战，初步形成了全国抗日民族统一战线。中国开始了一个新的历史阶段。”

记者问："当前的宣传方针是什么呢？"

邵力子严肃地说："在目前国难严重时期，凡违反国家统一，不利于团结抗日、民族复兴之记载与言论，必须清除务尽。"

◆ 二、出版《鲁迅全集》和《毛泽东自传》◆

邵力子从 1937 年 2 月下旬出任国民党中央宣传部部长，到 1938 年 2 月 1 日辞去宣传部部长职务，差 20 天才满一年。在他短短的任职期间，批准出版了《鲁迅全集》和《毛泽东自传》，有志之士，无不称赞邵力子的胆识和魄力。

1937 年春天，邵力子收到许广平的一封信和随信寄来的《鲁迅全集》的全部底稿，要求国民党中宣部审定，并建议出版。邵力子收到书稿后，既高兴又担心。高兴的是可以为出版革命作家的著作出一份力量，担心的是万一让 CC 特务知道后，肯定来找麻烦，自己的工作受点挫折倒没有什么，如果耽误了《鲁迅全集》的出版，那就损失大了。

邵力子经过慎重考虑后，当机立断，决定采取速战速决的办法。

第二天早上一上班，邵力子就把"编审会"的总干事朱子爽叫到自己的办公室来，客气地对他说："朱先生，今天请你来商量一件事。"

朱子爽问："邵部长，有什么工作，你尽管吩咐好了。"

邵力子说："有一部《鲁迅全集》书稿，需要尽快审阅，然后好付印。我一个人审读太慢了，所以请你来帮忙。"邵力子说着从文件柜中，抱出一个大纸包放在桌子上。他打开纸包，分了一部分给朱子爽审读。

邵力子翻了几本已出版的书，停下来说："这些书没有什么问题。鲁迅去世前，他公开出版和发表在报刊上的作品我都读过了。我在主编《觉悟》副刊时，还为鲁迅在这个副刊上发表过评论、小说、译作 14 篇之多。比如：《是谁改制》、《读胡适的〈中国哲学史大纲〉》、《不周山》及译作《池边》、《桃色的云》、《春色的梦》，等等。鲁迅的第一部小说集《呐喊》的自序，也是首先在《觉悟》副刊上发表的。我还以'本刊记者'的名义在'文坛消息'专栏发表了《小说集〈呐喊〉》出版的消息，称赞说：在中国小说史上，为了它就得'划分时代'。"

邵力子津津有味地说，朱子爽专心致志地听。朱子爽也明白，邵力子的意思，这些书稿用不着仔细看，只是过一下目，走走形式罢了。中午，两个人吃过饭也没休息，到下午3点，全部书稿已“审读”完毕。邵力子和朱子爽签署了审读意见。然后请朱子爽仍然包扎好书稿，自己提笔给许广平写信，告诉她：《鲁迅全集》可立即交书局出版。

当一切手续都办好之后，邵力子伸了伸困乏的腰肢，打了个哈欠说：“这书稿若交给下面，按照常规，逐级审查，还不知道拖到何年何月呢？”

朱子爽笑呵呵地说：“国民党中宣部部长亲自审读书稿，开创历史先例；用大半天时间审读完几百万字的书稿，也是创历史纪录的。”

邵力子说：“这些小说、杂文虽然都在报纸、杂志上发表过，过去我也读过，但集中起来读，就更体会到鲁迅作品的思想性与艺术性。尤其是结合当前形势读鲁迅的杂文，更感到鲁迅先生人格的伟大。”

朱子爽说：“鲁迅的作品，我们应该好好地宣传它，学习它，尤其是青年学生，更应该好好读。”

邵力子说：“鲁迅的小说，连胡适都充分肯定。1922年3月，胡适写了一篇《五十年来中国之文学》，其中有一段话说：‘这一年多（1921年以后）的《小说月报》，已成了一个创作小说的重要机关，内中也曾有几篇很好的创作。但成绩最大的却是一位署名‘鲁迅’的。他的短篇小说，从四年前的《狂人日记》到最近的《阿Q正传》，虽然不多，差不多没有不好的。’鲁迅在政治上也是非常进步的，在去世前，他就写文章拥护共产党提出的抗日统一战线，他在《答徐懋庸并关于抗日统一战线问题》中写道：‘中国目前的革命政党向全国人民所提出的抗日统一战线的政策，我是看见的，我是拥护的，我无条件地加入这战线，那理由就因为我不但是一个作家，而且是一个中国人，所以这政策在我是认为非常正确的。’在一年前，鲁迅就认识到统一战线的正确，并决心加入，是多么了不起啊。”

这年夏天，邵力子的学生孙寒冰来找他：“邵先生，有一很好的书稿，不知您能否批准？”

邵力子问：“谁写的书稿？”

孙寒冰说：“是美国一位知名作家埃德加·斯诺写的，内容是写共产党、毛泽东，反映红军和延安的情况。我们已经翻译成中文了，书名是《毛泽东自传》，打算在《文摘》上发表，您看可以吗？”

邵力子翻阅了一下书稿，心里暗自忖度：允许发表，蒋介石知道了肯定恼火，

CC 系特务也会攻击;但另一方面,现在正是倡导建立抗日民族统一战线的时候,要求国共合作的呼声正高,许多人不了解共产党、毛泽东和延安的情况,这时发表《毛泽东自传》,肯定能鼓舞人民的斗志,提高广大民众的抗日勇气,对国共合作大有裨益,获得全国人民的欢迎。邵力子再三权衡利弊之后,终于严肃地拿起毛笔写了四个苍劲的字:“准予发表”。

孙寒冰非常高兴,当天就回到上海,没过几天,《毛泽东自传》就在《文摘》旬刊上发表了,立即轰动了全国。

1937 年 12 月,因为南京失守,国民党的党政机关都搬迁到武汉办公。当时武汉机关多,人多,房子紧张,邵力子就住在同乡矿业专家孙越崎家里。

蒋介石对邵力子在中宣部的一些做法,早就不满意了。有一天晚上,蒋介石打电话到孙越崎家里,找邵力子接电话。蒋介石气呼呼地质问邵力子:“你知道现在的报刊有多少是共产党的?”

邵力子说:“这个我还不大清楚,可以查一查。”

蒋介石说:“你这个宣传部部长是怎么当的? 我告诉你,90% 是共产党的!”

邵力子仍然沉着地说:“我可以查一查嘛。”蒋介石在那边“啪”的一声就把电话挂断了。

1938 年初,《文摘》旬刊刊载了批评鼓吹德意日轴心的一篇翻译文章。邵力子读后说:“这是篇好文章。我们对德、意、日法西斯的反苏反共轴心理论,必须进行无情地揭露。”他认为的好文章,却招来反动当局的责难,要求查封《文摘》旬刊。邵力子知道此事后,极力为其辩解,并据理力争,反对查封《文摘》。拖到 2 月 1 日,最终还是被查封了。邵力子借着国民党改组国民政府的机会,愤然提出辞去中宣部部长职务。不日,蒋介石照准。这天晚上,邵力子回到孙越崎家中,对孙越崎乐呵呵地说:“您可得向我道喜啊。”

孙越崎莫名其妙,问他:“喜从何来?”

邵力子高兴地说:“我恳辞宣传部部长获准了。”

不久,周恩来出任国民政府军事委员会政治部副部长。因此,在武汉抗战时期,周恩来和邵力子不管因公还是因私,两个人的交往还是比较多的。

1938 年春,《鲁迅全集》已经编辑好了,就是因为资金不足,无法开机付印。抗日救国会主席沈钧儒为出版《鲁迅全集》,想了一个筹集资金的办法——出售预约券。沈钧儒向众多国民政府的党政要员、社会名流发出请柬，请他们在3月27日参加一个“预购”《鲁迅全集》的茶话会。邵力子拿到请柬后非常高兴，他一早就带着1000元来了。签到后，他把钱交给办事人员，对沈钧儒先生说：“您辛苦了。我要代表许广平女士谢谢您。我还有一个会，就不在此久留了。”国民党的许多官员，听说邵力子一下就预购了1000元的书，也就打消了顾虑，纷纷出席茶话会，并踊跃预购《鲁迅全集》。

这天上午，邵力子要出席的会议是“中华全国文艺界抗敌协会”成立大会。在成立大会上选举老舍、郭沫若、茅盾、丁玲、邵力子、冯玉祥、田汉等45人为协会理事；周恩来、宋庆龄、蔡元培、于右任等为名誉理事。大家公推老舍负责协会的日常工作。

周恩来出席了成立大会，并发表了鼓动性很强的讲话：“全国的文学艺术家们，在国难危急之刻，空前的团结起来了。文艺界抗敌协会的成立，标志着文艺界抗日民族统一战线的形成……文学艺术家们，从来没有像今天这样团结，这是件非常可喜的事情。团结起来才能有力量，团结起来才能战胜困难和敌人。希望作家们深入到抗战的火热生活中去。我们的作品要取材于前线将士的战斗生活，要表现他们英勇杀敌的感人事迹，揭露敌人的残暴，赞扬人民的抗敌热情。只有这样，我们才能创作出好的作品，我们的作品才能受欢迎。”

周恩来讲完话，从台上走下来。邵力子迎上前去，热情地说：“刚才我先去了一下沈钧儒先生举办的预购《鲁迅全集》的茶话会，来晚了一步，没听到您讲话的开头，非常遗憾。”

周恩来谦逊地说：“我随便讲了一点个人感受，少听一点也没什么。我这就去沈钧儒先生的茶话会。我早就盼着《鲁迅全集》的问世，一睹鲁迅作品的全貌。”周恩来说完就与邵力子等人告别，然后匆匆离开了会场。

◆ 三、参加庐山谈判 ◆

1937年2月，国民党召开了五届三中全会，蒋介石停止了“内战”。但合作抗日的一系列重大问题尚未达成协议。为此，从1月到9月，周恩来、博古等人与蒋介石及其代表如张冲、贺衷寒、邵力子在杭州、西安、庐山等地进行过多次谈判。

7月中旬，在庐山的谈判，周恩来和邵力子两个人都参加了。

7月5日，周恩来在西安与博古、叶剑英、任弼时、彭德怀、林伯渠等人讨论了红军改编，以及他正代表中共中央起草的《中共中央为公布国共合作宣言》等问题。7月6日做好了准备工作，7月7日便匆匆和博古、林伯渠乘飞机抵达上海。谁也没有料到这天晚上，日本帝国主义在北平宛平县的卢沟桥，借口丢失一名士兵，突然向中国军队发起进攻。中国驻军在旅长何基沣的率领下，奋起反击。

7月8日，中共中央发出《中国共产党为日军进攻卢沟桥通电》，号召全国同胞、政府与军队“团结起来，筑成民族统一战线的坚固长城，抵抗日寇的侵掠！”从此，全国性的抗日战争爆发了。

在上海期间，周恩来与博古、林伯渠抽时间拜访了宋庆龄女士，征求她对《中共中央为公布国共合作宣言》的意见。宋庆龄认真看了“宣言”的文稿，周恩来又加以解释说：“发表这个宣言的主要目的，是让全国人民知道，中共在民族危亡绝续之时的奋斗总目标是：战胜日本帝国主义的侵略，收复失地和恢复领土主权；实现民权政治；让全国人民幸福、愉快地生活。重申为实现国共合作的四项保障。”

宋庆龄说：“我对宣言没有意见。现在抗日的形势非常严峻，这次谈判与前几次谈判的背景大不一样。抗日战争全面爆发，我希望这次谈判能有突破性进展，争取蒋介石早日公布这个宣言。”

7月13日，周恩来与博古、林伯渠来到庐山。当即把《中共中央为公布国共合作宣言》递交蒋介石。

7月14日，会谈前，蒋介石与邵力子、张冲在一起研究周恩来送来的《国共合作宣言》。蒋介石首先发问：“周恩来送来的这个《宣言》，你们认为怎么样？”

张冲说：“请邵公先谈，您研究得比我仔细。”

邵力子笑了：“研究谈不上，文件倒是认真看了。我认为这个《宣言》既符合当前团结抗日，巩固国内和平的需要，又符合我党五届三中全会的精神。公布这个《宣言》，表明国共两党在外敌入侵面前合作了，枪口一致对外了。应该及早公布。”

蒋介石听完邵力子的发言，不动声色地看着张冲，意思是：你有什么意见？张冲从蒋介石的面部表情，丝毫看不出是赞成还是反对邵公的发言。张冲也不再揣测蒋介石的内心世界，于是心里怎么想就怎么说了：“我同意邵公的意见。这个宣言和我们党的政策是一致的，又完全体现了中共的四项保障。宣言开头就讲：‘我们为着挽救祖国的危亡，在和平统一团结御侮的基础上，已经与中国国民党获得了谅解，而共赴国难了。’‘在民族生命危急万状的现在，只有我们民族内部的团结，才能战胜日本帝国主义的侵略。’所以说，公布宣言对全国人民是一个鼓舞，是一个抗日总动员。”

邵力子听了张冲的话，又补充说：“《宣言》文笔也好，你看这结尾部分‘寇深矣！祸亟矣！同胞们，起来，一致地团结啊！我们伟大的悠久的中华民族是不可屈服的。起来，为巩固民族的团结而奋斗！为推翻日本帝国主义的压迫而奋斗！胜利是属于中华民族的！’只要是爱国者，读了这《宣言》，肯定热血沸腾，奋起保卫祖国……”

蒋介石听到这里，轻轻把手一挥说：“好，我们不管它文笔好坏，只看它的内容如何。这个问题就到这儿。下面我们研究一下红军改编问题……”

7 月 17 日，周恩来、博古、林伯渠与蒋介石、张冲、邵力子秘密举行正式会谈。会谈一开始，就在红军改编后，要设立总司令部或总指挥部的问题上与蒋介石发生了分歧。蒋介石主张红军直隶行营，不设总司令部。

周恩来说：“蒋先生，在这个问题上，您的意见与上月会谈时相差甚远，我们很难同意您的意见。总之，华北炮火正浓，国内问题应迅速解决。”

于是蒋介石又滔滔不绝地发表了一通讲话：“如果战端一开，就是地无分南北，年无分老幼，无论何人，皆有守土抗战之责任，皆应抱定牺牲一切之决心。”他话锋一转又说，“在和平根本绝望之前一秒钟，我们还是希望和平的，希望用和平的外交方法，求得卢沟桥事变的解决。”

在这个问题上没有多大进展，周恩来又提出：“蒋先生和二位都看过《中共中央为公布国共合作宣言》了吧，如果各位没有什么意见，请尽快在全国报纸上公开发表，电台广播。让全国、全世界都知道：国共两党在民族危亡之际，团结御侮，共赴国难。我还建议，国共两党应以宣言为合作的政治基础，从速发动全国的抗日战争。”

蒋介石听了周恩来的话，没有立即作出反应。他也意识到，自己不表态，邵力子和张冲不好先发表意见。于是便说：“我对《宣言》的内容和文字还没有仔细斟酌，提不出什么意见，至于何时发表为宜，待我回到南京，与有关人员商量后再答复您。”

周恩来说:“你们的中宣部部长邵力子先生就在这儿,您还需要回南京和谁商量?”

蒋介石被周恩来问得一时不知如何回答。还是邵力子机智,忙说:“委员长对《宣言》的内容和文字提不出什么意见,只是发表的时间,这个问题很好解决了。”

张冲也附和说:“公布《宣言》,只是时间早晚的问题。委员长一定会处理得使周先生满意的。”

周恩来又提出:“听说你们正在庐山召开各方面的军队高级将领的谈话会。我们三个人想旁听可以吗?”

蒋介石“呵”“呵”了几声后说:“你们是秘密来谈判的,还是不要公开露面为好,再说谈话会的内容和你们也没有多大关系。”蒋介石嘴上说“国共合作”,但实际上还是限制中国共产党的公开活动。

周恩来等人很快回到了西安。

7 月 27 日,周恩来在西安与蒋鼎文会谈。蒋鼎文说:“委员长催促红军迅速出动抗日。”

周恩来回答说:“这没有问题,但要蒋委员长迅速发表《中共中央为公布国共合作宣言》。”

8 月 1 日,周恩来收到毛泽东转来张冲的急电:蒋介石密邀毛泽东、朱德、周恩来速至南京共商国防问题。

8 月 9 日,周恩来与朱德、叶剑英乘飞机抵南京。

8 月 11 日,周恩来与朱德出席国民政府军事委员会军政部谈话会,并代表中共中央发表了讲话。

会后周恩来问张冲:“为什么还不发表《中共中央为公布国共合作宣言》?”

张冲说:“我一定把你的意见转告委员长。”

8 月 12 日,张冲、邵力子、康泽会见周恩来与朱德,就《中共中央为公布国共合作宣言》的内容进行会谈。康泽首先发言说:“蒋委员长让我转告您,7 月间你在庐山会谈时交给他的《中共中央为公布国共合作宣言》,委员长认真研究后,不同意提‘民主’,要求一律改成‘民用’;要取消对民族、民权、民生三条的解释;不同意提同国民党‘获得了谅解,而共赴国难’之词。你们如果同意,就这样发表。”说着把修改过的宣言递给周恩来。

周恩来听了康泽转达的话，又翻阅了一下改得面目全非的宣言，非常生气，但他克制住心中的怒火，尽力平静地说："'民主'和'民用'是两个不同概念的词语，怎么能用'民用'取代'民主'呢？再者，委员长口口声声地说自己是孙中山先生的忠实信徒，而'三民主义'是孙中山提出来的，在《宣言》中为什么不能提民族、民权、民生并加以解释呢？我党同国民党'获得了谅解，而共赴国难'这是我们两党和全国民众的共同心愿，是正在努力实现着的目标。如果不同意把这句话写上去，就说明委员长没有合作的诚意！这些内容绝对不能改。如果说对民族、民权、民生三条解释过多，我们可以改得简约一些，但内容不能变。《宣言》改成这个样子不能发表，请你把我们的意见如实转告委员长。"

邵力子听了周恩来的发言后说："我们应该如实地把周先生的意见转告委员长。我个人认为'获得了谅解，共赴国难'是不能删掉的，去了这句话，《宣言》就体现不出国共合作，共同抗日的精神。其他的地方，按委员长和周先生的意见可以改得简单一些，精练一些。"

张冲说："我同意邵先生和周先生的意见，比如'民主'与'民用'是两个不同概念的词，不能代替，但换个提法行不行呢？我看也是可以的。总之，不伤害《宣言》原来的基本精神，在词语上修改得让大家都满意，还是可以做到的。我相信周先生也会同意我的意见。"

周恩来说："我刚才也说过了，修改得简约些是可以的，某些词语换一种提法也成，但基本原则不能变。比如，'获得了谅解，共赴国难'是不能删掉的，也不能改动的。"

这次会谈结束后，9 月 2 日，周恩来又致电康泽转告蒋介石："《中共中央为公布国共合作宣言》和蒋先生赞同此《宣言》的谈话，应以庐山谈定的方案为准，即时签字发表。"

9 月 22 日，经蒋介石批准，中央通讯社播发了拖延已久的《中共中央为公布国共合作宣言》，"获得了谅解，共赴国难"一字没动。第二天，蒋介石在庐山发表了《对中国共产党宣言的谈话》，他称："此次中国共产党发表之宣言，即为民族意识胜过一切之例证"，宣言所举诸项"皆为集中力量，救亡御侮之必要条件，且均与本党三中全会之《宣言》及决议相符合"。蒋介石还表示"在存亡危机之秋，更不应计较过去之一切，而当使全国国民彻底更始，力谋团结，以共保国家之生命与生存”。蒋介石的谈话，承认了中国共产党在全国的合法地位。至此，实现了国共两党第二次合作，标志着中国共产党倡导和推动的以国共两党合作为基础的抗日民族统一战线正式形成。

◆ 四、创办《新华日报》 ◆

1937年7月中旬，周恩来在庐山与蒋介石、邵力子、张冲会谈。期间，会议休息时，周恩来向邵力子提出："今后我们国共两党合作，但有许多人不了解共产党的政策，不了解苏区的建设情况。我们党拟在南京办一张《新华日报》，你看可以吗？"

邵力子说："我看可以。这次会谈时间太紧，没时间谈。到了南京，咱们再具体商量好吗？"

周恩来说："还要与委员长打招呼吗？"

邵力子说："一般的报刊批准权限在我这里，但你们的报纸，最好给委员长讲一下，只要他点过头，别人找麻烦就不怕了。"

周恩来在下庐山之前，向蒋介石讲了办报纸的事。蒋介石听完愣了一下。因为日本侵犯华北后，国民党的军队沿着平汉线和津浦线南撤；日军又在上海附近伺机进犯。蒋介石的头脑被搅得一团乱，周恩来提到办报纸的事，他没有仔细思考就说："这事你找邵力子谈吧。"

周恩来下了庐山，因有要事匆匆经上海返回西安。7月底他又回到了延安，没有顾上去南京找邵力子谈办报的事。

8月中旬，周恩来与朱德去南京参加国民政府的军事会议。周恩来抽空去拜访中宣部部长邵力子，专门商谈办报事宜。

邵力子听说周恩来与朱德来访，立即吩咐秘书把会客室打扫得干干净净，亲自洗了茶杯、沏上茶。这时秘书已把周恩来、朱德领了进来。

三个人互相问候之后，周恩来就单刀直入地谈起注册办《新华日报》的事。

邵力子问："您在庐山向委员长打过招呼吗？"

周恩来说："蒋说找您谈就成了。"

邵力子说："好。咱们现在就办手续，免得夜长梦多。您先把这些申请注册登记的表格填好，我立即签个字，交给下面的人去办，这事就成了。"

没过两天,正式批文下来,允许中共南京办事处在宁筹办《新华日报》。

第二天,周恩来、朱德又去拜访国民政府监察院院长于右任。周恩来说:“我们党想在南京办一张《新华日报》,批件刚拿到手,报纸正在积极筹备中。您老的字是闻名遐迩的,今天特地来请您为《新华日报》题个报头。另外,这张报办在南京这样的城市,还应当注意些什么,请您多加指教。”

于右任一听十分高兴,他捋了一下长须说:“很有必要办一张报纸,不只是宣传中共的政策,还可以沟通两党的信息,密切两党的合作,团结各地的群众,鼓舞全国民众抗战的热情,揭露日本帝国主义的侵略野心。不管从哪方面说,在南京应该有一张中共的报纸。”

于右任说着就打开写字台上的砚台,铺好宣纸,提笔蘸墨,挥毫写下苍劲有力的四个大字“新华日报”。周恩来与朱德不住地夸:“好,好!”

10月份,根据周恩来的指示,潘梓年、章汉夫、杨放之、徐迈进、钱之光、许涤新等人,陆续聚集在南京,筹备《新华日报》的出版工作。但不久,上海沦陷,南京告急,筹备人员和设备就转移到武汉,继续进行工作。

到武汉后,潘梓年等人拿着邵力子的批件去找湖北省主管新闻的官员去注册,他们一看是中共主办的报纸,马上说:“需要有省主席的批示才行。”他们又去找湖北省主席何成濬批准,要么找不到何,要么他支支吾吾地推拖不办。

周恩来为此曾多次打电话找邵力子,询问是怎么回事。邵力子派国民党中央宣传部的干部去湖北省政府查询此事,才知道是CC派头子、张道藩、康泽等人捣的鬼。他们曾指示何成濬:“办报问题,不能准他们。”

邵力子知道底细之后,就打电话给周恩来:“周先生,你们不要找湖北省政府,可以直接找武汉市新任市长吴国桢办理注册手续。自从国民政府搬迁到武汉后,武汉市就成了中央的特辖市,不再属湖北省管了。”

周恩来是明白人,一听就知道是怎么回事,马上指示潘梓年去找吴国桢办理手续。邵力子早已给吴打过招呼,当潘梓年拿着邵力子的批文去见吴国桢时,他接过批件,打电话给下属:“请马上给《新华日报》办理注册手续。”

《新华日报》办完注册手续后,中共中央驻武汉代表团和中共长江局联席会议决定:由周恩来、王明、博古、华岗、潘梓年、黄文杰及中共湖北省委宣传部部长组成党报委员会。王明任主席,华岗任书记兼总编;对外另设董事会,王明为董事长，潘梓年任社长，熊瑾玎任总经理。

1月9日，《新华日报》社宴请武汉市市长吴国桢和文化、新闻界知名人士沈钧儒、张西炎、张志让、邓初民、洪深、张申府、刘清扬、胡秋原等，以及美国记者爱泼斯坦、苏联记者罗果夫等。出席作陪的有周恩来、董必武、博古、叶钊英、潘梓年等人。王明在宴会上发表讲话说："《新华日报》的努力方向，就是中国人民今天所共同努力的方向，即：①贯彻抗战到底，争取最后胜利；②建立独立自由幸福的新中国；③为达到上述救国、建国的目的，必须尽力巩固和扩大抗日民族统一战线。《新华日报》愿与武汉文化界、舆论界的朋友们共同努力。"

宴会后，周恩来为《新华日报》创刊题词："坚持长期抗战，争取最后胜利"。同时题词祝贺《新华日报》出版的还有国民党要人孔祥熙、于右任、冯玉祥、张治中、邵力子、吴国桢、白崇禧、陈铭枢、王宠惠；文化界知名人士沈钧儒、郭沫若、沙千里、方振武等。董必武、王明、博古、叶剑英、叶挺、徐特立等人也题词祝贺《新华日报》的创刊。

1月11日，《新华日报》在汉口创刊发行。《新华日报》一出版，立即轰动了武汉三镇。其发行网络日益扩大，一直到各省、市的机关、学校、工厂、农村。《新华日报》是中共在国统区公开出版发行的第一张大报，它的诞生标志着中共在政治上的巨大胜利，以及在全国政治地位的提高。

创刊号头版除了周恩来的题词之外还有国民党的上层要员等人的题词。国民党的特务们看了这些人的题词，又发现报头的字是国民党元老于右任题写的，谁也不敢再说什么。

《新华日报》的创刊，对CC派首领与张道藩之流是一个不小的打击。他们嘴上不说什么，但心里却恨得要命。

1月17日，国民党特务机关指使一群暴徒，寻衅滋事，把《新华日报》的营业部和印刷厂捣毁了。中共长江局党委立即就此事作出决议，由周恩来出面与国民党当局进行交涉。周恩来首先打电话找到国民党负责与中共联系的张冲："张淮南先生，《新华日报》的印刷厂和营业部被坏人砸毁了，您知道此事吗？"

张冲吃惊地问："什么时间？一点都不知道。"

周恩来说："刚刚发生的事情。这是一件预谋已久，有组织的破坏国共合作，有碍团结抗战的行为。《新华日报》在武汉注册时有些人就从中作梗，进行刁难。

如今刚创刊不到十天，就捣毁我们的印刷厂和营业部，岂不发人深思？正当日本帝国主义向我们发起疯狂进攻之际，发生这样的事件，也真令人痛心。请您把情况反映给委员长，查清事件真相，严肃处理，保证今后不再发生类似事情。”

两天后，张冲打电话来：“周先生，我把《新华日报》营业部和印刷厂被暴徒捣毁和您的意见向委员长报告了。委员长非常生气，把负责公安、宪兵的一些头头脑找来统统训斥了一番。痛斥他们失职，没有维护好社会治安。他表示向您致以歉意。”

周恩来说：“大敌当前，我们一定要加强团结，密切合作，今后一定要严禁类似事件发生。”

《新华日报》经常刊登中共中央文件和毛泽东、朱德、周恩来、博古、王明、董必武等人的文章，通俗、深入地宣传共产党的路线、方针、政策。特别是围绕着持久战，坚持全民抗战，坚持抗日民族统一战线的主题，进行了多方面的宣传。在报道八路军、新四军的抗敌战果以及抗日根据地的民主建设业绩的同时，也报道国民党军英勇作战的事迹。

1938 年 9 月底，武汉危急时，周恩来同志派总经理熊瑾玎率领部分人到重庆筹建《新华日报》分馆，以便武汉沦陷后，能在重庆立即接着出报。10 月中旬，日军迫近武汉时，只留章汉夫等七人坚持出报。10 月 24 日深夜，周恩来偕同秘书陈家康来到报馆，他口述了 25 日要发表的社论《告别武汉父老兄弟》。周恩来核批后，当即交给工人排印出 25 日的报纸清样，立即开机印刷。这时日军已逼近市郊，要立即撤退。这一天的报纸在武汉没有出版，清样在战争环境中也没有保存下来。《新华日报》25 日在重庆接着出版。

◆ 五、乡情 · 友情 · 爱国情 ◆

1939 年春天的 2 月至 5 月间，周恩来奉中共中央之命去东南六省视察，解决新四军的组织建设和发展以及领导之间的团结合作问题。对外公开的理由是回浙江绍兴省亲、扫墓，另外还有一个任务就是，以国民党军事委员会政治部副部长的身份，代表部长陈诚参加第三战区政治工作会议。

1 月，浙江省主席黄绍竑来重庆开会。周恩来和黄绍竑本来就是老相识，在李济深家里的一次茶会上碰到黄绍竑，他对黄绍竑说：“现在到处闹摩擦，只有季宽先生那里没有,您的团结合作搞得不错啊!”

黄绍竑说:“周先生,欢迎您到浙江来视察工作。”

周恩来说:“视察不敢当,到绍兴老家省亲倒很想去。”

黄绍竑说:“您什么时间去,我接您。”

周恩来说:“您什么时间回浙江,咱们一道同行吧。”

2月18日,农历腊月三十,周恩来和叶挺、黄绍竑一起从桂林登上东去的火车去长沙。黄直接回了浙江,周恩来在江西樟树下车,转道去了皖南新四军军部。他在军部处理了一些问题后,于3月初到了浙江。

3月24日,周恩来在黄绍竑的陪同下,在天目山的禅源寺,参加了浙西临时中学的开学典礼。浙西临时中学有学生900多人,加上教职员工,有1400多人。学生都是来自沦陷区的进步青年。省主席黄绍竑讲话之后,周恩来在热烈的掌声中走上讲台,他目光炯炯地向全校师生敬了个军礼,然后用洪亮的绍兴官话说:“今天我能参加这处在前线的浙西临时中学的开学典礼,感到非常高兴。这里是最前线……所以说这是一个战斗的开学典礼,也是我们参加神圣的抗日战争的誓师典礼。”周恩来举了许多生动的例子,说明浙江的进步,末了,他就浙江的抗战工作提了五点建议:

1. 军事方面,应该在杭嘉湖地区发动并坚持广泛的游击战争;

2. 经济方面,发动广大群众,进一步抵制日货,积极生产并提倡使用国货的运动;

3. 政治方面,想方设法动摇、缩小,以至消灭汉奸政权;

4. 文化方面,仅仅在后方设立抗日的学校是不够的,我们还要用抗日救国的理论,宣传、唤醒沦陷区的广大群众,彻底孤立敌人;

5. 要克服惰性,绝不松懈斗志。

周恩来最后说:“收复我们的杭嘉湖,保卫我们的大浙江,争取我们的最后胜利,完成历史的伟业!”周恩来在雷鸣般的掌声中结束了演讲。

全校师生高唱着《大刀进行曲》结束了开学典礼。

3月28日凌晨3时许,周恩来身着戎装,身边只带了一位警卫员,从浙西乘小汽轮匆匆来到了祖籍绍兴。这里有他祖先的墓地,还有他的一些亲属。汽轮越接近绍兴,周恩来的心潮越加起伏不平。

汽轮还没有靠近，绍兴三区的专员贺扬灵、绍兴县长沈涛等官员已迎候在码头上。他们把周恩来接到商会中厅楼下榻休息。吃过早饭，绍兴三区政工指导室主任曹天风第一个来访，他对周恩来说："周副部长，您自五四运动起，就是一位启蒙导师，今天我是以后进的身份向您求教的。"

周恩来谦虚地说："不敢当，不敢当！启蒙导师能有几个？能做个战士就满不错了。"五四"运动提出'打倒孔家店'的口。孔家店不打倒不公道，但对孔子一棍子打死也是不公道的。对历史，既不能全部否定，也不能全部肯定。专门以古律今同专门以今律古一样不对，都不符合唯物辩证法。"

周恩来正与曹天风交谈，贺扬灵来了。他向周恩来汇报了日寇的最新动态，以及三区政工队伍的活动和人民群众的抗日斗争的情况。然后贺扬灵说："下午，咱们到县城转转，您还要去拜会亲属。晚上请您到龙山越王台参加一个座谈会，给大家讲讲全国的抗日形势、国共两党合作以及统一战线的建立等问题，对我们的工作多加指导。"周恩来都点头答应下来。

中午，绍兴三区保安司令部设宴招待周恩来。下午1时，周恩来视察了政工指导室和《战旗》杂志社。有关人员向周恩来介绍了绍兴妇女营、青年营和少年营的抗日活动情况。

下午5时许，周恩来偕卫兵去火珠巷板桥三号拜见姑父王子余，被留下吃晚饭。晚7时到龙山越王台，参加座谈会。

3月29日，周恩来去祖茔扫墓，下午，瞻仰大禹陵，了解会稽山一带的农民粮荒情况。晚上，出席专员公署在越王台召开的欢迎火炬晚会。在晚会上进行了政工队、妇女营、青年营、少年营的抗日队伍大检阅。大家唱着《大刀进行曲》，高呼着"打倒日本帝国主义"的口号，声势非常壮观。周恩来在会上作了长篇讲话，详细阐述了全面抗战，长期抗战，抗战必胜的道理。他在讲话的结尾说："中国共产党的抗战方针是：坚持抗战，反对投降；坚持团结，反对分裂；坚持进步，反对倒退。浙东的局势，不可能长期平静。我们要准备克服未来的许多困难，必须切实做到：民众重于士兵，后方重于前方，政治重于军事，精神重于物质，部队重于机关。只要我们路线对头，政策正确，措施得力，我们就一定能打败日本侵略者，收复杭嘉湖，收复武汉、广州，收复一切失去的土地！最后的胜利是属于我们的！"

周恩来的讲话长达两个多小时，散会已近午夜。

30日，周恩来又召开了工人、职员参加的座谈会。他鼓励故乡群众和亲友，发扬大禹治水和越王卧薪尝胆的坚韧不拔的精神，继承鲁迅和秋瑾的革命传统，同日本侵略者斗争到底。在交往的空余时间，他还给许多亲友和各界人士留下了题词。如“冲过钱塘江，收复杭嘉湖”，“勿忘鉴湖女侠之遗风，望为我越东女儿争光”，“前途光明”；等等。

31日早晨，周恩来告别父老乡亲，乘船离开故乡，经枫桥去了金华。5月1日到达重庆。

5月初的重庆，气候最宜人。但日寇的飞机三天两头来轰炸，闹得人心惶惶。一天傍晚，周恩来的电话铃响了，他拿起来一听，对方说：“周先生您好！我是邵力子，听说您刚从浙江视察回来，还去了绍兴。”

周恩来说：“是啊，故乡绍兴的变化太大了。这次省亲、扫墓非常受教育。”

邵力子说：“您今天晚上有空吗？如有时间，我马上过去，请您详细介绍一下。”

周恩来说：“今晚正好没有事，欢迎您来。”

邵力子挂上电话，对傅学文说：“我到恩来先生那里去坐坐。”说着就匆匆出了家门。

他穿过市区闹市，邵力子走到一条街的尽头，又拐进一条蜿蜒向上的小巷，小巷两侧是些小的店铺。邵力子沿着曲曲折折的路来到曾家岩50号——“周公馆”。这时周恩来早在楼门口等着他呢。邵力子老远看到周恩来向自己打招呼，便不由自主地加快了脚步。

邵力子走进一楼周恩来的办公室，只见茶几上刚沏好的一杯龙井茶还冒着热气。周恩来指着茶杯说：“这是真正的浙江龙井茶，恐怕好久没喝了吧？”

邵力子坐在藤椅上，端起杯子呷了一口茶，说：“非常纯正，喝口家乡的龙井，也略解思乡之情啊！”

周恩来看着邵力子甜美地品着龙井茶说：“邵先生，待打败了日本帝国主义，我们两个人一定到杭州虎跑寺，用虎跑泉的水，沏上龙井，喝个痛快！”

邵力子说：“那就请您先向我讲讲家乡人民的抗日事迹吧。”

周恩来先大概介绍了一下浙江的抗日形势，然后重点讲了在绍兴的见闻：“故乡绍兴人民的抗日热情非常高涨，《大刀进行曲》歌声到处可闻。绍兴地区的青少年全部动员起来了,不只有青年营、少年营,还有妇女营。这些组织都是去年5月份成立的。以妇女营来说,有50来人,根据每个人的志愿和具体条件,分成三个队:救护队,学包扎护理;宣传队,每个人都有一技之长,如唱、画、写、演等,负责全营的宣传工作;战斗队,学习军事,随时准备上阵杀敌。"

邵力子越听越有兴趣,问道:"她们平时如何训练呢?"

周恩来说:"妇女营三个队都要参加军事训练,救护队除了军训还要学习战地救护知识和技术。最初她们借稽山中学的校舍为营房,在绍兴练兵。后来看到青年营移到平水山区去练习游击战,妇女营也要去。平水是半山区,有山有丘陵,也有河浜,是训练游击战的好地方。他们每天都爬山、挖工事、夜间行军,练习侦察本领,搞军事演习。去年11月,绍兴的青年营和妇女营还渡过钱塘江,到海宁县境内奇袭了王店车站。"

邵力子惊喜地问:"有正规部队配合吗?"

周恩来说:"您别急,听我慢慢讲给你听。妇女营和青年营全副武装,每人配备50发子弹。他们的任务是夜间袭击王店车站的日本小分队,正规部队仅仅是配合,掩护他们安全撤退。半夜里,青年营包围了碉堡里的日本兵,妇女营包围了车站里的小分队。同时向敌人开火,先是投掷手榴弹,然后是用枪射击。日本鬼子正在酣睡,有的还没睁眼就被炸死;有的慌忙穿衣迎战,刚跑出屋外,稀里糊涂就被妇女营的子弹射死。战斗进行了几十分钟,打死好多鬼子兵。青年营和妇女营一个伤亡也没有。天亮前,他们撤回驻地,第二天就过了江回到绍兴。"

邵力子听了周恩来讲完绍兴青年抗日的英雄事迹之后,感慨地说:"这些青年都是杭嘉湖地区,素称文弱的书生,但是,一旦觉悟了,经过训练,拿起武器,就是英勇的战士。可见,不管什么地方,不论什么人,只要觉醒了,没有不能作战的。"

周恩来听了邵力子的感慨后说:"我们全国的青年人都像绍兴的青年那样,拿起武器,奋力抗战,打败日本帝国主义,收复失地,是指日可待的事情。"

邵力子抬头看看墙上的挂钟说:"时间不早了,您也该休息了。我回去后,要把家乡的好消息对傅学文等人好好讲讲。"

◆ 六、反对溶共，营救同志 ◆

1938 年 12 月初，周恩来和蒋介石先后由湖南衡阳到达桂林。12 月 6 日上午，蒋介石在其住地“藩署八桂厅”约见周恩来，商谈两党合作问题。

蒋介石劈头就说：“恩来先生，我想邀请毛润之先生到西安商谈一下两党的关系问题。”

周恩来问：“具体谈哪些方面的问题呢？”

蒋介石说：“国民党信仰三民主义，你们共产党也信仰三民主义。两个党有共同的信仰。为什么不合并成一个大党？如果全体共产党员不能都加入到国民党来，能不能大部分加入国民党，但不能跨党。如果这两点可以考虑，可邀请毛润之先生到西安，我前去与他会谈。”

周恩来听了后笑笑说：“中共实行三民主义，是因为这是实现抗战的必由之路，将来发展成社会主义，最终理想是共产主义。这和国民党实行三民主义的目的是不同的。因为最终理想不同，所以不可能合并成一个大党。让一部分党员退出共产党，加入国民党，这是办不到的。假如个别党员退出共产党，加入国民党，这是一种变节、丧失信仰的行为，对国家、对个人都是有害无益啊！”

蒋介石说：“如果两党没有合并的可能性，那就没有必要邀请毛润之先生会谈了。”他说完这句话，站起来背着两只手边踱边说，既像说给周恩来听，又像是自言自语：“我在中国的历史使命，就是要把两个党合并成一个大党。过去我打你们，也是为了保存共产党的革命分子，使之加入国民党。这个目的达不到，我即使死了，心也不安，抗战胜利了也没有什么意义。”

周恩来听了蒋介石的话，仍然不动声色，毫无反应。蒋介石来回走了几趟，忽然站住对周恩来说：“这个根本问题不解决，一切均无意义。我这个愿望至死也不会变的。”

周恩来乐呵呵地说：“蒋先生，我看您这个愿望至死也实现不了。”

周恩来拒绝了蒋介石“溶共”的要求，但正如蒋介石自己所说，他并没有死心。1939 年 1 月 20 日，在国民党五届五中全会召开的前一天，蒋介石约见周恩来，重提国共两党合并成一个大党的问题。

周恩来回答说：“蒋先生，这个问题去年您就提过，根本不可能办到。最近在河北、山东、陕甘宁等地，不断发生国民党制造摩擦，随便逮捕共产党员的事件。这对两党合作抗战极为有害，希望蒋先生加以制止，并释放被捕人员。”

蒋介石说：“你反映的问题，待我查清后，再回答你。刚才我谈的两党合并问题，你一定要电告延安。”

1月21日至30日，国民党五届五中全会在重庆召开。蒋介石在大会上作了《唤醒党魂、发扬党德、巩固党基》的报告。他在报告中说：“对中共是要斗争的，不要怕它”，“我们对中共……应采取不打它，但也不迁就它，现在对它要严正—管束—教训—保育—现在要溶共——不是容共。它如能取消共产主义，我们就容纳它。”

1月25日，在国民党五届五中全会召开期间，周恩来致函蒋介石，他在信中说：“抗战年余，中共党员在各地不仅无抗战自由，甚至生命也常难保。现在各省狱中，属于共产党政治犯者，比比皆是。”“目前为了解决具体纠纷，可先由两党中央各派若干人同往各地视察，能就地解决者解决之；不能解决者，来国民党中央商讨。”

蒋介石对周恩来的呼吁置之不理，五届五中全会根据他的报告和指示制定了“溶共、防共、限共、反共”的反动政策，设立了“防共委员会”，通过了《限制异党活动办法》。从那时起，国民党的政策重点，已由对外抗日转到了对内反共，到处抓捕地下党员和革命者。

邵力子身为国民党中委，参加了五届五中全会，听了蒋介石的报告，亲身经历了制定反动决议的全部过程。尽管他和冯玉祥、于右任等中委极力提出不同的意见，终因人微言轻，《限制异党活动办法》还是获得通过。邵力子对自己不能制止这种破坏两党合作的反动行为，既感到惭愧又十分气愤。他没有别的办法，只能和中共紧密配合，不遗余力地营救被捕的革命者和地下党员，努力维护国共合作。

这年3月，国民政府军事委员会，成立了一个“战地党政委员会”，蒋介石兼任主任委员，李济深为副主任委员，周恩来等13人为委员，邵力子为秘书长。因此，周恩来和邵力子在各种会议上见面的机会就更多一些。

苏联塔斯社在重庆有一个记者站，该站记者舒宗侨，经常写一些国共关系、民主活动、政治动态、战争情况方面的新闻；有时到曾家岩访问周恩来、叶剑英等八路军办事处的同志；有时去柳亚子、张澜、李济深等民主人士家里采访；还时常跑国民政府的军政机关；获得消息之后，与新闻同行交换新闻或提供新闻线索，更是经常的事。就是由于这些新闻业务活动，军统特务秘密以“国际间谍”的罪名，在3月下旬把舒宗侨逮捕了。舒宗侨先后在重庆卫戍司令部稽查处和军法处被关押了整整五个月。

舒宗侨因为是秘密逮捕，又加上日寇飞机狂轰滥炸，关押地点不断转移。过了好长时间，他才把内情透露出来，托朋友秘密告诉曾家岩八路军办事处设法营救他。7月中旬，周恩来知道此事后，立即派钱之光到领事巷拜访邵力子。

钱之光说：“邵先生，塔斯社有位驻渝记者，叫舒宗侨，您也许认得他。”

邵力子说：“认得，认得，他怎么啦？”

钱之光说：“他3月下旬被军统秘密逮捕了，周副部长让我来求您想想办法，把他营救出来。”

邵力子说：“好长时间没见到他了，我还以为他到外地采访去了，原来是被军统抓起来了。为什么？”

钱之光说：“就是因为他经常报道国共合作抗日的消息，采访八路军办事处和民主人士，揭露一些人在两党间制造摩擦和矛盾的问题。”

邵力子一听，生气地说：“宣传团结抗日有何错，采访八路军办事处有何罪？是哪个特务机关逮捕的？”

钱之光说：“是重庆卫戍司令部稽查处秘密逮捕的。”

邵力子说：“你回去告诉周副部长，请他放心吧。我立即去找他们刘司令解决此事。”

邵力子到了卫戍司令部，刘峙司令把邵力子当做上宾，又敬茶，又问安：“近来可好？今天有何事见教？”

邵力子先“哎哟”长叹一声说：“有一事相烦刘司令。”

刘峙说：“什么事值得您这么发愁？只要我能办到的，我马上派人去办。”

邵力子说：“有位塔斯社记者叫舒宗侨，被你们稽查处秘密逮捕了。你知道这档事吗？这是一位好人，请你马上释放他。”

刘峙说：“我听说过这回事。据说舒宗侨是国际间谍，又是通共的异己分子。案情很严重，恐怕一时释放不了。”

邵力子说：“我了解这个人，什么异己分子！他就是给塔斯社撰写反映国共合作、联合抗日的新闻稿。这有什么问题？我具保盖章，可以保释他出狱吗？有了问题找我说！总该可以吧？”

刘峙说：“这事也不是我一个人做得了主，我还要与有关部门商量一下，再给您回话好吗？”

邵力子说：“可以，请你抓紧办，有关部门说不通，我亲自去说。”

过了几天，邵力子又在电话里催了几次，舒宗侨才被释放。

舒宗侨被释放后，亲自到邵力子家去致谢。邵力子先生紧紧握着他的手说：“你受委屈了，出来就好，出来就好哇——！”最后的“哇”字拖得很长。

1944 年 11 月，革命作家骆宾基在四川丰都县高中任国文教师。有一天，突然来了几个特务，逮捕了骆宾基。然后搜查他的办公室和寝室，拿走几本学生的作文。原因是有人密告骆宾基在课堂上宣传共产党的理论，在学生作文批语中有“赤色”言论。所谓“赤色”言论，翻检了半天，只发现“唯心论”一词不合时宜。

地下党组织把这个情况反映到重庆。中华全国文艺界抗战协会的中共地下党组织知道此事后，立即商量办法：“骆宾基是咱们协会的会员，邵力子是咱们协会的常务理事，周恩来是协会的名誉理事，我们应该请他们出面营救。”于是他们便分头行动。

邵力子先生并不认识骆宾基，来人对他说：“骆宾基是一位进步作家，是文艺界抗战协会的会员，您是咱们的理事，所以我们来求您。大家公认您敢于仗义执言。”

邵力子问：“我是不是协会理事，都应该营救进步作家，这是责无旁贷的。他们捕人的理由是什么呢？”

来人说：“就是因为骆宾基在课堂上讲国共应该团结，共同抗日救国，在作文的评语中有‘唯心论’一词。别的他们什么也说不出来。”

邵力子说：“这也是罪过?! 国共不应该团结，难道说还应该闹摩擦吗？真是荒唐！你们回去吧，我来想办法。”

邵力子通过关系一打听，丰都县的县长张一之是他在复旦教书时的学生。于是他立即亲笔写了一封信，说明情况，交给中华全国文艺界抗战协会的人，对他们说：“你们快派人拿着我的信去找丰都县县长试试，免得拖久了，人押解到外地就更困难了。”

丰都县县长张一之接到邵力子的亲笔信之后，一是师生情面，二是没有其他证据，当下就把骆宾基释放了。

骆宾基释放后，总想当面向邵力子致谢，但总找不到机会。新中国成立后，骆宾基有一次在首都剧场看戏，看到邵力子先生和夫人也去看戏。他在中间休息时，便走到邵力子先生的座位前，提起在丰都县被捕获救的往事，感谢邵先生的搭救之恩。邵力子爽朗地说："那是我应该做的，千万不要再提感谢的话。"

◆ 七、维护合作，团结抗日 ◆

1940 年 6 月至 1942 年 10 月，邵力子担任中华民国驻苏大使。1942 年 10 月回国述职后，就没有回去。

这年冬天一个寒冷的下午，两年多未见面的老友吴茂荪来访。两个人在客厅里，无拘无束地饮茶述怀。由苏联的卫国战争谈到国内的抗日战争，由抗日战争谈到国共合作等国内的政治局势。

吴茂荪说："我们最近和一些老朋友在周恩来的帮助和支持下，成立了一个抗日民主组织——中国民主革命同盟。其宗旨是维护国共合作，反对分裂，把抗日战争进行到底。希望您在国民政府中，利用您的威望和职位，多支持我们的工作。"

邵力子听后很高兴，心想这些朋友做的事，正是自己想做而没做成的事，焉有不支持的道理。但邵力子又有一些疑虑，便说："在国共关系如此紧张的时期，你们成立这么一个公开靠拢共产党的民主组织，不但不能密切两党关系，还有可能更加激化两党的矛盾。再说，你们也不怕国民党干涉你们的活动，甚至取缔你们的组织？"

吴茂荪说："不会的。我在周恩来的帮助下，逐渐学会了斗争的策略。在重庆这个地方，对国民党不能硬拼，要把我们的思想，慢慢渗透给国民党中爱国、进步的官兵，使他们在不知不觉中接受我们的主张。比如，共产党提出的'坚持抗战，反对投降；坚持团结，反对分裂；坚持进步，反对倒退'的政治主张。不是原封不动地讲给官兵，而是变成我们自己的话，慢慢影响他们，感染他们。"

邵力子说："你们在周恩来先生的帮助下进步真快。在国民党的反共高潮中，采取这种方式与他们作斗争，的确是行之有效的办法。"

吴茂荪高兴地说:“你肯定支持我们了?”

邵力子点头说:“当然啦,一定支持。”

经过一段时间,邵力子发现在重庆有许多进步的民主组织。黄炎培的职教社、梁漱溟的乡村建设派、左舜生的青年党、张君劢的国社党、章伯钧的第三党(后来的农工民主党)、沈钧儒的救国会等。后来这些组织又联合起来成立了一个中国民主政团同盟,成了“三党三派”的联盟组织。这个联盟尽管成分复杂,但他们是介于国共两党之间的,倾向共产党的组织。而周恩来领导下的南方局,正积极贯彻统战政策,团结中间势力,孤立国民党右派,反对分裂,反对顽固派挑起内战,领导广大群众投入抗日战争。

邵力子看到这种政治形势,心里非常高兴。他意识到,支持吴茂荪等人的民主组织,实际上也是支持了周恩来的工作,加强了国共合作。

1943 年春天,邵力子出任国民参政会、宪法促进委员台秘书长。周恩来是中共南方局和八路军驻重庆办事处的负责人,同时也是国民参政会的参政员,因此常在一起开会,商讨国共合作、抗日建国的方针政策。周恩来的许多切中时弊的谈话,邵力子听了都感到耳目一新,受到启发,激励他更加努力为团结抗日而奔波。

1944 年春天,在一次参政会常委会结束后,部分常委在新生活俱乐部礼堂举行了一次由百余人参加的座谈会。邵力子特别邀请周恩来到会作形势报告。周恩来在报告中,生动具体地介绍了全国抗战的形势、八路军英勇杀敌的感人事迹和取得的辉煌战果,并说明抗日战争将以日本必败、中国必胜的结果告终。

周恩来的讲话博得了全场的热烈掌声,然而就在这时,与会的右派顽固分子孔庚却站起来说:“周先生说的这些都是吹嘘,八路军有那么大的力量?”

周恩来不急不忙地站起来说:“我刚才讲的都是以事实为根据的,绝不像孔先生信口雌黄。就以震惊中外的百团大战来说,在三个半月之内,八路军出动 115 个团的兵力,进行大小战斗 1824 次,消灭日伪军 46000 多人,攻克大小据点 293 个,缴获各种枪支 5800 多件,以及大批军用物资和武器、弹药等,还摧毁敌占铁路 470 公里,公路 1500 多公里。这是尽人皆知的吧……”正当周恩来滔滔不绝地讲八路军取得的辉煌战果时,孔庚早已悄悄溜出会场。周恩来继续说:“现在是敌占区日益缩小,抗日根据地日益扩大;日军的兵源日益枯竭,我们抗日的部队日益壮大。现在八路军的正规部队达50多万，民兵230多万，根据地的人口已达9000多万。这是一支强大的力量。抗日战争的第二阶段即将结束，很快将转入大反攻阶段，各位先生，如谓不信，就请拭目以待，看看抗日的军民，将怎样把日本帝国主义赶出中国去！”会场上爆发出更加热烈、更加持久的掌声。

散会后，邵力子紧紧地握住周恩来的手，说：“我代表参政会的参政员们谢谢您，占了您半天的宝贵时间。”

周恩来说：“邵先生，不必客气，宣传中共的方针政策，团结各阶层人民共同抗日，这是我应该做的工作。”

邵力子说：“国共两党，只能团结，不能分裂。对那些摩擦专家，专吃摩擦饭的人，不能客气，该批驳就得批驳。”

周恩来说：“您说得很对，团结不能是无原则的。以斗争求团结，则团结存；以妥协求团结，则团结亡。”

1944年9月初，欧洲的反法西斯战争，不断取得辉煌的胜利，希特勒节节败退。日本为了挽回败局，从4月份起开始了打通中国大陆交通线的战略进攻，并很快打通了平汉、粤汉、湘桂铁路。到8月份，郑州、许昌、长沙、衡阳、桂林、柳州、南宁等城市相继沦陷。国民党不只是军事无能，士气低落；在政治上则专制独裁，特务横行；经济上横征暴敛，物价飞涨，民不聊生，人民感到忍无可忍，强烈要求国民党改弦更张，结束一党专政，实行宪政，以挽救抗战危机。共产党领导下的八路军和新四军，开始了局部反攻，收复失地，解放区的面积不断扩大。由于实行民主政治，发展生产，自力更生，所以解放区的经济繁荣，人民过着丰衣足食的幸福生活。解放区和国统区形成鲜明的对比，在这种形势下，中共中央认为，向国民党及国内外提出改组政府的要求，时机已经成熟。于是周恩来代表党中央，起草了给林伯渠、董必武等人的电报，指示林伯渠在国民参政会第三届三次大会上提出：废除一党专政，召开国民大会，改组国民政府，实施宪政，贯彻抗战国策的主张。

1944年9月15日，国民参政会议在重庆召开三届三次会议。会议听取了国民党代表张治中和共产党代表林伯渠的“关于国共和谈经过的报告”。林伯渠根据中共中央的指示，在报告中提出：“挽救目前抗战危机，准备反攻的救急办法，是必须对国民党政府的机构、人事、政策迅速来一个改弦更张，希望国民党立即结束一党专政的局面，由政府召开各党各派、各抗日部队、各地方政府、各人民团体的代表参加的国是会议,组织各抗日党派的联合政府。”组织一个特别委员会对两个人的报告进行审查,并指定仇鳌、王造时等几个参政员任召集人主持研究,提出审查意见。

《审查报告》是国民党《中央日报》主笔胡秋原起草的。谁也没有想到这位国民党右翼顽固分子在《审查报告》中竟诬蔑新四军,说什么“‘皖南事变’的发生,是由于共产党和新四军不听军令、政令之统一造成的”云云。对林伯渠提出的“废除一党专政,建立联合政府”的意见一字不提。这个草稿被参政会议的秘书龚光朗发现了,他拿着草稿找到邵力子说:“怎么能这样颠倒黑白呢?这样的稿子无法用,应该重新写。”

邵力子看了也非常生气,对龚光朗说:“请您抓紧时间,另行起草一篇。”

龚光朗很快写出《审查报告》,送给邵力子过目斟酌。邵力子阅后很满意,便让龚光朗送特别审查委员会的几位召集人,请他们审阅签署。召集人看过,也很满意,并签字立即付印。第二天召开大会时分发各位参政员,国民党的一些右翼分子看到《审查报告》已经改换了稿子,立即向邵力子兴师问罪。邵力子不动声色,因为他知道《审查报告》立言公允,符合国内各民主党派的要求和团结抗日的精神。而且在付印前各个召集人都审阅过,签了字的。许多左派参政员都积极支持这个《审查报告》,认为报告内容符合实际情况,且手续完备。

召集人仇鳌说:“改写的报告,实事求是,符合国共和谈的精神。我反对一些人节外生枝。”

著名法学家周炳琳参政员说:“龚光朗起草的《审查报告》,有所有召集人签名,是理所当然的法定正式文件,交大会讨论,顺理成章,无可非议。”

大会执行主席左舜生指定一人在大会上宣读了《审查报告》,表决时,以多数票赞成获得通过,挫败了右翼分子污蔑共产党领导下的八路军和新四军破坏团结抗日的阴谋。

9 月 19 日,“中国民主政团同盟”在重庆召开代表会议,决定改名为“民主同盟”,取消“政团”二字,吸收无党派民主人士入盟。并呼吁立即结束国民党一党专政,建立各党各派联合政府,实行民主政治。

9 月 24 日,邵力子以国家和民族的利益为重,不顾个人安危,和冯玉祥、黄炎培、章伯钧、沈钧儒等爱国民主人士 500 余人,在重庆举行大会,要求改组国民政府,成立民主联合政府,挽救国家危亡的命运。

10月10日,周恩来在延安各界举行的"双十"节庆祝大会上发表《如何解决》的演讲。周恩来在讲话中指出:在欧洲战场取得决定性胜利的情况下,中国的正面战场却节节败退,而敌后战场是节节胜利。正面战场胜利与否,"是中华民国胜败兴衰的关键",是必须解决的问题。正面战场失败的原因,"是由于国民党政府历来片面抗战、消极抗战、依赖外援、制造内战的失败主义政策所造成的","是由于国民党在其统治区域实行一党专政、排除异己、压迫人民、横征暴敛的法西斯主义的政策所造成的"。最后指出:挽救目前危机的唯一正确办法是结束国民党的一党专政,迅速成立各民主党派参加的联合政府。

邵力子在重庆收听到延安新华社广播后的周恩来讲话,心里特别兴奋,对傅学文说:"周恩来先生的讲话,抓住了解决中国抗战问题的症结,击中了国民党的要害,反映了各阶层人民的愿望。同时也给国民党指出了一条挽救危亡的道路,就看蒋先生走不走了。"

历史潮流的发展是不以人的意志为转移的,成立联合政府是大势所趋;不走此路,就必然被历史所淘汰。

第五章
重庆谈判与政协会议

1945年8月15日，日本宣布无条件投降，中国人民的抗日战争历时八年，取得了最后胜利。抗战胜利后，蒋介石为了篡夺胜利果实，在美帝国主义的支持下，积极准备反人民的内战。中国共产党为了领导全国人民保卫胜利果实，与蒋介石国民党反动派进行了针锋相对的斗争。

由于蒋介石发动内战的准备尚不充分，军队没有展开，他在积极备战的同时，又狡猾地玩弄假和平的伎俩。8月14日、20日、23日，连发三次电报邀请毛泽东去重庆商谈和平建国大计。以此欺骗国内外人民和社会舆论，假此机会，抓紧调兵遣将，部署战争。中共中央根据国际、国内情况的分析，认为应该力争国内有一个和平建设的时期，哪怕时间极短，对人民、对国家也是有利的。于是，毛泽东、周恩来、王若飞作为中共的代表，在国民党代表张治中和美国大使赫尔利的陪同下，于8月28日，乘飞机抵达重庆，与蒋介石、邵力子、王世杰、张治中、张群等人进行了43天的谈判。在谈判中，共产党与国民党反动派进行了针锋相对的斗争，最后在10月10日签订了《政府与中共代表会谈纪要》(通称《双十协定》)。

在《双十协定》中，国民党同意“和平建国”的基本方针，两党同意召开“各党派及无党派人士参加的政治协商会议”。1946年1月10日至31日，政治协商会议在重庆召开了。在会内会外，两党又在政治问题、军事问题、宪法起草问题、组建联合政府等问题方面展开了激烈的斗争。邵力子和周恩来，作为国共两党的谈判代表，会内会外频繁接触，友情也日益加深。邵力子在自己的职权范围内，为促成国共合作，早日实现民主和自由，尽了自己力所能及的力量，为新民主主义革命作出了贡献。

◆ 一、两党谈判，波澜起伏 ◆

重庆谈判，一开始就遇到了难以解决的严峻问题。

8 月 28 日晚上，毛泽东应蒋介石之邀前往蒋氏山洞林园官邸出席欢迎宴会。毛泽东和蒋介石各自带领队伍，为中国的未来命运厮杀了十几年，今天竟然坐在一起，碰杯敬酒，互祝健康。中央通讯社和新华通讯社当晚就把这条新闻传播出去，第二天就成了国内外各大报纸的重要消息。当天晚上，蒋介石热情挽留毛泽东等人住在林园，一夜相安无事。

8 月 29 日下午，毛泽东与蒋介石第一次会谈。毛泽东和蒋介石各自带着本党的谈判代表，坐在罩着白台布的长桌两侧。蒋介石非常客气地说："上午周恩来先生和邵力子、张治中先生已商定了谈判的内容和程序，润之兄没有什么意见吧？"

毛泽东从容地点着一支香烟，礼貌地说："客随主便，日程怎么安排，无关宏旨。"

蒋介石说："这次谈判，一切问题都愿听取贵党的意见。"

毛泽东笑笑说："委员长说的是客气话吧，一切都能听我们的意见，当然好喽！我们来重庆谈判，目的就是为了谋求和平、统一，让全国人民安居乐业，不要再发生内战。战争把中国人民害苦了！"

蒋介石皱了皱眉头，掏出白手帕，捂着嘴巴轻轻地咳嗽了两声，然后气呼呼地说："中国从来就没有内战，说什么'十年内战'，现在又有什么'内战危险'等等，都是无稽之谈。"蒋介石为什么认为"十年内战"不算内战呢？因为那是"剿匪"。这样的话，他可以在国民党的会议上讲，可以在部署军事计划时讲，但他在谈判桌上说不出。蒋介石说完这段令中共代表团生气的话之后，又用手轻轻挥了挥飘到他面前的一缕白烟。

这时，毛泽东记起有人告诉他：蒋介石不吸烟，也讨厌开会时吸烟。他于是把手中的烟用力掐灭。这个动作蒋介石看得清清楚楚。从此，毛泽东在与蒋介石会谈时，再没有动过烟。后来蒋介石曾对他的"文胆"陈布雷谈到此事时说："毛泽东平时嗜烟如命，手执一缕，绵绵不断，据说每天可吸一听（50 支）。但自那天后，我再没有看见他吸过烟，此人的精神和毅力不可轻视啊！"

毛泽东平静了一下心情后，用湖南官话，一字一顿地说："蒋先生，说中国不存在内战，实际是对人民的欺骗。'十年内战'不是'内战'是什么？你认为那是'剿匪'？我们是不是'匪'，人民自有公论，今天暂不争论这些历史问题。据我了解，前几天在上党地区，贵军史泽波率部17000多人，就攻占了长治及其周围的一些县城。这些县城可是第十八集团军（即八路军）的防地，而第十八集团军是南京国民政府承认的正规军，这可不是'土匪'啊！请问蒋先生，这不是内战，又是什么？"

蒋介石"嗯""嗯"了两声之后说："这是对日本侵略军的受降中存在的争端，不是内战。你们的部队，根本不听从我下达的命令。如果八路军原地驻防，就不会出现这些问题！"

毛泽东说："好，今天咱就谈对日军的受降问题……"

蒋介石不等毛泽东把话说完，便把手一挥说："润之先生，今天咱们不谈具体问题，先把大的原则定下来，其他具体问题就好解决啦。"

毛泽东说："在8月25日，中共中央发表了《对目前时局的宣言》。我们希望国民政府实行我们在'宣言'中提出的六条要求：①承认解放区民选政府和抗日军队；②划定八路军接受日军投降的地区；③严惩汉奸，解散伪军；④公平合理地整编军队；⑤承认各党派合法地位；⑥立即召开各党派和无党派代表人物会议，成立举国一致的民主的联合政府。"

毛泽东讲完六条要求后，张群、王世杰等人提出了不同意见。于是周恩来、王若飞和张群等人发生了激烈的争论。

蒋介石见双方相持不下，最后说："你们争论的仍然是一些具体问题，这次谈判应该遵循如下三个原则去进行：第一，不得于现在政府法统之外来谈改组政府问题；第二，不得分期或局部解决，必须现时整个解决一切问题；第三，归结于政令、军令之统一，一切问题，必须以此为中心。润之先生，你看如何？"

毛泽东看了看表说："今天下午就谈到这里吧，晚上再谈。"

于是蒋介石站起来说："那好吧！"众人也跟着站起来，待毛泽东、周恩来、王若飞相继走出会议室后，蒋介石示意张群、邵力子等人慢走一步，然后小声嘱咐："我前几天曾多次说过，和中共谈判，政治与军事应一块解决，但对政治之要求，应予以极度之宽容，而对于军事，则严格统一，不得迁就。这些原则必须切记。"

9月3日上午,毛泽东和周恩来将中共谈判的11条意见略加修改,使之更简明概括。由周恩来出面,在桂园邀见张群、邵力子、张治中等人。

周恩来说:"蒋先生前几天给谈判规定了三条原则,必须现期解决整个问题,不得一个一个解决。我们非常赞成。今天我们提出了一个解决全部问题的《谈判要点》,共11条。请各位代表转交蒋先生。"

周恩来说着把文件就近交给邵力子。邵力子接过来一看,上面工整地写道:

1. 在和平、民主、团结基础上,实现全国的统一,建设独立、自由、富强的新中国,彻底实行三民主义。

2. 拥护蒋先生,承认蒋先生在全国的领导地位。

3. 承认国共两党及抗日党派的平等合法地位,确立长期合作、和平建国方针。

4. 承认解放区部队及地方政权在抗日战争中的功绩及合法地位。

5. 严惩汉奸,解散伪军。

6. 重划受降地区,解放区抗日军队参加受降工作。

7. 停止一切武装冲突,各部暂留原地待命。

8. 实现政治民主化、军队国家化,党派平等合法。

9. 召开各党派及无党派人士参加的政治会议,各党派参加政府,重选国民大会。由中共推举陕甘宁边区及热河、察哈尔、河北、山东、山西五省省府主席,绥远、河南、江苏、安徽、湖北、浙江、广东及东北三省的十省副主席,北平、天津、青岛、上海四特市副市长。推行地方自治,实行普选。

10. 公平合理地整编全国军队。解放区部队编成16个军,48个师,驻地集中于淮河流域及陇海路以北地区,中共及地方军事人员参加军委会及其他各部的工作。设立北平行营及北方政治委员会,任中共人员为主任。

11. 释放政治犯,取消一切不合理禁令,取消特务等。

邵力子看完中共的建议方案,交给了张群等人传阅。国民党的几位代表看完后,相视而笑,谁也不说什么。周恩来见此情景,便说:"各位代表看了之后,有何意见?"

张群环顾左右说:“你们有什么意见？都可以谈。”

邵力子说:“我觉得第一条、第二条意见都挺好的。把我们国家建设成一个独立、自由、富强的国家,这是全国人民的心愿,没人反对。第二条,蒋先生和我们党也会赞成。问题就在后面各条比较麻烦。”

周恩来说:“谈判嘛,本身就是反复磋商,经过讨论,取得一致的意见。张群先生有何意见?”

张群笑笑说:“我们有什么意见都不算数,最后还得听总裁的。今天咱们就谈到这里,我们回去立即把贵党的方案交蒋先生定夺。”

9月4日上午,蒋介石在林园召见张群、邵力子、张治中等人。蒋介石说:“昨天你们交给我的《中共谈判要点》,我看过了。有的条款可以采纳,但许多条款行不通。我也拟了一个《对中共谈判要点》,共四点。今天下午或晚上,我还要和毛泽东单独晤谈军队的编制问题。中共的军队,整编后,最多保留12个师,这是中央允许的最高限度。他们还要中央承认解放区的政权,这是绝对不允许的;至于召开各党派及无党派人士参加的政治会议,也不能同意,原来选举的国民大会代表仍然有效。他们如果一定坚持,可以酌情增加名额。今后,你们几个人就是国民政府与中共谈判的正式代表。你们回去,马上根据我拟定的要点写一个提案,作为中共三日方案的‘复案’,交给毛泽东或周恩来。你们就本着我写在要点上的精神去谈判,不能让步。”

张群接过蒋介石的《对中共谈判要点》,只见开头这样写着:

> 中共代表昨(三)日提出之方案,实无一驳之价值。倘该方案第一、二两条具有诚意,则其以下各条在内容上与精神上与此完全相矛盾,即不应提出。我方可根据日前余与毛泽东谈话之要点,作成方案,对中共提出。必要时可将双方所提方案一并发表。

张群、邵力子、张治中立即根据蒋介石的“谈判要点”研究起草“复案”。在研究起草过程中,邵力子感到这次谈判对他来说压力太大了。邵力子作为国民党政府的代表,他只能听从蒋介石的指示,受蒋氏的制约。国共合作、和平建国,是全国人民的要求,也是他自己的心愿。但他不能建议把这些意思写到“复案”中去,所以,他感到心绪不安和压抑。

在毛泽东到达重庆前,邵力子曾对老朋友龚光朗多次说:“国共合作本是孙中山先生的坚定主张。历史也证明,有了国共合作,对内才有革命的胜利(指北伐战争,打倒军阀),对外才有反侵略的胜利(指抗日战争)。”邵力子认为抗日战争胜利后,要建设一个富强的国家,同样需要国共合作。有一次他对于右任说:“我们国家经过多年的战乱,民生凋敝,国力衰微,百废待兴,全国人民亟须休养生息,团结一致建设国家。国共必须合作,岂能再起战火。”

邵力子对重庆谈判寄予很大的希望。当毛主席抵达重庆九龙坡机场时,他偕同夫人傅学文冒着暑热前去迎接。这次邵力子被指定为正式谈判代表,他便决心竭诚以赴,不辞辛苦,力求圆满成功。

在讨论起草“复案”时,张治中对邵力子说:“这‘后面各条比较麻烦’,不幸被你言中了。”

邵力子说:“不是言中了,是意料中的事,因为双方的提案,相距太远,谁都不肯放弃自己的原则,怎能形成一致意见?”

他们三个人半天仅讨论出“复案”的一个轮廓,并没有形成文字。当晚,张群、邵力子等驱车到中山四路德安里101号,就实质性问题与中共代表周恩来、王若飞进行第一次会谈。

张群劈头就说:“贵党所提11条建议,蒋主席研究以后认为,与国家的政令、军令之统一背道而驰。我们不能接受。”

周恩来一听笑了笑说:“张群兄,11条不会都与国民党的政令、军令背道而驰吧!起码第二条拥护蒋先生,承认蒋先生在全国的领导地位,就与你们的政令、军令一致。”

张群听了周恩来的话,“啊”“啊”了两下便哑口无言了,自觉说话不太严密,有些失当,面有惭愧之色。

邵力子马上缓和气氛说:“有的可以接受,比如第二条;有的根本不能接受,如承认解放区的政权等;有的可以商量,比如整编后的贵军人数等等,都可以商讨。”

周恩来说:“每一个具体问题得到解决,难免会遇到种种困难,这是我们意料中的事。为了使谈判顺利进行,求得问题之解决,我们这次在方案中就没有提组建联合政府,只提各党派参加政府;又如:过去我们提召开‘各党派和无党派人士参加的政治会议，产生联合政府'，你们认为有推翻国府的顾虑和嫌疑，我们这次根本不提召开党派会议。我们现在是既不放弃自己的主张，也不拒绝参加国民大会，在解放区也不另行召开人民代表会议。凡此种种让步，皆为此次谈判成功的政治基础。我党因有上述之让步，政局既可稳定，各党派也可和平合作。毛泽东同志有决心毅然来到重庆，即为求问题之解决，如果不希望解决问题，怎会远道而来？"

张群听了周恩来的话，稍微思考了一说："恩来兄，刚才我的发言有些偏颇，希望谅解。兄所谈之政治基础，我甚了解。最感困难的是昨天贵党所提要点中之第九、十两条。此两条所涉及的军队改编以及各党派参加政府等问题，均与蒋主席及政府之主张相去甚远。倘如兄等所提承认解放区之政权，重划省区而治，则根本与国家政令之统一背道而驰了。势必导致国家领土分裂，人民分裂。"

张治中则补充说："我们必须朝现代化的方向前进，决不可再蹈旧军阀时代的覆辙，决不可恃其武装向中央要求地盘。且就中共立场而言，是否必争地盘，争军队，始可保证其地位？我以为不然。中共此时如愿放弃其地盘，交出军队，则其在国家之地位与国民中之声誉，必更高于今日。"

邵力子插话说："我插一句，贵党最好将抗战时期中所有中共之将领列名呈报中央，何者应委以实职，何者应授以勋章，编余人员应如何安插，中央会考虑全体抗战将士之功劳，必然秉公酌情办理。"

邵力子插话完毕，张治中继续说："军队如果不整编，中央保持如此庞大的军事机构和作战部队，实为累赘。抗战胜利后，日本帝国主义已被打倒，我们正致力于和平建设，如果还要保持庞大的部队，必然会引起别人的种种疑虑，怀疑另有别的企图。"

最后邵力子又附和说："解放区为战时之状态，现在战事已结束，此事就不应再提。我想中共即使无一兵一卒，国民党也奈何你们不得，也不敢取消你们。即使军队少一些，国民党也不敢进攻你们。反之，中共军队再多，也消灭不了国民党。"

周恩来对国民党代表的种种荒谬论调进行了驳斥之后说："我们已经拿出了和平建国的方案，贵党不要总是这也不同意，那也不赞成。你们最好也拿出一个方案，咱们好进一步协商。"

张群说:“今天我们已商谈三个多小时,天已太晚。我们回去尽快拟出谈判方案,下次会议再谈。”

于是休会。

◆ 二、寸土不让,极力折中 ◆

9月8日上午,在尧庐举行第二次谈判,张群把拟好的《对中共九月三日提案之答复案》交给周恩来。这个“复案”仍然坚持蒋介石9月4日的意见,也是11条:

1. 实行和平建国方针和三民主义,均为共同必遵之目的,民主与统一,必须并重。

2. 拥护蒋主席的领导地位,承明白表示,甚佩。

3. 承认各党派在法律面前平等,本为宪政常规,今可即行承认。

4. 解放区名词应成为过去,对收复区内,原任抗战行政工作人员,政府可依其工作能力酌量使其继续为地方服务。余等甚赞同。

5. 此在原则上绝无问题,惟惩治汉奸必须依法律行之。解散伪军亦要用妥慎办法,以免影响当地安宁。

6. 中共参加受降工作,在接受中央命令之后,自可考虑。

7. 双方停止武装冲突,中央部队不能只靠空运,必要时需用铁路,中共军队不应阻其通过。

8. 原则上赞成实行政治民主化,军队国家化,党派平等合作。

9. 政治会议之组织及人员选任,可由双方商定,其讨论事项,不必预为规定。国民大会之旧代表应有效,其名额可合理增加和合法解决。在做到军令、政令统一之下,中共对于其抗战功劳卓著且在政治上有能力之同志,可提请政府,经中央考核,可予留任。

10. 中共军队编为十二个师,在中央实为可允许之最高限度。中共军队驻地由中共提出方案,讨论决定,并依令编组后实施。中共不宜任北平行营主任职,不同意设置北平政治委员会。解放区民兵由地方编作自卫队问题,只能视地方情势,有必要与可能,酌量编制,不宜作一般之规定。

11.释放政治犯问题，政府准备自动办理，中共可提出放人名单。给人民以一般民主国家之自由。特务机关只办情报，严禁逮捕、拘禁等行为。

第二次谈判，继续上次会谈双方争执的“军队整编数字”和“解放区、省区划分”两个问题进行协商。周恩来首先发言说：“今天要解决中国的问题，必须承认国共两党都有政权，都有军队。这是基本事实。任何一方不承认对方的政权为政权，而取消之，都不可能。军队也是如此。”

张群针对周恩来的话说：“兄说两党都有军队未必恰当。现在中央的军队并非国民党的军队，乃国家的军队，将来国民大会制定宪法，实施宪政，本党将还政于民。那时，政权是人民的政权，军队也是人民的军队。既然国民党已无军队，则中共有何理由要保留一党私有的军队？”

邵力子随后也说：“中共要促成国家和平统一，而又要政府承认其所造成之事实，实不可能。如果中共放弃武装和地盘，以诚意奉之国家，则以蒋主席之精诚谋国，天下为公之做法，不仅不会亏待中共，反而会更敬重贵党。”

周恩来说：“两位先生的发言，目的就是一个，你们的政权代表国家，我的政权不能代表人民；你们的军队是人民的军队，我们的军队是一党的私有武装力量。我们应该无条件地交出军队，放弃政权。这是你们的道理，全国人民不这样认为；这样做，不但中共不答应，全国人民也不答应。谁能真正代表人民和国家，不是你们两个说了算，也不是我个人说了算。”

在双方代表的激烈争论中，邵力子处在进退维谷的两难境地。邵力子作为一个公正、诚实、真心渴求国内和平的爱国者，他从心底感到共产党的主张是正确的，要求是合理的，国民党应该接受。但他又无力使蒋介石转变态度，在谈判中不得不贯彻执行蒋介石所规定的谈判原则。所以，他在谈判桌前说了许多言不由衷的违心之话。邵力子虽然不能违背蒋介石规定的谈判原则，也力劝中共放弃军队和政权，但他的意见被周恩来拒绝和批评之后，并不坚持自己的观点和周恩来争论不休，而是尽量再提一些调和的办法，折中其间。所以，他对傅学文说：“参加这次谈判，我要经受一个严峻的、艰苦的历程。”

在一次谈判中，张群等人认为中共所提军队问题与中央规定数字相距如此之大，无法再谈下去；在解放区的划分问题上，国民党也认为不可变动。双方僵持在那里。邵力子搜尽枯肠，提出一个折中办法。

邵力子说："恩来兄，中共的军队问题可否与善后的军队复员合在一起研究解决。现在先依中央规定编为 12 个师，其他编余人员可以从事农垦与建设工作。如能这样，中央整军工作必能加速进行。在解放区的问题上，恩来先生是否注意下述三点：

1. 山东、河北一带之主要城市为济南、青岛、北平、天津等，中央的军队正由空运前往受降，而中共军队皆未能占领。

2. 中共不能阻止中央在河北、山东一带驻军。

3. 中共在山东、河北虽占有广大之地区，然交通线尚在日军控制之下，将来自亦归中央接收，中央必须运用。中共现对平汉、津浦、陇海三路实行破坏，此类举动，不仅使国内民心不顺，且将使国际观感不良。

基于以上三点，中共实在不能要求某省应完全归中共治理，即使中央勉强划归中共治理，事实上也必产生种种纠纷。"

周恩来听后马上说："邵先生所提'三点意见'与我们的想法颇有出入。我们对于中央受降区域与受降任务的规定，自始表示反对，但现在日军不向我们缴械，而中央又空运部队前往受降。我们虽无法阻止，然绝不赞成。至于交通道路，现在虽然大部分在敌人控制之下，但我方也占领了若干车站。将来商谈如有结果，我方自应维持。中央有权利用，我们也有权利用。但在商谈未获结果之前，中央除海空运输部队外，若想利用铁路，则我方决不能同意。现在我方在黄河以南的部队已准备撤退，其目的即在便利复员。若胡宗南、阎锡山、李延年之部队利用黄河以北的铁路向前推进，我方不能不怀疑其要用武力解决解放区，自然不能坐观。假如我等商谈获得结果，军区重新划定，我军也参加了军委工作，则中央军队要利用铁路运输以达到规定之地位自无问题。"

邵力子意料会遭到周恩来的驳斥，所以他丝毫不生气，心平气和地说："中共在过去八年中与本党共同奋斗，在军事上给敌人以打击，不谓无功。在解放区的建设方面的理论与成就，也有许多方面可供政府借鉴或采纳。但今天抗战胜利了，国家要政令统一，解放区问题必须解决。恩来先生，中共如能同意在冀鲁等省将若干大都市之交通线路交中央治理，中央定会保证中共在解放区继续进行有利于民的政治措施，实现中共的政治理想。"

周恩来笑笑说："力子先生，你这不是用几句空洞的、不切实际的保证换我们几个大城市和交通线路吗？您想能行得通吗？"

在一次谈判中，不知邵力子是一时糊涂还是故意让中共代表批驳他的错误进而批驳国民党。邵力子说："中日战争发生的一个原因是日军要求华北五省特殊化。今天抗日战争胜利结束，中共又有此等要求，政府将何以向国民解释，将何以处置？"

周恩来一听，有些生气，立即严肃地说："力子先生，你怎么能拿日本帝国主义比喻我们中共，这是很不恰当的。我党提出承认解放区的问题，与日本要求华北五省特殊化的问题，是性质根本不同的两回事。日本是掠夺我们的国土，是一个主权国家对另一个主权国家的侵略。我们是一个国家两个政党之间的谈判，我方要求的是在解放区实行民主，而不是把国土割裂出去。"

邵力子也意识到自己说话失误，马上说："很抱歉，我比喻失当，请谅解。解放区以行政专员区的方式解决如何，省政府全由中央任命，但人选不拘党派，恩来先生以为如何？"邵力子想以此种办法调和矛盾。

周恩来说："解放区的存在是历史事实，冀、鲁、陕甘宁边区都不能用行政专员区的方式处理，只有苏北、皖北可以采用这种方式。"

国共谈判就这样艰难地一点一点往前进。

◆ 三、张澜质问，邵公受窘 ◆

毛泽东到达重庆已十几天了，两党代表也多次进行正式谈判，但毫无进展，总在军队整编数字、解放区政权问题上争执不休。9 月 10 日，民盟负责人张澜出于对祖国前途命运的关心，分别给毛泽东和蒋介石写了信，对两党谈判提了许多积极的建议。

9 月 11 日晚上，毛泽东、周恩来、王若飞宴请张澜、黄炎培、沈钧儒等人。毛泽东、周恩来走到楼外迎接客人。毛泽东握着张澜的手说："天这么晚，把您请来，心里十分不安。您昨天写给我的信，我认真地读过了，恩来他们也都看了。张表老，我们感谢您对谈判的关心啊！"几个人边说边走到了餐厅。

毛泽东到重庆后，已经和张澜、黄炎培、沈钧儒等民主人士见过几面；张澜还在特园宴请过毛泽东，黄炎培、沈钧儒等人都曾出席作陪。所以大家在餐桌上非常随便，边吃边聊。毛泽东首先说："我们最初提了六个谈判要点，蒋先生提出三个原则，要所有的问题一起解决。我们又提了一个更详细的11项谈判方案，蒋先生说什么：实无一驳之价值'，他们也抛出一个11项的'谈判要点'，核心是让我们交出军队，取消解放区和人民的政权。所以问题就僵持在这里。我们来重庆就是为求和平的嘛，天下事，以'和为贵'，但我们想和平而不可得啊！"

张澜说："我昨天同时也给蒋先生写了信，敦促他抓紧时机，早日达成协议，尽快实施和平建国大计，让全国人民安居乐业。千万不能为谈判设置人为障碍！"

沈钧儒也说："谈判中出现挫折和波澜是难免的，我们一定团结各民主党派，共同努力，促使谈判早日成功。"

黄炎培也说："我们一定尽力从中斡旋，化戾气为祥和，请润之先生和恩来先生放心，只要大家齐心协力，和平建国的局面很快就能实现。"

这时周恩来放下手中的筷子，心情沉重地说："和平是大家的共同愿望，但蒋先生不让天下太平。有一个令人不愉快的消息向大家报告一下。"

张澜等人用惊异的眼神注视着周恩来，同声问道："什么坏消息？"

周恩来说："从8月底到现在，山西的阎锡山调集13个师的兵力，估计有38000余人，进攻上党解放区。在谈判桌上口口声声要和平，背后却发动战争。"周恩来说完两臂抱肘，身子往后靠在椅背上，长长地叹了一口气。

张澜气愤地说："天下竟然有这种事，公开倡导和平，三次打电报请你们来谈判，背后却发动战争，太不守信用了，这哪里还像一个国家的领袖？"

沈钧儒气得胡须抖动着说："太不像话，起码的人格都没有，我们绝对不能容许他们这样干！"

黄炎培建议说："张表老，您把国民党的谈判代表请到特园，问问他们这是怎么回事？"

张澜说："对，改天，我把张群、邵力子请到特园，好好质问他们一番，到时，恩来和若飞先生也一同去。"

张澜和张申府共同出面，发出请柬，请国共两党谈判代表于9月14日下午3时，到特园出席茶话会。

张群、邵力子和周恩来、王若飞几乎同时来到特园。张澜说："今天我请诸位代表下驾敝处，是想知道一些国共谈判的近况，不知各位代表能否示之一二。"

张群首先介绍了一下概况，然后客气地说："遗漏的地方，请恩来先生补充。"

周恩来主要侧重介绍了中共的方案如何修改，如何让步的情况后，接着说："即使如此，国民党方面的要求仍然无法让我们接受。"

张澜说："原来我以为谈判没有进展，是中共不积极配合。现在看来，是中共以大局为重，一再让步，国民党却百般刁难，这就不对了！"张澜说完两眼炯炯有神地看着张群和邵力子。

张群这位老谋深算的"华阳相国"（张群祖籍四川华阳，国民党上层如此称呼他），坐在那里只是微笑、点头、不吱声。邵力子这位国民党的君子人物，也因为无言可辩，只能'慎于言'而无语。

周恩来又补充说："为了能早日达成协议，实现和平建国的局面，我们是委曲求全，让到不能再让的地步。"

张澜快人快语，冲着张群和邵力子说："中共委曲求全已至于此，你们又有何说？甚望二位在蒋先生面前力谏之，不要使全国人民失望！"张澜说到这里十分动情。

张群和邵力子只是微笑点头，无言以对。

张澜忽然话锋一转说："有人告诉我，阎锡山最近调集重兵，在上党地区攻城略地，向八路军发起进攻。重庆这边在谈，山西那边在打，这是为什么？这不贻笑于世人吗？阎锡山怎么竟能如此大胆，不给蒋先生一点面子？蒋先生不感到难堪吗?!"

张群对张澜这位乡里前辈素来敬重，见其疾言厉色，自己又觉理亏，态度就更加恭顺地说："表老，这件事是阎锡山的个人行动，我们事先并未得知。"张群的态度是诚恳的、语气是温和的，但说的话是假的。

邵力子的脸上仍然堆着笑容，他推一推眼镜说："我们确实不清楚此事。"

张澜见张群有意识地说谎，推脱责任；邵力子懵懵懂懂，无意地骗人。他十分恼怒，但也没有办法，只好抱着良好的愿望，劝告说："你们在蒋先生那里，一定要敢于说直话、真话；敢于劝阻蒋先生，使他不致在错路上走得太远。哎，亡羊补牢，犹未晚也！"

一直在旁边的周恩来这时也严肃地说："希望二位先生，力劝蒋先生不要一错再错。毛泽东主席和我，见到蒋先生也会谈这件事情。你们二位一再劝我们交出军队,我们有军队,对我们尚且如此,没有了军队,只能任人宰割,到那时国内就根本没有和平可言啦!"

张群和邵力子都面带微笑,不住地点头。临告辞之前说:"各位的意见,我们一定面陈蒋先生。"

邵力子回到家里,不停地叹息,傅学文见状,问道:"您在外边又遇到了什么不痛快的事?"

邵力子把下午发生的事对傅学文讲了,傅学文也十分生气地说:"蒋主席怎么可以这样?这像话吗?您把张表老的话如实转告他!"

邵力子为难地说:"蒋先生的为人你不清楚?自从谈判以来,不要说直言相劝,稍微话不投机,他就发脾气,哪里能听进像张表老这样的话?这实乃国家的不幸呵!"

蒋介石早就说过,他在"中国的历史使命,就是要把两个党合并成一个大党",说白了就是"消灭共产党"。这个目的不达到,他"死了,心也不安"。为达此目的,他什么手段都可以使出来。9 月 17 日中午,蒋介石在林园官邸宴请毛泽东、周恩来,美国大使赫尔利也在座。蒋介石一方面大谈和平建国方针,一方面希望中共交出军队。

午餐后,蒋介石邀毛泽东到休息室稍坐。蒋介石亲自给毛泽东倒了杯茶,自己背着手在室内漫步。过了片刻,蒋忽然侧过身子说:"润之先生,你还是把军队交出来为好。"

毛泽东这时也站起来,走近窗户,凝视着外面的青山绿树问:"为什么?"

蒋介石说:"只有你交出军队,全国才能军令统一,避免军事冲突,实现和平建国方案。"

毛泽东转过身来,走到茶几前,端起杯子抿了一口茶水说:"蒋先生把问题搞颠倒了。不是我们有了军队,才产生了军事冲突;而是'军事冲突'逼着我们有了军队。我们积几十年之经验,认识到军队交不得。"

蒋介石回身板着面孔说:"下午我还有个会,这个问题改天再议。"

毛泽东说:"下午我也要在桂园举行一个茶会。"于是毛泽东等人告辞,离开山洞林园官邸。

是日,蒋介石手谕阎锡山:"吉县第二战区阎长官勋鉴:此附发《'剿匪'手本》

两册，请查收，中正申。”与此同时还密令傅作义、胡宗南、孙连仲、李品仙等四个战区长官，分别率领所部沿铁路线向解放区进犯。

蒋介石铁了心反共、反人民，不是谁能用几句话可以劝止的。蒋介石的迷梦，只有用解放军的枪杆子才能敲醒。

◆ 四、山重水复，柳暗花明 ◆

在上党地区，从9月12日到9月19日，人民解放军相继攻克屯留、潞城、长治和壶关等县城，并包围了长治守敌。

9月21日上午，邵力子与张群、张治中在尧庐与周恩来、王若飞就军队整编和解放区问题，举行国共第八次正式谈判。这时国民党谈判代表开始软下来，同意发表《谈判公告》。并让邵力子根据已达成的共同认识去起草“公告”。但在解放区和军队两个问题上，仍然相持不下。

张群在谈判伊始就说：“贵党始终不肯交出军队，不肯放弃解放区参加国民政府，实质是想割据地盘，独霸一方。试想，这样国家安能统一，怎能强盛？”

周恩来说：“割据地盘是封建军阀所为，我们共产党人焉有割据之理！你们国民党方面，一开始谈判，就居高临下，把自己视为主子，把我们当成被奴役者，不能平等对待我们共产党。这必然引起我们全党的不满，甚至愤怒。要想顺利谈判，你们必须诚心诚意地改变思想观念。”

邵力子说：“贵党总是强调承认现实，我认为中国现实最大的问题是政府军队与八路军在作战，要和平建国，首先把战争停下来。你们前几天不是也要我和张群转告蒋先生，停止战争吗？”

周恩来说：“只要国民党的军队停止进攻，战争可以马上停下来。”

张群说：“我们转告了蒋先生，蒋先生说，你们只要交出军队，政府军队就不会进攻解放区。”

周恩来说：“如果成立联合政府，我党的军队可以予以交出。”

周恩来还建议用民主选举的方法解决解放区问题。但国民党一概拒绝，非要中共先交出军队和解放区不可，这样使谈判又陷入了僵局。

本来说好要商谈《谈判公告》的起草问题，但从9月22日起，谈判没了动静，双方谈判中断了五天。在这五天中，蒋介石在等山西阎锡山的好消息。因为阎锡山正在调集第七集团军两万多人，由副司令彭毓斌率领驰援长治，并企图围歼八路军。到9月27日，彭部仍没有进入战斗。于是，国共两党代表在这天又坐在尧庐的会议室，进行第九次正式谈判。

因为军队和解放区两个问题始终不能统一认识，周恩来建议说："关于军队问题，另设军事小组商谈；解放区暂时维持现状，各位的意见如何？"

国民党代表同意另设"军事小组"，不同意解放区维持现状。最后商定"解放区"交将来召开的政治协商会议解决。

周恩来不同意阎锡山、李延年、胡宗南三位战区司令率部进入解放区，沿铁路推进，接受日伪军投降。

9月28日，国共两党代表在尧庐进行第十次正式谈判。双方交换参加"军事小组"人员名单。中共方面为八路军参谋长叶剑英；国民党方面为军政部次长林蔚，军令部次长刘斐（刘为章）。关于政治协商会议，双方同意在结束训政，实行宪政以前设政治协商会议。政治协商会议，由国民政府召集，各党派和社会贤达推举代表参加，协议和平建国方案，召开国民大会，代表名额暂定37名。周恩来建议："37名代表的分配方案为：国民党、共产党、民盟、无党派各9人，再设一名主席。政治协商会议的开会方式，应是平等的、自由的、一致的、公开的、协议结果应有最后约束力。除了讨论和平建国方案、召开国民大会，还可以讨论其他问题。"

9月30日，周恩来、王若飞与张群、邵力子、张治中在国民参政会宴请张澜、沈钧儒、张申府、章伯钧、罗隆基、左舜生、王云五、陈铭枢等，商议政治协商会议组织问题。

10月2日，周恩来与邵力子等人，在尧庐进行国共代表第十一次正式谈判。在商讨政治协商会议时，张群提出："有人反映，青年党没有代表不合理。"

周恩来说："如果是这样的话，我建议：国民党减少一名代表，共产党让出两名代表，民盟让出三名代表，让青年党出五名代表如何？"

张群坚决不同意国民党让出代表名额，最后商定国民党和无党派人士，各9名代表，青年党5名代表，共产党7名代表，民盟6名代表。

周恩来建议："我们应该把谈判记录整理一下，公开发表，对全国人民是一个回答。"

张群说："我们请邵力子先生起草了一个《谈判纪要》，你们也起草一个，下次会议，双方交换一下各自整理的《谈判纪要》，然后加以修订，形成一份共同认可的文告，再公布出去。"

10月5日，国共双方代表在尧庐举行第十二次正式谈判，正式交换整理的《政府与中共代表会谈纪要》。中共的"纪要"是周恩来起草的；国民党的"纪要"是在原来邵力子起草的《谈判公告》基础上由张治中重新拟定，由刘孟纯执笔完成的。

10月8日上午，国共双方代表继续在尧庐进行协商，讨论《会谈纪要》的最后文本。仍由刘孟纯执笔记录，改名为《政府与中共代表会谈纪要》，形成定稿。并商定10月10日签字。

到了10月8日，解放军全歼救援长治的第七集团军副司令彭毓斌所率两万余人，彭畏罪自毙。这时蒋介石才结束"休养"从西昌的"新村特宅"匆匆赶回重庆，拜会毛泽东，答应在《政府与中共代表会谈纪要》上签字。

从9月4日到10月5日，国共两党代表共进行十二次正式谈判。王世杰虽然是正式代表，一次也没有出席会议，张治中因为处理新疆问题缺席三次。邵力子和张群全部参加。在一个月内，谈谈停停，最后在10月10日签订了《政府与中共代表会谈纪要》（即《双十协定》）。《双十协定》规定了"和平建国的基本方针"，"在蒋主席领导之下，长期合作，坚决避免内战"，"政治民主化、军队国家化及党派平等合法，为达到和平建国必由之途径"。

毛泽东在1938年11月写的《战争与战略问题》中说："工人阶级和劳动群众，只有用枪杆子的力量才能战胜武装的资产阶级和地主；在这个意义上，我们可以说，整个世界只有用枪杆子才可能改造"，的确是至理名言。

◆ 五、折冲樽俎，实现和平 ◆

1945年12月19日中午，周恩来以中共代表团的名义宴请国民党代表团。这天适逢王世杰去了南京，张群不在重庆，张治中在新疆解决民族矛盾问题没有回来。宴会就只有邵力子一个人出席。

周恩来说："我们早就想宴请贵党代表，一是感谢各位在前段谈判中对我们的支持和帮助；二是希望在政治协商会议期间和今后的谈判上更好地配合。"

邵力子说："和平建国是我们两党的共同心愿，也是全国人民多年来的愿望。我们国共两党早就应该团结起来，避免内战，共同建设我们的国家。"

说话间，服务人员端上了几样菜。周恩来指着桌面说："今天宴请您，我特意点了几个带点绍兴风味的菜，虽然做得不完全像绍兴的口味，但比川菜辣得出汗要好些。"

邵力子指着一盘菜说："您点的这盘绍兴霉干菜，我就十分爱吃。"

周恩来说："其实这种叫法名实不副，无论制作过程和成品都无'霉'的特点。也不像绍兴腐乳有个发酵过程，所以称腐乳为'霉豆腐'是名副其实。"

邵力子说："大概绍兴人都喜欢吃霉过的食品，如霉毛豆、霉苋菜梗、霉菜头等。但是干菜并没有霉过，却以讹传讹，冠以'霉干菜'了。"

周恩来又指着另一盘菜说："这一盘干菜炖猪肉如何？"

邵力子说："我也喜欢吃。这干菜是用什么做的？"说着用筷子夹了一点干菜放在嘴里尝了尝，说，"是用芥菜做的，好。干菜实际是菜干，用油菜制成的叫油菜干，用芥菜制成的叫芥菜干，用白菜制成的叫白菜干。干菜炖猪肉正宗做法，应该选上等鲜美的芥菜干。这盘炖猪肉也做得好。"

两个人正品菜、说菜，侍者来问："两位先生要什么酒？"

周恩来说："你们这里有绍兴花雕酒吗？"

侍者说："没听说过，我们这里只有几种川酒和贵州茅台。"

周恩来说："来一瓶茅台吧。"

邵力子说："等全国统一了，到绍兴我请您喝花雕酒。您知道花雕酒的来历吗？"

周恩来说："知道一些，那年回绍兴，听家族长辈讲过。"

侍者给他们两人每人斟了一杯酒，就出去了。两位同乡，两位谈判桌上的对手，两位私交很深的朋友，无拘无束地、边吃边喝地尽情聊起来了。

周恩来说："中共希望政治协商会议迅速开幕，在开幕前停止内战，其他问题，比如：恢复铁路交通、铁路线驻军、解放区的范围、政府军的进占等问题都可在战争停止后，用协商的方法求得解决。"

邵力子说："我也希望这样，政治协商会议早召开一天，解放区的政权就早一天得到承认。只要承认解放区政府，其他问题就好办了。"

周恩来说："中共还希望，停止内战，不要附加任何条件。一有前提条件，双方就要扯皮，这样就把问题拖下来。战争不停止，召开政治协商会议的时间也必然往后无限延迟。和平也就可望而不可即了。人民对政治协商会议也就失去了信心。"

邵力子说："我非常同意你的意见。因为人民对政治协商会议失去信心，也就对和平解决国内争端，实现和平建国的前景失去信心。失去的东西，要想再恢复就非常困难。"

周恩来说："我希望您能把我们刚才议论的问题，及时转告蒋主席，并希望张群、王世杰二位先生早日回到重庆，国共两党及早就筹备召开政治协商会议进行会谈。"

邵力子说："好的，好的。"

周恩来端起酒杯，说："邵先生，咱们把这最后一杯酒干掉，祝愿我们今后合作得更愉快！"

邵力子勉强端起酒杯说："您是知道我不能喝酒的，今天若不是就咱两个人，说什么我也不能喝这么多！"

周恩来说："酒逢知己千杯少，今天我也特别高兴。"

这时重庆各界群众，反内战的浪潮一浪高过一浪。12 月 24 日，"重庆各界反内战联合会"，致函蒋介石：呼吁和平，要求停止武装冲突，接受各党派所提民主要求。同时也致函毛泽东呼吁和平。

28 日，周恩来给"各界反内战联合会"复信表示：对他们给毛泽东主席的信表示感佩，并说明这次来重庆，已经向国民政府提出无条件停止内战，和平协商一切争端的要求。

12 月 27 日，周恩来偕同叶剑英、王若飞与张群、邵力子、王世杰在尧庐进行谈判。周恩来将中共代表团关于无条件全面停止内战的提议，交国民党代表转蒋介石。书面提议有三点：

1. 双方下令所属部队暂驻原地，停止一切军事冲突。

2. 凡与避免内战有关的一切问题如受降、解除敌军武装、解散伪军、恢复交通及解放区、收复区等，在军事冲突停止后，用和平协商方法解决。

3. 为保证实现上述两项，在政治协商会议指导下，组织全国各界考察团分赴有内战的各地区考察，随时报告事实真相，公诸国人。

12 月 31 日，周恩来、董必武、叶剑英、王若飞等与王世杰、邵力子、张群再次会谈。王世杰把国民党政府的复文交给周恩来。复文称：同意停止一切军事冲突；由国共双方各派代表一名，会同马歇尔，组成军事考察团，对所有同停止军事冲突、恢复铁路交通及受降有关的事项商定办法解决。

邵力子对周恩来说："前两天我把您上次见面时说的希望早日召开政治协商会议的愿望，转告了蒋主席。蒋主席让我转告您，他已经决定明年 1 月 10 日召开政治协商会议。"

张群说："今天是 1945 年的最末一天。这一年应该说是胜利年：日本投降了，《双十协定》签订了，国共双方即将停止内战。我们应该好好庆祝一番。"

周恩来说："今年取得的胜利，的确不易。应归功于全国人民的努力，归功于两党同志们的努力，归功于各个民主团体的共同努力，当然，也和在座的诸位代表的竭尽全力工作分不开。这些成绩将会载入史册，人民不会忘记我们，子孙后代也不会忘记我们。我们的胜利，的确应该好好庆祝一番。前些天我们宴请诸位代表，雪艇和张群二位先生因公未能出席，十分遗憾。今晚我们已安排了其他活动，要不，借辞旧迎新之际，我们两党代表可以痛饮几杯！"

邵力子说："来日方长，我们更大的胜利还在后头，将来政治协商会议胜利闭幕时再庆祝也不迟！"

两党代表在欢快的气氛中，握手告别。

1946 年 1 月 5 日上午，周恩来等人与王世杰、邵力子、张群在尧庐谈判，拟定《关于停止国内军事冲突的协议》。协议规定：

1. 停止国内各地一切军事冲突。

2. 停战、恢复交通、受降、遣送战俘等，应由政府与中共各派代表一人，会同马歇尔将军从速商定办法，提请政府实施。

3. 由公正人士组织军事考察团，会同国共双方考察军事情况、交通情况等。

1月10日早晨7点半，周恩来立即乘车进城，在牛角沱与张群分别代表共产党和国民党双方在《关于停止国内军事冲突的协议》、《关于停止国内军事冲突、恢复交通的命令和声明》等文件上签字。命令规定：从1月13日起，“所有中国境内军事调动，一律停止”，但国民党军队向东北的调动除外。

10日当天，毛泽东即向各级党委、政府和军队发出电报，指出停战协定必须“切实严格遵行，不得有误”。蒋介石也通过中央通讯社向国民党军发布停战命令。

中国的内战终于暂时停止了。

◆ 六、周恩来虎穴奋战 ◆

1月10日上午10时，政治协商会议在重庆国民政府礼堂开幕。会议代表共38人，国民党8人，共产党7人，民主同盟9人，青年党5人，社会贤达（无党派民主人士）9人。蒋介石以大会主席的身份出席会议并致开幕词，他说：“本会议召集的目的，是邀集各党派代表和社会贤达共商国是。我们所要商讨的是国家由战时过渡到和平时期，由抗战进到建国的基本方案，也就是怎样集中一切力量，增强一切力量，以开始建国工作的问题。”政府将准备“接受会议一切决议，只要这些决议有利于国家建设，有裨于人民的幸福，有益于民主的推进”。蒋介石在讲话中还提出四项诺言：人民有身体、信仰、言论、出版、集会、结社之自由；各党派有合法地位，在法律之前一律平等；积极推行地方自治，依法实行普选；释放政治犯。

紧接着周恩来在大会上致词，对蒋介石的四项诺言表示欢迎，他说：“应痛下决心，不仅在今天下令停战，而且要永远使中国不会发生内战。我们中共代表团是带着这种信念和决心来参加会议的。”“政治协商会议，就要请各党代表及社会贤达，一起来订出如何实现政治民主化、军队国家化及党派平等合法的方案。”周恩来还提议“在共同纲领的基础上，实现各党派，无党派代表人士合作的举国一致的政府”。

周恩来的讲话得到与会代表的热烈欢迎。1月11日，周恩来又代表中共在政协全体会议上作“关于停战商谈的经验教训”的报告。他在报告中指出：停止冲突应该是全面的，没有条件的；内战问题，全国反对，世界不满，应该迅速解决。“谈判方法上应该公开”，“凡是一件与国家民族和人民有关的事，能够公之于众，就能得到公意，就能得到解决的标准”。最后还指出：目前停战令虽然已经下达，但在13个省区的交通线上仍然有冲突。

邵力子在全体会议上也报告了“国共谈判的经过”，他说：“毛泽东到重庆来是最有诚意的表现，在会谈中，政府方面没有提出具体方案，这或者要受良心的责备，与朋友们的责备，我们没有在会议上争取主动。”他接着又说：“倘政府先提出具体方案，也许使中共方面认为政府方面已有一定的政见，而有害会谈的进行。”从邵力子软弱无力地为国民党对谈判的消极态度作多方辩解，也可看出他的良苦用心，一方面是国共两党都不得罪，另一方面是尽力得到民主党派和社会贤达的谅解。

1月14日下午，改组政府和讨论保障人民的基本自由权利时，周恩来站起来发言说：“蒋主席在开幕式上宣布的四项主张，我们非常拥护，全国人民迫切希望全部实现。有些事情办起来当然要有步骤，但释放政治犯，这件事立即可做。有的人还不是政治犯，是功臣。比如，张学良和杨虎城两将军应立即释放。‘西安事变’促成了惊天动地的全国各民族团结抗战。若是张、杨两将军获释，东北与西北父老，乃至全国人民，谁不欢欣鼓舞？为何不做?”周恩来的话获得全场热烈掌声。

正在这时，外面响起了“哒—哒—嘀”的降旗的立正号音，全体立即起立，会场一片寂静，接着是降落国旗的礼号声。降旗毕，周恩来继续发言：“张学良和杨虎城二位将军是我的朋友，也是在座各位的朋友。今天我们在这里呼吁团结，呼吁自由，千万别忘记这两位朋友，他们在九年前曾冒着极大的风险促成了国共两党的合作，实现了全国的团结抗战，挽救了国家民族的一大危机，他们个人却失去了自由。有些人曾保证得多好啊……”周恩来说到这里，语音哽咽，眼里含着泪花说不下去了。这时会场死一般寂静，国民党代表互相看着，一言不发。

在大家沉默中，邵力子先生霍地站起来，使国民党的代表们为之一惊。他激动地说：“正像周恩来先生所说，张学良和杨虎城二位将军是我们大家共同的、可敬的朋友。他们在促成国共两党的团结上，确实作出了巨大贡献！但却失去了自由，这是某些人失信造成的悲剧！”邵力子的这几句话像炸弹爆炸一样，粉碎了国民党对“西安事变”和张学良、杨虎城的一切歪曲宣传。“西安事变”后，国民党反动派曾造谣说什么“西安事变是共党阴谋；张学良、杨虎城兵谏蒋介石抗日是劫持领袖”；等等。

周恩来接着说："团结不是一句空话，不是为了说说好听的。今天我们要团结，就应该首先释放张学良和杨虎城二位将军，释放所有的政治犯。"

后来，周恩来与国民党政府曾多次交涉，但由于蒋介石坚持反动立场，一意孤行，张学良和杨虎城始终未能获释，仅仅释放了叶挺和廖承志二人。

政治协商会议一共开了22天。经过中共和民盟及社会贤达代表会内会外的努力，经过与国民党极右势力的斗争，大会终于在1月31日上午，通过了五项决议：《关于军事问题的协议》、《关于宪法草案问题的协议》、《和平建国纲领》、《关于政府组织问题的协议》、《关于国民大会问题的协议》。大会决定成立联合政府，政府委员名额的半数由国民党人员充任，其余半数由其他党派和社会贤达充任。

31日下午，举行闭幕式。蒋介石致词说："关于和平建国和促进宪政的各种方案，我敢代表政府先行声明，一定分别遵照执行。今后中正无论在朝在野，均必本着公民应尽的责任，忠实地坚决遵守本会一切决议。"

周恩来在致词中对政治协商会议给予高度评价，他说："今天通过的各项决议，证明了这次会议得到了很大的成功。""这些问题的解决，是为中国政治开辟了一条民主建设的康庄大道。而这种解决的方式，也是替民主政治树立了楷模。"周恩来同时也指出："虽然这些问题的协议同中共历来的主张还有一些距离，虽然各方面的见解和认识也有一些距离，但是我们愿意承认，这些协议是好的，是由于各方面在互让互谅的精神下取得的一致结果。我们中国共产党愿意拥护这些协议，并保证为这些协议的全部实现，不分地区、不分党派地努力奋斗。"

政协闭幕的第二天，中共中央给各地区党委和军队发了电报，指出政治协商会议已获得重大成果，强调这是中国民主革命的第一次伟大胜利，"使我们党及我党所创立的军队和解放区走上合法化"，"从此中国走上了和平民主建设的新阶段"。这表明，中共中央是决心认真忠实执行政协决议的。

同时，周恩来的头脑也是清醒的，他对国民党能否执行政协决议，并不是很乐观的。2月8日，他在出席张治中举行的庆祝政协成功的联欢会上就告诫国民党："写在纸上的文字要去做，去执行，要遵守诺言。希望大家要倾听人民的呼声和意见，实行政协决议。"

在政治协商会议举行期间，"政治协商会议陪都各界协进会"在沧白堂连续举办演讲会，每天晚上请政协代表演讲。1月16日晚上，郭沫若和张东荪讲演时，国民党特务就在台下起哄，使演讲会进行不下去。17日、18日、19日连续三个晚上，国民党特务先是大喊大叫，接着就大打出手。周恩来认真分析形势，意料到，在国民党这个成分复杂的政党中，对政协的态度很不一致。下层党员拥护政协决议，他们也希望中国出现和平、民主的局面。上层中的民主派也是愿意执行政协决议的，他们也反对内战。只是顽固派如CC派、复兴社、军校出身的一部分军人以及军统、中统的特务分子，他们对政协决议是深恶痛绝的。他们不只恨共产党和民主人士，对国民党中的民主派也十分不满。因此才不断制造事端。

2月10日上午，重庆各民众团体在较场口民主广场，举行有上万人参加庆祝政治协商会议胜利闭幕大会，周恩来也参加了大会。会议进行中，混入会场的国民党特务忽然在四处喊“打！”搅得会议无法进行下去。大会主席团成员李公朴、郭沫若、施复亮等人都被打致伤。台下群众也有数十人被打。会后，周恩来、陆定一、邓颖超、廖承志等立即到医院慰问受伤者。

邵力子知道较场口事件后，非常气愤，对周恩来说：“这件事非得彻底查处不可！”他还对王若飞说：“国民党必须结束训政，实行宪政，否则还会出现类似事件。”

当晚政协代表举行会议，推举周恩来、李烛尘、张君劢等人去向蒋介石提抗议。蒋于11日飞上海，避而不见。于是众多政协代表，联名致函蒋介石抗议较场口事件。

国民党特务并不就此罢手。2月12日，署名“冠英”的特务，竟寄了一封打着“+ + +”的恐吓信给周恩来，信中还附上一颗驳壳枪子弹。周恩来收到信后，付之一笑，立即交《新华日报》公布这一无耻行径。

2月22日，国民党特务又挑动不明真相的大学生举行了“反苏游行”，混在队伍中的特务趁机捣毁了《新华日报》营业部和民盟机关报《民主报》的营业部。十多名工作人员被打受伤。事件发生后，周恩来当即举行记者招待会，说明事件真相，遣责国民党特务的暴行。他指出：“这次事件与较场口、沧白堂的捣乱都是一个来源。”周恩来要求政府惩办祸首，赔偿损失，保证今后的民主秩序。当天，中共代表团又向国民党政府提出抗议。周恩来始终为了中国的和平、建设、民主的神圣事业而奋斗。

◆ 七、邵力子有求必应 ◆

1946年5月，周恩来由重庆迁到南京梅园新村办公。这时，蒋介石加快了发动内战的步伐。在军事上，到处挑起战火。6月22日，蒋介石密令刘峙率重兵包围了湖北宣化店地区的中原解放军。26日，国民党军队开始大举进攻中原解放区，并扬言“在48小时之内解决战斗”。在政治上，镇压民主运动，迫害进步人士，处处制造事端。6月23日，上海各界人士5万多人集会，“反对内战，要求和平”。群情激奋地在火车站欢送以马叙伦、雷洁琼等10位代表组成的“上海人民和平代表团”赴南京请愿。代表们在南京下关车站刚下车，就遭到特务暴徒的袭击，许多人被打成重伤。紧接着6月26日，国民党反动当局又导演了所谓500苏北“难民”向中共驻南京代表团请愿的丑剧。

随着民主运动的不断高涨，国民党反动派对民主力量的镇压也变本加厉。7月11日晚上10点，著名民主人士、民盟中央委员李公朴在昆明被国民党特务暗杀，第二天周恩来给李公朴夫人张曼筠拍去唁电：“公朴的牺牲，必然激起全国人民反法西斯暴行及争取和平民主运动的高涨……”

李公朴的被害，促使广大群众进一步认清了国民党反动派的真实面目，激起更多的人投入了反内战的运动。7月15日，民盟中央委员闻一多在昆明又拍案而起。他在大礼堂的报告会上，充满激情地说：“争取和平是要付出代价的，我们绝不怕牺牲，我们每一个人都要像李先生那样，跨出了门，就不准备回来。”就在这天晚上，闻一多先生又被国民党特务暗杀。

7月17日，周恩来举行记者招待会，发表了《反对扩大内战与政治暗杀的严正声明》。声明指出：中国目前最严重的，一是内战，二是政治暗杀。内战已从局部向全面发展。“昆明两次政治暗杀，足以根本动摇全国各民主党派与国民党当局团结合作的大局。”

中共代表团也发表声明，抗议国民党的法西斯暴行，要求国民党重申“四项诺言”；保护各党派及一切民主人士之安全；严惩凶手；释放政治犯；等等。

与此同时，国民党政府把关押在监狱中的共产党员和革命者，冠以种种罪名判处死刑，予以杀害。7月中旬，周恩来接到新四军战士李觉、郑重两人家属的信，说他们在1945年底由江南北撤时，被国民党逮捕。现在被地方法院判处死刑，很快将被执行,希望周恩来出面营救。周恩来于7月19日写信给邵力子,请他设法营救。邵力子接信后,立即电告江苏省主席王懋功,请他转告苏州法院予以释放,但没有回信。

不久,周恩来又接到新四军战士滕小良家属的来信,说滕也是在北撤时被国民党逮捕的,将被判处死罪,请予营救。8月27日,周恩来再次给邵力子写信,请其营救三位新四军战士:

力子先生惠鉴:

兹有新四军工作人员李觉、郑重及滕小良三人曾先后被捕,现拘禁苏地方法院。顷接渠等家属函称,李觉、郑重二人均已以杀人罪名判处死刑,滕小良也将以杀人罪名,同样判处死罪,不胜惊异!查李觉曾在新四军工作多年,三十四年底,江南新四军部队北撤时回家,于1935年1月13日在苏州被捕,兹闻将以破坏交通杀人等罪起诉,当于7月19日函请台端转电苏省主席转饬苏州地方法院予以释放,迄未得复。郑重曾在新四军作对敌工作,于1934年冬,在武进被捕。滕小良在新四军三师工作,1934年9月底在扬州被捕。李、郑、滕三人既统系新四军工作人员,即应以政治犯案处理,予以释放,绝不能假借杀人罪名而判处死刑,兹特函达,即希

即电江苏王主席,立即饬苏州地方法院停止李觉、郑重二人死刑之执行及滕小良死刑之判决,并照政治犯一并予以释放,毋任感荷!如果当局一意孤行,必欲置三人以死地,势必影响敝方对于贵方被拘人员之处置,时机急迫,希即紧急办理见复为荷!专此顺颂

台安!

周恩来谨启

8月27日

邵力子接到周恩来的信后立即给江苏省主席王懋功写了封信。全文如下:

东成先生惠鉴敬启者:

勘电计达。周恩来先生来函抗议苏州地方法院判决李觉、郑重、滕小良

三人死刑一案，略称该三人应以政治犯案处理，予以释放。如欲置之死地，势必影响敝方对贵方拘捕人员之处理等由，特抄同原函送请

查照，迅予转函苏法院对该三人死刑暂缓执行，免起重大纠纷，毋任公感！一并查周氏7月19日来函提出李觉与杨阿考二人，经以梗午电请为转电释放，嗣东午有电莛已转苏高院。兹其所请为李觉、郑重、滕小良三人与前函略有不同，弃附陈明。专此衹颂

勋礼！附抄函一件

弟邵力子敬启

8月29日

江苏省主席王懋功接邵力子的信后，第二天就写信给苏州地方法院负责人。原信如下：

弗云

吾兄勋鉴：

冶放

顷接邵力子先生俭电及8月29日函，为周恩来抗议关于李觉、郑重、滕小良三人死刑一案，谨转函暂缓执行，以免引起重大纠纷，并云周氏7月19日函所提出者为李觉、杨阿考，与此次函所称李觉、郑重、滕小良略有不同等语。特抄录原函，送请

台察并希见复为荷！专此顺颂

勋安！

弟王制懋功拜启

8月30日

在国民党疯狂地调兵遣将进攻解放区，残暴地迫害民主人士之际，邵力子顶风救出了三位被判死刑和将判死刑的新四军战士，的确令人感佩。

11月15日，蒋介石一手炮制的“国大”开幕了。除青年党、民社党和少数无党派人士参加外，第三方面人士绝大部分没有参加。周恩来鉴于国民党关上了谈

判的大门，在11月16日发表了《对国民党召开“国大”的严正声明》，指出：蒋介石“最后破坏于政协以来和平商谈的道路”。同日，周恩来会见马歇尔时，对他说：“蒋介石想用武力解决一切，我们不会屈服。中国的人心向背是决定一切的。”

11月17日，周恩来给郭沫若夫妇写信说：“今后要看前线，少则半载，多则一年，必可分晓。”

11月19日，周恩来率中共代表团李维汉等十几人乘飞机回延安。到机场送行的除了董必武等中共留守人员外，还有吴铁城和马歇尔的代表。唯独邵力子是亲自前来送行，他紧紧握着周恩来的手什么也说不出，但千言万语，一切都在不言中。这时一位记者跑过来问：“周先生，您什么时候还回南京？”周恩来看着邵力子说：“总有一天要回南京来的！”既是对记者的回答，也是对邵力子的回答。

邵力子回到家中，在书房里一个人静思良久，忽然在写字台上铺好宣纸，挥毫写了陆放翁的两句诗：“山重水复疑无路，柳暗花明又一村。”他第二天请人裱好，挂在书房。

转眼到了1948年3月7日上午，有两个人来到国民参政会传达室声称：“有要事，求见邵力子先生。”邵的副官马德禄把这两位陌生人领到邵的办公室，邵力子并不认识，但他仍然热情接待。马德禄出去后，其中一位姓李的先生，撩开大衣，撕开内里的下摆，拿出一封折叠得很小的信，递给邵力子。邵力子接过信，打开一看，一眼就认出是董必武给自己的亲笔信。邵力子心里特别激动，一年前的种种情景又浮现在眼前。

1947年2月20日，南京国民党政府派军警包围了中共驻南京、上海、重庆的办事处，并限期在3月5日前，撤离全部人员，同时封闭《新华日报》社。周恩来2月28日打电报给蒋介石：“阁下业已决心内战到底，不惜以最后破裂关死一切谈判之门……请阁下以正式公函通知我方驻京代表董必武，须延长撤退期限至3月底。”

3月7日上午9点钟，董必武率领上海、南京两地的工作人员约70人，在南京机场乘飞机返回延安。当时邵力子、张治中与民盟代表罗隆基、叶笃义以及中外记者数十人到机场送行。邵力子紧紧握着董必武的手说：“请多保重。”

董必武说：“谢谢，我们再见之期，当在不远。”

邵力子说：“我等着那一天。”

今天邵力子看到了董老的亲笔信,人虽然没有见面,但和见面一样高兴。忙问来人:“董老身体可好?你们有什么事需要我帮忙吗?”

客人回答说:“董老身体很好,就是工作太忙了。我们这次来,主要是请您帮忙买点面粉运到解放区。目前解放区有钱也买不到粮食,特别是面粉和大米,更是奇缺,中央首长已半年没吃细粮啦。董老说,成人好办,但伤病员和中央机关保育院的孩子们,无论如何也得有点细粮补补身体。所以董老请您想点办法,他说,‘搞到1万斤不嫌少,10万斤不嫌多’。”

邵力子心想,在国统区不要说面粉、大米,就是粗粮也成了禁运品。凡大量用车船装运粮食,必须有粮食部门签发的准运证,否则,查获后不只没收粮食,还要惩办运粮人。邵力子想了一下,便给主管粮食调拨的徐恭让打了个电话,请他过来一趟。

徐恭让在1940年时曾做过李济深的秘书,后来又多年在邵的手下做秘书。1947年李济深去了香港,徐恭让又成了李、邵之间的联系人。邵力子对徐恭让的为人很放心。没多久,徐恭让来到办公室。邵力子对徐恭让说:“这两位客人想买一批粮食运到北方去,但没有运粮证,想请你帮忙搞一张。”

徐恭让问:“从哪里起运,发到哪里?”

客人说:“从上海装货,发往天津中转。”

徐恭让一听,心里明白了八九分,便说:“我的权限只能弄到不超过8万斤的准运证,多了要上面核准。”

客人说:“8万斤也行。”

第二天徐恭让把准运证拿来交给客人。为了保险起见,徐恭让征得邵力子的同意,又陪客人去上海,通过熟人,从孔祥熙经商的儿子孔令侃手中买出8万斤面粉,立即装船发往天津,然后又转运到华北区。

邵力子在与共产党合作方面,只要在他的权限内,只要他有能力办到,总是有求必应。

第六章

北平和谈前后

1948年冬，解放战争进入了第三个年头，国共双方军事力量的对比已经发生了巨大变化，我们与国民党反动派进行战略决战的时机已经成熟。从1948年9月12日至1949年1月31日，中国人民解放军对国民党军队发动了规模巨大的三次战略决战：辽沈战役从9月12日至11月2日，在辽宁西部和沈阳长春间进行。历时52天，毙伤敌军5.68万人，俘虏30.6万人，敌人投诚8.3万人，起义3.6万人；淮海战役，从11月6日至1949年1月10日，历时65天，共毙伤敌军17.1万人，俘虏敌人32.7人，敌人投诚2.8万人，起义28000人；平津战役从11月29日至1949年1月31日，历时64天，毙伤敌人29.9万人，俘虏23万人，敌人投诚8700人，改编25万人。这三次伟大的战役，共消灭国民党反动军队150多万人。

此时的国民党，在军事上，其精锐部队已丧失殆尽，再没有能与中共抗衡的基本力量；在政治上，一党专政，派系矛盾尖锐，内部分崩离析，特务任意逮捕、枪杀民主人士，民心已经丧尽；经济上，已临近彻底崩溃的边缘，民不聊生，无力支持战争。蒋介石已经彻底失去发动内战的本钱。

到1949年2月，东北、华北、华东、西北、中原各大解放区已经连成一片，长江中下游以北的广大地区，基本上全部解放。解放区的工业生产恢复迅速；翻身后的农民，当家做主，生活起了天翻地覆的变化。他们积极支援解放战争。在三大战役中，支前民工达703万人，参战民兵150万人，出担架40万副，手推车20万辆，粮食3.67亿斤。强大的中国人民解放军已经具备了横渡长江，彻底消灭国民党残余部队的条件。蒋家王朝覆灭的命运，已成定局。

在这种情况下，蒋介石策划了“下野”与“和平”的丑剧。蒋介石亲手导演的这次国共“和平谈判”,是两党在军事与政治上的最后一次较量,也是蒋介石在中国政治舞台上玩弄“和”、“战”两手的最后表演。

◆ 一、如梦方醒,幡然悔悟 ◆

1948 年 12 月 31 日下午,邵力子接到总统府的书面通知:晚 7 时,在黄埔路官邸便餐一叙。

晚 7 时,邵力子准时来到总统官邸。到会的有副总统李宗仁、行政院院长孙科、立法院院长童冠贤、监察院院长于右任、总统府秘书吴忠信及张治中、张群、张道藩、陈立夫、谷正纲、黄少谷等 40 多人。蒋介石情绪低沉地招呼大家就座吃饭。在就餐过程中,蒋介石板着面孔,不只没有笑容,也很少说话,一扫昔日的得意样子。大家也就沉闷着很快吃完晚餐。

晚餐毕,蒋介石仍然板着面孔,一字一顿地用宁波官话说:“现在局势严峻,党内有人主张和谈。我对于这样一个重大问题,不能不有所表示。已拟好一篇文告,准备在元旦发表。现在请岳军先生朗读一遍,征求大家的意见。”

文告称:“只要和议无害于国家独立完整,而有助于人民的休养生息;只要神圣的宪法不由我而违反,民主宪政不因此而破坏,中华民国的国体能够确保,中华民国的法统不致中断,军队有确实的保障,人民能够维持其自由生活方式与目前最低生活水准,则我个人更无复他求……只要和平果能实现,则个人的进退出处,绝不萦怀,而一惟国民的公意是从。”意思是“和谈”是可以的,但国民党政府的“法统”和“体制”是不能变更的,“个人”并不想就此下野,希望“国民”用“公意”来挽留。

张群把文告读完,大家鸦雀无声,客厅里死一般寂静。

还是蒋介石自己打破了沉默的局面,他问坐在他右侧的李宗仁:“德邻兄有何意见?”

李宗仁的头连侧转都没有,对着大家不动声色地说:“我与总统并无不同意见。”

这时张道藩等人极力反对发表这个文告,他们主张:“即使发表,也需把最后两句删掉。”

谷正纲甚至痛哭流涕地说:“总统绝对不能引退谋和啊!”

蒋介石在众叛亲离的情况下，心情十分复杂，愤怒、仇恨、悲痛、伤心、烦恼、苦闷，统统搅在一起。他厉声说：“我并不想离开，只是你们党员要我退职；我之愿引退，不是因为共党，而是因为本党的某一派系。”蒋介石说的“某一派系”谁都知道是指“桂系”。在场的人都盯着李宗仁，但李宗仁坐在蒋介石的身边，安之若素，不动声色。

蒋介石忽地一下站起来对张群说：“岳军先生，关于我要引退的意思，必须保留。”说完便愤然离开宴会厅。

邵力子回到家里，心里很不是滋味。他走进书房打开收音机，想听听共产党新华广播电台播什么消息。自从辽沈战役以来，邵力子经常收听新华社的广播。因为只有从这里才能得到确实可靠的消息，对国内时局才能作出正确的判断。当他把台选准后，新华广播电台正在广播新华社“1949年新年献词”——《将革命进行到底》。女播音员用清脆、明快、生机勃勃的嗓音播送着：

> 中国人民将要在伟大的解放战争中获得最后胜利，这一点，现在甚至我们的敌人也不怀疑了。
>
> ……
>
> 现在摆在中国人民、各民主党派、各人民团体面前的问题，是将革命进行到底呢，还是使革命半途而废呢？如果要使革命进行到底，那就是用革命的方法，坚决彻底干净全部地消灭一切反动势力……在全国范围内建立无产阶级领导的以工农联盟为主体的人民民主专政的共和国……使中华民族来一个大翻身……如果要使革命半途而废，那就是……使国民党赢得养好创伤的机会……猛扑过来，将革命扼死……两条路究竟选择那一条呢？……都必须考虑这个问题，都必须选择自己要走的路，都必须表明自己的态度。
>
> 以蒋介石等人为首的中国反动派，自1927年4月12日反革命政变至现在的20多年的漫长岁月中，难道还没有证明他们是一伙满身鲜血的杀人不眨眼的刽子手吗？……请大家想一想，从1936年12月“西安事变”以来，从1945年10月重庆谈判和1946年1月政治协商会议以来，中国人民对于这伙盗匪曾经做得何等仁至义尽，希望同他们建立国内的和平。但是一切善良的愿望改变了他们的阶级本性的一分一厘一毫一丝没有呢？……只有彻底地

消灭了中国反动派……中国才能有独立，才能有民主，才能有和平，这个真理难道还不明白吗？

……

中国人民决不怜惜蛇一样的恶人……有这么一种“国民党的自由主义人士”或非国民党的“自由主义人士”，他们劝告中国人民应该接受美国和国民党的“和平”，就是说，应该把帝国主义、封建主义和官僚资本主义的残余当做神物供养起来，以免这几种宝贝在世界上绝了种。

……

邵力子听完新华广播电台的广播，心里翻江倒海，痛苦不堪，瘫坐在沙发上一动不动。傅学文从卧室里走过来问：“你不舒服吗？”

邵力子说：“我刚刚听完新华社广播的新年献词《将革命进行到底》。有许多问题好像专门对我讲的。我跟随蒋介石风风雨雨，坎坎坷坷走过了二十几年的人生道路。‘西安事变’、‘庐山谈判’、‘重庆谈判’、‘政治协商会议’、国共两党的谈判我都亲自参加过。正像评论文章所说，共产党对国民党是仁至义尽。但蒋总统却一意孤行，打了三年祸国殃民的内战，自己不但没有壮大起来，原来的政权和军队很快就彻底地土崩瓦解，灰飞烟灭。过去蒋先生向来称共产党为‘共匪’，今天颠倒过来了，共产党称蒋先生为‘盗匪’、‘刽子手’。现在摆在我面前有两条路：一是跟着蒋匪继续与人民为敌；一是弃暗投明，拥护共产党，参加革命，打垮蒋匪帮。何去何从，必须尽快作出抉择。”

傅学文听完后，只是默默地坐在邵力子的身边，什么话也没说。

邵力子又说：“现在蒋先生又要打出‘和谈’的旗号。我是再也不会相信了。要和平，就应该诚心诚意。今天晚上听了蒋先生的《元旦文告》，看不出他有丝毫诚意。这种假和谈，只能是缓兵之计，以便卷土重来。”

傅学文问：“这次和谈，如果蒋先生让您出任代表怎么办？”

邵力子毫不含糊地说：“我是热衷于和平的，也曾为和平奔走呼号过。但都被蒋先生欺骗了。他说的是‘和平’，干的是‘战争’。我为真和平出力可以，为假和平出力不干！”

这一夜，邵力子和傅学文都没有睡好。

《元旦文告》终于在1949年1月1日按蒋介石的意思一字未动地发表了。蒋介石为何坚持这样做？蒋经国在这天的日记中写道："父亲近日曾缜密考虑引退问题，盖以在内外交迫的形势之下，必须放得下，提得起，抛弃腐朽，另起炉灶，排除万难，争取新生。"

1月4日上午，邵力子和张治中在南京介寿堂招待文化、新闻界人士。有位记者问他："邵先生，您对蒋总统的元旦文告如何看？"

邵力子两眼盯着记者看了一下说："我个人认为，文告中提出了和平谈判的五个条件，保留'宪法'和'法统'等等。在语气上含有招降的意味，很不妥当。十几年前还可以，如今时局不同了！"

记者接着问："依您看，和谈会不会进行？"

邵力子说："这要看和谈有无诚意，谈判条件是不是可行，玩弄假和谈的把戏，谋求达到别的目的，就不会进行和谈。"

1月5日早晨，邵力子想听听共产党对蒋介石的《元旦文告》有何反映，没想到一打开收音机，新华广播电台正在广播新华社的评论文章《评战犯求和》。尽管有些电波干扰，还是听得清清楚楚，一位男播音员正用洪亮、圆润的声音，播送文章的最后几段：

> 蒋介石说："要知道政府今天在军事、政治、经济无论哪一方面的力量，都要超过共产党几倍乃至几十倍。"哎呀呀，这么大的力量怎样会不叫人们吓得要死呢？姑且把政治、经济两方面的力量放在一边不去说它们，单就"军事力量"一方面来说，人民解放军现在有300多万人，"超过"这个数目一倍就是600多万人，10倍就是3000多万人，"几十倍"是多少呢？姑且算作20倍吧，就有6000多万人，无怪乎蒋总统要说"有决胜的把握"了。为什么求和呢？完全不是不能打，拿6000多万人压下去，世界上还有什么共产党或者什么别的党可以侥幸存在的呢，当然一概成了粉末。由此可见，求和不是为了别的，完全是"为民请命"。
>
> 新闻年年皆有，今年特别不同……这难道还不是一条特别新闻吗？
>
> 要问：这样的新闻是否在市场上还有销路？是否还值得人们看上一眼？根据我们所得的北平城内的消息是："元旦物价上午略跌，下午复原。"外国

通讯社说:“上海对于蒋介石新年致辞的反映是冷淡的。”这就答复了战犯蒋介石的销路问题。我们早就说过,蒋介石已经失了灵魂,只是一具僵尸,什么人也不相信他了。

邵力子听完广播,关掉收音机,重重地重复了一遍文章最末一句话:“什么人也不相信他了”,心里不停地翻滚,品味文章的余韵。心想:“文章一定出自大手笔,中共有人才。如今且不提蒋介石的军事、政治、经济各方面均不如中共,就凭他手下这些‘文胆’们,竟然能炮制出如此逻辑荒谬、推理可笑的‘文告’,贻笑天下,蒋介石也必定垮台。”

过了几天,有位老朋友悄悄对邵力子说:“中共的《将革命进行到底》和《评战犯求和》,你知道是哪位高手写的吗?有位去那边的熟人打电话说是毛泽东亲笔写的,他们正在那里学习讨论,热火朝天,和南京的死气沉沉简直是两个世界。”

邵力子如梦初醒:“噢!我估计这样气势磅礴的文章,一般人是写不来的。”

1月10日,从徐州前线传来消息:杜聿明被俘,几十万大军全军覆没。邵力子听到这个消息后,自言自语地说:“完了,彻底地完了!”

1月14日晚上,邵力子又收听到新华广播电台播送的《中共中央毛泽东主席关于时局的声明》。声明说:

> 为了迅速结束战争,实现真正的和平,减少人民的痛苦,中国共产党愿意和南京国民党反动政府及其他任何国民党地方政府和军事集团,在下列条件的基础之上进行和平谈判。这些条件是:1. 惩办战争罪犯;2. 废除伪宪法;3. 废除伪法统;4. 依据民主原则改编一切反动军队;5. 没收官僚资本;6. 改革土地制度;7. 废除卖国条约;8. 召开没有反动分子参加的政治协商会议,成立民主联合政府,接收南京国民党反动政府及其所属各级政府的一切权力。

邵力子听完广播后心想:这次蒋介石不想下野也得下野。中共在三篇文章中对蒋介石的政治生命已宣判了死刑,把蒋介石这具政治僵尸一脚踢开了。中共不再与蒋介石谈判,因为他是“中国第一号战争罪犯”是“国民党匪帮首领”,谈判的条件第一条就是“惩办战争罪犯”;蒋介石要维系的“宪法”、“法统”都是“伪”的,非法的，不能承认的，必须彻底废除。这就把蒋介石的整个如意算盘彻底打翻了。

邵力子觉得和平有望了。

◆ 二、邵力子直抒胸臆 ◆

1月13日，天津守敌陈长捷拒绝出城改编。人民解放军在14日发起总攻，于15日下午，解放天津。彻底关死了华北国民党残部从海上逃跑的大门。

1月16日，周恩来在李家庄与来解放区的民主人士座谈时，讲了形势的变化。周恩来说："形势的发展，实在是突飞猛进。目前战局已定，今年有把握打垮国民党。现在有的人已经觉得蒋介石跪在地上了，于是心就软起来。在这方面，鲁迅说得最坚决，落下水去的狗还要打。时局发展的趋向不外三种：第一种是改组政府，而且承认我们提出的八条；第二种是美国出兵，我们已经有了准备；第三种，继续打下去。北平若解放得早些，政协筹备会的工作更要加速进行。"

1月16日下午，蒋介石邀请邵力子、孙科、张治中、张群、吴铁城，和民主党负责人张君劢、青年党负责人左舜生等人到黄埔路官邸进晚餐。餐毕，蒋介石掏出白手帕，擦了擦额头上的虚汗，先"嗯""嗯"轻咳了两声，然后说："毛泽东前天提出了和平谈判的八项条件，他们的电台广播了，报纸也刊登了。估计在座的都已经知道了，所以就没有打印出来，也没这个必要。今天主要是请大家来谈谈，我们该怎么办？"

大家互相看看，谁也不想先发言。行政院院长孙科首先打破了沉寂说："中共所提八条，无疑是让我们无条件投降。和谈应该在对等的地位上进行才成。他们怎能以胜利者自居呢？"

邵力子听了孙科的话，觉得他简直是不正视现实，立即驳斥道："东北的辽沈战役，最近的徐蚌会战（淮海战役），昨天刚刚结束的天津战役（平津战役）。哪一个战役不是以我们失败，以中共胜利告终？人家本来就是胜利者嘛，我们还有什么话好说？在哪里去找对等的地位？"

陈立夫瞪着眼问："你是主张无条件投降啦？"

孙科愣了一下说："这才到了哪儿？他们才占了多大地面，长江以南、四川、云南、贵州、西藏、新疆、青海等等省份不都是我们的地盘！要谈胜利，为时尚早！"

张治中一看蒋介石脸色气得铁青，他知道总统要发火了，便急忙把话岔开说：

“我们不要争论与蒋先生要我们讨论的议题无关的事。如果打算和谈，我们应该采取哪些措施，提出什么条件，这才是正理。”

蒋介石的脸色才缓和过来，从牙缝里挤出几句话：“好哇，好哇！大家可以接着文白先生的话，敞开谈。”

于是大家七嘴八舌，莫衷一是，9 点刚过就散会了。蒋经国在当天的日记中写道：“邵力子公然主张‘无条件投降’。”

国共历次谈判都有邵力子和张治中为代表。这次国民党中许多人又再次酝酿和谈，自然又想到了邵力子和张治中二位。大家都希望他俩能再次积极从中斡旋，成立联合政府，以求天下太平。有一天，毛翼虎和金鸣盛来邵力子寓所商讨“和”与“战”的问题。

邵力子说：“现在和谈，虽然为时已晚，但‘和’总比‘战’好。我这是以实情相告。”

毛翼虎直率地说：“如今蒋先生哪里还敢谈‘战’，他还有这个力量吗？”

金鸣盛说：“几十年来，共产党在与国民党合作也好，分裂也罢，都表现了极大的诚意。今天再要谈‘和’，不知道中共会不会接受。”

邵力子说：“中共多年来都是主动表示，愿与国民党握手言欢，和衷共济，共同建国。但都被蒋先生以种种借口所拒绝。用共产党的话来说，蒋先生‘总想维护自己的独裁统治’，以致落得如此惨败，这完全是咎由自取。我多年来为和平疲于奔命，深知和平是要努力争取的。不到山穷水尽的地步，我们就不应放弃努力。只要蒋先生不是死死地抱着第一把交椅不放，我就愿意为和平奔走，力争成功。”

1 月 19 日上午，蒋介石召集孙科、张群、邵力子、张治中、吴忠信、吴铁城、陈立夫等要员，在黄埔路官邸召开紧急会议，研究和谈问题。

蒋介石仍然主持会议，他说：“徐州会战已经结束，杜聿明余部 3 万多人，自陈官庄西南方面突围，最后全部为共军消灭，局面发展到如此地步，个人引退已无遗憾。毛泽东对时局的声明已发表几天了，我已拟定了两个方案请大家来讨论定夺。一个是请李德邻出来谈判，谈妥了我再引退；另一个是我现在就引退，一切由李德邻来主持。”

蒋介石表面征求大家的意见，实则希望大家挽留。但众人噤若寒蝉，面面相觑。吴铁城感到有点难堪，想了许久，找了一个由头说：“鉴于此事关系重大，我建议召开一次中央常委会议,专门讨论。”

蒋介石见不得这种局面,火了:“不必了,不必了。什么中常会！我如今不是被共产党打倒的,而是被国民党打倒的。我再也不想进中央党部的大门!”

这时陈立夫眼泪汪汪地叫了一声“总统”,想说点什么。这时蒋介石不耐烦地把手一挥说:“算了,算了！我已决定采取第二方案。引退文告如何写,请大家研究。不过一定要把‘我既不能贯彻戡乱的主张,又何忍再为和平的障碍’这层意思写进去。文告由谁来起草呢?”

大家又是沉默,张治中鉴于陈布雷已于去年自杀,便说:“请邵力子先生起草吧,他的文章写得漂亮。”

邵力子听后一惊,心想:你明明知道我与蒋的谋和想法相去甚远,怎么偏提议让我起草?但转瞬间即镇静下来说:“我近几天身体不舒服,还是请其他先生代劳吧。”起草文告的事,终于被邵力子婉言谢绝。

此次会议决定:由行政院发表声明,愿国共双方先无条件停火,然后再派代表团谈判。

1月21日下午2时,蒋介石在黄埔路官邸主持召开国民党中央执行委员会常务委员会紧急会议,他首先分析了当时形势,最后说:“当前军事、政治、财政、外交皆濒于绝境,在目前情况下,我个人非引退不可,让德邻兄依法执行总统职权,与中共进行和谈。我于五年之内绝不干预政治,但愿从旁协助。”

蒋介石讲完话,随即将代拟的李宗仁接任总统职务的文告稿,交由李宗仁签字生效,然后宣布散会。于右任追至会议室门口说:“总裁,为和谈方便起见,可否请您在离京之前,下一手令,释放了张学良、杨虎城?”

蒋介石信口说:“您去找德邻先生商量。”

1月22日,南京政府公布了蒋介石代拟的李宗仁接任总统的文告。文告中说:“宗仁追随总统革命20余年,深知其处事……以国家人民为重……宗仁仰承督责,不容辞谢,唯有黾勉将事,效忠国家……”李宗仁读了报上刊登的这则文告,心里颇觉不快,大有当了“替罪羊”,处处被人操纵之感。

就在这一天,孙科领导的行政院作出决议:派邵力子、张治中、黄绍竑、彭昭贤、钟天心组成和谈代表团,邵力子为首席代表。待中共确定了代表名单后,双方商定谈判地点,立即进行和平谈判。邵力子马上找孙科说:“我可以充任谈判代表，但万万不能做首席代表。”孙科勉强答应下来。

1月23日，李宗仁立即电邀李济深、章伯钧、张东荪等人共同策划“和平运动”；然后又派邵力子去上海访问宋庆龄、章士钊、颜惠卿、黄炎培、罗隆基、张澜等，希望他们为和谈做些促进工作。

1月31日，邵力子又陪李宗仁乘飞机专程去上海会见颜惠庆、章士钊、江庸等，尽力延揽“第三方面人士”为和平谈判出力。

邵力子在上海曾对访问他的记者发表谈话说：“国共双方过去有多年的裂痕，这次战争又如此残酷，而最近双方的表示，距离也是很远的。所以我感到这次的使命，十分困难。但是，和平是实在很需要的。为保持国家之元气和减少人民的痛苦，大家都迫切需要和平。国共双方也都有这样的看法，所以我又相信我们的使命能够达到，能够促进和平的成功。我们代表同人愿意尽力使和谈能圆满进行，同时使实际的战争能够停止。我们诚恳希望中共早点答复，并提出商谈的地点，使双方的谈判早日进行。政府派我为代表，我当然义不容辞。不过要做首席代表，则才能和精力，我都不能胜任，已向孙院长恳辞。”

2月3日，陪李宗仁再去上海。上午参加李宗仁召开的内阁会议。下午参加各党派联席会议。

2月8日，陪李宗仁再次到上海联系。李宗仁经过与各方面的人协商，最后决定组成以颜惠庆、章士钊、江庸为代表的“上海人民和平代表团”。邵力子以私人资格参加。李宗仁说：“和平代表团北上的目的，是敲开和平之门。”

邵力子则说：“和平之门不用敲，始终敞开着哩。我们应有诚恳的和谈态度，否则，去北平就没有多大意义了。”

2月12日晚上，邵力子在李宗仁举行的欢送宴会上说：“和谈前途困难很多，但希望很大。我能担负此任，非常高兴，愿为和谈的实现而努力。”

2月13日上午10时许，“上海人民和平代表团”的几位老人到龙华机场，乘中航专机飞北平。随行的有黄启汉和负责联系南北通电通邮的金山，及四位老先生的秘书潘伯膺、张丰胄等随行人员。

当代表团的成员登上飞机后，发现前些时与中共联系的刘仲华的妻子与三个孩子和黄启汉的妻子李素平已在飞机上。这引起了四位老人的注意，但谁也没有说什么。在历史性的关键时刻，家属也随机北上，大家都明白其中原委，但都心照不宣。由人及己，邵力子对此想得更多些。

◆ 三、“和平”最受欢迎 ◆

毛泽东获悉“上海人民和平代表团”起程来北平时，在2月14日即拍电报给叶剑英并告知林彪、罗荣桓、聂荣臻、彭真等人：要他们对“代表团”“招待要周到，谈话要恳切”。“如他们愿意和北平民主人士谈话，你们应允许和介绍。”“傅作义、邓宝珊和他们见面，应允许。如他们想单独谈，不愿我们的人参加，我们也可不参加。”“如他们要求到石家庄和中央的人见面商谈，你们也允许转达中央请示。”

“上海人民和平代表团”于2月14日下午到达北平。到机场欢迎的有北平市市长的代表王拓、副市长徐冰等人。他们都身穿灰色棉军装，个个显得朴实、英武。王拓、徐冰等人对四位老人不仅嘘寒问暖，还亲自搀扶他们上了汽车。

当汽车驶进北平城以后，邵力子为街上焕然一新的景象，感到十分意外。因为解放军入城不到半月的时间，古城的街道已被打扫得干干净净。春节刚过不久，市民的脸上挂着笑容，街上老人带着孩子们平和地散步，年轻人都兴高采烈忙着自己的事情，丝毫没有经历一场大的战役和历史变迁的迹象，更不像南京、上海那样，商店关门停业，市场萧条，物价飞涨，春节刚过不久，市民们终日惶恐不安。邵力子心想，共产党不是“土包子”，他们不仅善于发动群众搞土改，能征善战，管理大城市也很在行。

当晚，邵力子等四位老人，被安置在东交民巷的六国饭店下榻。

2月15日上午9点多，北平市市长叶剑英来看望四位老人。他一走进会客厅，老人们就都站起来，叶剑英忙上前握手，逐一问候。他待老先生们入座之后说：“昨天晚上临时有个会，没能来看望各位先生，请多包涵。”

颜惠庆说：“我们都是熟人了，不必客气。我今年已经七十有三，又患有心脏病，平生还没有坐过飞机。但是，为了和平，就顾不得这些了。”

章士钊在北洋军阀时代当过教育总长，无党无派，为人正直，他说：“为了和平，不顾风险，我愿为沟通两党的关系尽绵薄之力。”

江庸老先生说：“我北来的任务是受邮电局的委托，想商谈一下南北通电、通邮问题。”

邵力子说话诙谐幽默，他说："我们四个人中，我是最年轻的，是68岁的小弟弟，所以他们在各方面都让着我。我这次来北平，是个跑龙套的，不代表任何人。所以，说什么话都随便，说对，说错，大家多包涵。"他的话一落音，众人就笑了。

当晚，叶剑英以北平市政府的名义设宴盛情欢迎四位老人。出席欢迎宴会的还有董必武、聂荣臻、薄一波、傅作义、邓宝珊等人。

邵力子在宴会上见到董必武，两位老人的四只手紧紧地握在一起。董老首先说："您好！去年春天您帮我们搞到的8万斤面粉，真解决了不少困难。我代表那些受益的伤病员和保育院的孩子们感谢您！"

邵力子说："那是应该做的，不足道。我的权力有限，搞到的面粉太少了。今后争取为解放战争多作点贡献。"

叶剑英的宴请，可谓旧友重逢，在宴席间，大家畅所欲言，无所不谈，气氛十分融洽。江庸借着吃饭之际，向叶剑英提出通电、通邮问题。叶剑英说："这个问题好解决，明天您让金山先生去找我。我给他开一封华北人民政府的介绍信，到天津去办理就行了。"

坐在旁边的邵力子，通过这件事认识到共产党办事效率之高，速度之快，是国民党官僚机构永远做不到的。过去他觉得共产党"小米加步枪"的军队，在两年半多点的时间内，消灭了国民党"飞机加大炮"的军队，共计191个旅（内有96个整旅）和147个师（内有111个整师），有点不可理解，现在他完全理解了。

宴会后，有关人员送来了解放区新出版的许多书报、杂志。其中有晋察冀边区新华书店出版的《毛泽东选集》，四个老人每人一本，他们捧在手里，特别高兴。当晚，邵力子回到六国饭店，就读到深夜。第二天早晨，邵力子对章士钊说："读过毛润之的文章，过去有许多不懂的道理，现在清楚了。"

2月17日晚上，北平市政府举行欢迎宴会。在宴会上副市长徐冰热情洋溢地致欢迎词说："希望各位代表把在北平听到的，看到的，告诉江南的父老乡亲，告诉国民党政府的上上下下。我们共产党说话是算数的，和谈是诚心诚意的……"

18日上午，叶剑英又到六国饭店看望四位老人，再次恳切长谈，再三表示共产党对和谈的诚意，最后他说："只要南京政府对和平确有诚意就好。"

20日晚上，中共北平市委在北平饭店举行盛大宴会，欢迎刚从哈尔滨和西柏坡集中来的各党各派、无党无派的民主人士，以及科学、文化、艺术界的代表。还有刚起义的傅作义、邓宝珊等将领,“上海人民和平代表团”也应邀出席了宴会。400 多位客人齐聚一堂,个个喜笑颜开。

宴会前,这些来自国内外的民主人士,都是老朋友,有的共事多年,有的共同与国民党反动派斗争过。今天,在解放战争胜利的前夕,骤然相会在获得新生的古都北平,激动的心情是难以言表的。他们都在关心着国家的命运,议论着民族的前途。

许多人围着傅作义,七嘴八舌地称赞他。

“宜生(傅作义的字),您这步棋走对了。保护了古都和人民不受损害,成了人民的功臣,否则便是千古罪人。”

“宜生,您为那些还为蒋介石卖命的国民党将领做出了榜样。”

邵力子和傅作义更是老熟人,挤到他的身边说:“宜生先生,江南人民都在称赞你啊!有空我俩一定好好谈谈。”

站在旁边的李济深,以老大哥的口气对身边的邵力子说:“我在香港的时候就托黄启汉先生捎信给健生(白崇禧的字)了。你们回去告诉德邻和健生,不要再犹豫了,千万不要理睬蒋介石那一套,一定要当机立断,按照毛润之提出的八条办事。时不待我,机不再来啊……”

宴会开始,叶剑英首先致辞,他先向与会朋友致以亲切的敬意和问候,然后有针对性地讲:“现在全国人民企盼和平,共产党对和平谈判是有诚意的。但如果某些人想利用和谈备战,甚至妄想利用美帝国主义的支援,伺机向人民反扑过来,我们是不允许的……和平、民主、统一,建设新中国,这是全国人民的愿望。实现和平,有两种方式:一种是天津方式,就是以人民的武装力量粉碎负隅顽抗的反动军队,彻底扫除和平、民主、统一的障碍。中国人民解放军有足够的力量……一种是北平方式,就是通过谈判解决问题。从中国共产党的愿望来说,希望用北平方式,因为这样可以减少人民的损失。但这取决于国民党是否以人民的利益为重,以民族的利益为重,能否改弦易辙……我想,傅作义将军能做到的事,其他的国民党将领也可以做到!”

这时全场响起一阵热烈的掌声。叶剑英看了看邵力子和颜惠庆等人,又继续说:“希望上海人民的代表们和邵老先生,南返后向人民转达中共的意思,让南、北方人民共同为永久的和平而努力!”

随后邵力子致辞说："现在全国人民终日盼望的就是停止战争，实现和平。和平最受欢迎。我这次来北平是谋求和平的。和平是'野火烧不尽，春风吹又生'，它生命力最旺盛。它能取代战争，而战争不能取代它，战争一时盛行也是暂时的。我希望和平障碍能够迅速扫除。我此来不代表任何方面，仅仅是传递江南人民的心愿，他们日夜企盼和平。他们宁愿选北平式的和平，不愿选天津式的和平。"邵力子的话，赢得了全场热烈的掌声。

叶剑英同志此时举起酒杯，兴致勃勃地说："让我们为和平的早日实现而干杯吧！"

宴会后，许多民主人士围着邵力子和颜惠庆等代表热烈握手，殷切地希望他们劝说李宗仁、白崇禧与蒋介石彻底决裂，争取用北平方式实现和平。这时叶剑英走过来，拉着邵力子的手对四位老人说："各位先生，告诉你们一个意外的好消息，毛主席和周副主席来电话通知，准备在石家庄接见你们。傅作义、邓宝珊将军也一起前往。"

2 月 22 日，邵力子和颜惠庆与傅作义、邓宝珊等人乘飞机到了石家庄。

◆ 四、"我很想留下来" ◆

2 月 22 日中午，邵力子等人在石家庄郊区机场下了飞机，一眼就看见李维汉和杨尚昆两人在向他们热情地招手。邵力子在南京与李维汉、在西安与杨尚昆不知打过多少次交道，没想到在这里又见面了。嘴里默默地说："走到哪里都有朋友。"

他们乘坐的吉普车，沿着一条黄土大道，朝西北方向飞驰而去，不久就进入山区，汽车在曲曲折折的土路上颠簸前进。约摸走了 70 多华里，在一个小山村的村边上停了下来。李维汉对邵力子说："西柏坡到了。"

他们放眼四望，西柏坡不过百多户人家。农民的住房多是土坯垒成的平顶房，院墙也是用土夯起来的。有的人家是小小的木板门，有的是用树枝或者高粱秆编成的栅栏门，还有的户干脆没有门，只是个豁口。李维汉领着邵力子等人在村子里的小街上跨过一道沟，走上一个坡，来到后沟的招待所。他们没有立即进屋，仍然站在院子里四面端详。

邵力子惊奇地问李维汉："润之先生和恩来先生就住在这个村子里？"

李维汉看着邵力子惊异的目光，平静地说："对，就住在这里，已经有八个多月了。在这之前，住的也是这样的山村。"

邵力子又问："就是住在这样的土坯屋子里部署、指挥了辽沈、淮海、平津三大战役？"

李维汉说："是啊！"

四位老人和傅作义、邓宝珊将军怎么也想不到，与南京总统府对垒的，在142天之内，指挥打了三大战役，消灭了国民党150多万军队的指挥部，竟然设在这样一个偏僻的小山村的土坯屋里。他们几个人感慨不已。

邵力子说："这样的土坯屋子，不要说与南京城的总统府、上海的洋楼无法比，就连江南水乡农村的瓦舍也比这些房子强好多倍。"

颜惠庆老人说："伟大出于平凡啊，一点不假。"

章士钊说："没有艰苦的生活如何获得胜利，没有腐化堕落怎能失败！"

傅作义听了这些感慨，心里很不是滋味，悔恨、痛苦、惭愧，一齐涌上心头。就在一年前，他的"华北剿总"侦察到中共中央就在阜平城南庄，立即派飞机去炸，却一无所得，而派进去的特务却被中共捕捉了。此后再也不知道中共中央在何处了。这次来石家庄，还以为中共中央设在石家庄，不料仍在山沟里。

大家正在议论，一个非常熟悉的声音传来："哎哟，有失远迎，有失远迎！"邵力子为之一振，他扭头一看，只见周恩来健步迈进了院门，边走边伸着手热情招呼。他和战士们一样，也是一身灰色棉军装，头上戴一顶灰军帽，脚蹬一双军棉鞋，虽然不是往日在重庆、南京时的西装革履，看上去稍显臃肿，但那机智、聪慧过人的气质，往日的潇洒风度依然如故。邵力子脑际马上闪过1925年7月间，他在黄埔军校和周恩来第一次见面的情景，那时也是一身灰军装，也是这样热情。

周恩来与邵力于是老朋友了。自从在上海分手之后，一个代表共产党，一个代表国民党，从重庆到南京，两个人在谈判桌上打过无数次交道。今天两位老朋友在新的形势下，在华北的一个小山村的农家小院里重逢，都显得格外高兴。周恩来深情地注视着邵力子，邵力子激动地看着周恩来，两个人的四只手紧紧地握在一起。周恩来说："老朋友，欢迎您！我们终于又走到一起来了。"

邵力子说："1946年11月您离开南京时，我心里一片茫然，不知何时再见。两年多一点，有这样大的变化，真是想不到啊！"

周恩来笑笑说："今后的形势发展将更快，请您作好思想准备噢！"周恩来说这句话的时候边看邵力子，边冲着其他代表和傅、邓两位将军微笑。意思是这话既是对邵力子说的，也是向其他人打招呼。

周恩来陪着四位老人和傅、邓两将军，在招待所吃了午饭。不久，毛泽东就乘吉普车赶来，和周恩来一起接见上海代表团。

后沟的招待所，房间都不宽敞，小方格的窗户用纸糊着，屋里生着煤火炉。外面天气虽然是冷飕飕的，但屋子里的气氛却是暖烘烘的，老人们的心里无不是热乎乎的。

毛泽东说："欢迎你们，非常欢迎你们来西柏坡。叶剑英来电话说，所有的问题都和各位谈过了。我也就不再重复了。请你们到这里来，主要是想见个面，老朋友叙叙旧。"

毛泽东、周恩来和四位老先生一叙旧，又扯到过去的历史，毛泽东说："国共第一次合作，取得了北伐战争的胜利，可是蒋介石来了个'四一二'大屠杀，夺取了北伐的胜利果实，逼得共产党不得不走武装斗争的道路；第二次国共合作，取得了抗日战争的胜利，蒋介石又故伎重演，依靠美帝国主义挑起了全国规模的内战，我们不得不奋起自卫。这些历史，在座的诸位都是亲身经历的吧！"

颜惠庆乘机呈上李宗仁给毛主席的信说："现在蒋介石总算下台了，李代总统公开表示：愿以中共提出的八项条件为基础进行和谈，我们来的目的就是希望早日实现和谈。"

毛泽东微微笑着看了看周恩来，又转向四位老先生，说："蒋介石的下野和言和都是假的，目的是为了备战。据我们掌握的可靠消息：他计划在三个月到六个月内再扩充150万到200万军队，准备卷土重来，一巴掌把我们打下去。蒋介石的'下野'是为了欺骗人民，欺骗我们。我们不能再上当了。"

周恩来补充说："我们要的是真和平，不是假和平、真备战。在时间上，我们也不能再拖。"

邵力子说："据我看，李德邻先生和谈的决心还是很大的。"

周恩来说："决心大小要看实际行动。如果他能摆脱蒋介石的控制，像傅作义将军那样，和平解决战争问题，我们就非常欢迎。"

毛泽东说："好了，今天咱们就先谈到这里。几天来，旅途劳累，你们几位也该休息一下。和谈的具体问题,你们可以和恩来同志交换意见。”

2月24日上午,毛泽东和周恩来再一次与上海代表团的代表举行非正式会谈。达成八点秘密协定。协定全文如下:

1. 谈判以中共与南京政府各派同数代表为之,地点在石家庄或北平。

2. 谈判方式取绝对秘密及速议速决。

3. 谈判以中共1月14日声明及所提八条为基础,一经成立协议立即开始执行。其中有些部分须待联合政府办理者,在联合政府成立后执行之。

4. 谈判协议发表后,南京政府团结力量与中共共同克服可能发生之困难。

5. 迅速召集新政协成立民主联合政府。

6. 南京政府参加新政协及参加联合政府之人选,由中共(包括民主人士)与南京政府商定之。

7. 南方工商业按照原来环境,依据中共城市政策,充分保障实施。

8. 有步骤地解决土地问题,一般先进行减租减息,后进行分配土地。

上述秘密协定达成后,交由代表团带回,只许交给李宗仁,不得向任何人透露。

24日中午,周恩来在后沟招待所为四老和傅作义、邓宝珊两将军饯行。桌面上没有名贵的山珍海味,却也丰盛。

周恩来端起酒杯说:“本来毛主席要来,因为临时有事不得脱身,让我代他为诸位送行,祝愿和平早日实现;祝大家一路顺风,万事如意。”

邵力子等先生也举起酒杯,向周恩来答谢。

周恩来说:“这里的条件比不上南京和北平,我们略备薄酒以表达我们的心意。待全国实现和平,成立联合政府之日,我们再好好庆祝一番。”

宴罢。代表团临出发前,周恩来把毛泽东给李宗仁的信交给颜惠庆说:“请妥为转呈。”代表团和两位将军仍由李维汉陪着,乘吉普车到石家庄乘飞机,转回北平。

晚上,四位老人在六国饭店关起门来,又议论起去西柏坡的感受。

颜惠庆说:“毛润之先生真是宽宏大量,站得高,看得远,有气魄。”

邵力子说:“共产党从上到下都是要诚心诚意进行和谈。我们在毛主席面前也替李宗仁讲了许多好话,就是担心他到时不能与蒋介石决裂,果断地像傅作义那样站过来。”

章士钊说:“我最担心的也是这一点。”

江庸说:“我们努力为之吧,能做到什么程度算什么程度。”

邵力子说:“也只能如此,死马当活马治,这也不失为一种办法。”

2月26日,邵力子与颜惠庆等人,在六国饭店举行告别宴会。宴请北平市的党政军各界首长。出席宴会的有林彪、叶剑英、聂荣臻、董必武、罗荣桓、薄一波、徐冰等,傅作义、邓宝珊也应邀出席。

晚上近9点,宴会才在热烈的掌声中结束。四位老人送客一直到饭店门外,他们看着各位党政军首长的轿车远离饭店而去。

当四位老人走进饭店的大厅,叶剑英从沙发上站起来,又陪着四位老人上了楼。他边走边问:“各位先生明天就要南归,有什么事需要办,尽管说,不要客气。”

老人们都说:“北平市党政各界都十分热情,我们非常感谢。回到南京,我们把中共对和谈的诚恳态度,如实告诉李宗仁、白崇禧等决策人物。”

叶剑英这时又握住邵力子的手轻轻说:“毛润之先生和周恩来先生让我征求您的意见,您是以个人身份来的,不像他们,你没有回去汇报的任务,可否留下来?参加即将召开的新政治协商会议。”

邵力子听了十分感动,几十年仕途坎坷,唯有共产党对自己最关怀,最尊重,他想到这里,两眼湿润了,说:“我十分感谢毛主席和周副主席对我的关怀!我很想留下来,不过此次我还须回去,为了实现和平,我回去要与德邻先生好好谈谈。真若和谈,我还会再来的。”

2月27日上午,四位老人去机场前,又到北平饭店与李济深、李德全、沈钧儒、章伯钧等人告别。这些民主人士,无不劝告他们,回到南京要小心,对蒋介石等人不要有任何幻想。

2月27日中午,“上海人民和平代表团”乘坐的飞机在南京降落,到机场迎接的有李宗仁代表李宇清、于右任、童冠贤、吴铁城、何应钦、白崇禧、张治中、翁文灏、吴忠信、徐永昌等，记者尤多。由张丰胄代表四老宣读书面谈话：“全国人民都希望和平，政府和共产党双方也都希望和平。现在和平之门已开，虽然困难尚多，而希望甚大。和平代表团此行任务已了。今后和谈进行，当由政府和共产党双方开会商讨……”

晚上，李宗仁设宴招待四老，作陪的有于右任、张治中、何应钦、白崇禧。李宗仁讲话之后，邵力子讲话，表示“愿为和谈实现而努力”。

2 月 28 日中午，四老又出席孙科、于右任、童冠贤等人联合举行的洗尘宴会。邵力子在颜惠庆发言后，致答谢词。

3 月 2 日，“上海人民和平代表团”飞返上海。邵力子知道陈仪被免去浙江省政府主席，在上海被汤恩伯扣留。邵力子还听说，上海的特务头子毛森扬言说：“凡是主和的都是秦桧，都要清算，我准备用手枪对付他们！”因此，邵力子便打消了去沪意向，决心留在南京，住在于右任家，这样也便于做李宗仁的思想工作。

◆ 五、邵老未雨绸缪，周公质问文白 ◆

1949 年 3 月 24 日，何应钦接替孙科任行政院院长之职。在首次政务会上，又组成以邵力子为首席代表，张治中、黄绍竑、章士钊、李蒸为代表的“南京政府和平商谈代表团”。28 日，又增加刘斐为代表。邵力子仍然向何应钦坚辞首席代表，后改由张治中担任。

3 月底的一天晚上，邵力子与夫人傅学文去拜访孙越崎。孙越崎是中国著名的地矿专家，在国民政府中担任过资源委员会委员长、经济部长等职。他青年时代在复旦公学读书时，邵力子曾教过他的文学课，有师生之谊。后来孙越崎任陕北油田勘探处处长时，邵力子当时任陕西省主席，曾大力支持他的工作。抗战期间，邵力子由南京撤到武汉，他在孙越崎家住了一年多。一直到往重庆撤退，才离开。邵力子和孙越崎交往甚密，两个人无话不谈。在代表团马上离开南京赴北平和谈之际，邵力子夫妇突然来访，孙越崎意识到可能有要事相托，便问：“您去北方和谈家里都安排好了没有？”

邵力子说：“今晚就是为这事专门来找您的。目前的和谈表面是李宗仁主持，实际是蒋介石在幕后操纵，成功的希望非常渺茫。如果和谈不成，我就留在北平不回来了。因此，学文想和我一块去北平。但现在外面谣言四起，说我不是去和谈的，是出卖国民党，投奔共产党去的。如果学文与我一起走，谣言会更多，不利于和谈。不走吧，她一个人留在南京有危险，搞得我进退两难。您看如何是好?”

傅学文还是坚持说:“我不敢一个人留在南京，想和你一块去北平。”

孙越崎想了想说:“诚如邵先生所说，如果一块走，谣言四起，不只对和谈不利，对邵先生也不利。我看夫人还是暂时留下来好。如果和谈失败，邵先生知道得最早。现在正是换季的时候，到时邵先生给我发一个电报，说‘要衣服’。我就立即买机票，把夫人送到香港，然后再设法去北平。这样也没有危险。”孙越崎显得很有把握，事情就这样定下来了。

代表团临起程的头天晚上，老朋友唐振绪忽然找到邵力子家。他听说邵老在北方受到了毛泽东和周恩来的亲切接见，便产生了投奔解放区，早点干革命的想法。他恳切地对邵力子说:“请您把我带到北平去，我实在不想在这里主持学校的工作了。”

邵力子说:“那怎么行啊!”

唐振绪说:“就说我是您的秘书。”

邵力子说:“我已经有了秘书，怎么又有一个秘书呢? 再说上海唐山交通大学是一所历史悠久、很有名气的大学。你主持校务，责任重大。应该尽一切可能把学校完整地保存下来。目前学校正值危急存亡的关键时刻，不能片刻无人负责。如果你能把这所大学维护好，待解放军入城后，你把一所完整的学校交给中共，比这时双手空空去北平见毛润之先生、周恩来先生要好得多啊。”

唐振绪听了邵力子的劝告，安心地留下来。

4月1日上午，张治中和邵力子、章士钊等代表和秘书长郁文，秘书张丰胄等代表团成员，乘车来到明故宫机场。候机室里已经聚集了国民政府的许多党政军要员，立法院还特意放假半天，让全体公务人员来机场送行。代表团临登机前，由顾问李俊龙宣读了代表团的书面谈话:

我们此次奉政府之命，到北平去和中共进行和平商谈，深感责任重大，实有如临深渊，如履薄冰的心情。我们也知道在这次和谈进程中，当不免遭遇到若干困难，但是我们相信双方商谈，似无不可克服的困难。我们当谨慎地秉承政府旨意，以最大的诚意和中共方面进行商谈。希望能够获得协议，使真正的永久的和平得以早日实现，以慰全国同胞殷切的期望。甚望爱好和平的各界人士们，随时给我们指导、督促和支持。

这时，中国航空公司“天王号”专机已缓慢滑至候机室门外不远的地方。代表们在亲友们的伴送下，提着箱子，拿着简单的行李，走出候机室，和亲友告别，然后登机。张治中是最后一个登机的，他登上舷梯的顶端，扭转身子对着送行的人们激动地说：“尊敬的先生们、长官们、立委先生们！各位这样盛情欢送代表团，我们非常感激。我们知道，这是对我们的鼓励。我们一定要尽最大的努力，争取和谈成功，以慰各位先生对和平的殷切期望。”然后他挥了挥手，扭身走进机舱。机舱的门刚刚关闭，飞机已向跑道滑过去，转眼就飞上了蓝天。

下午3点，“天王号”飞机降落在北平西苑机场。张治中等人走下舷梯，只见欢迎的人寥寥无几。张治中一个也不认识。经介绍，知道欢迎者有中共和谈代表团秘书长齐燕铭、北平市副市长徐冰、东北野战军参谋长刘亚楼等人。规格显然低了些，张治中的脸色显然有些不快，他心想，周恩来忙不能到机场来接，叶剑英或董必武应该来吧？

邵力子和章士钊2月份来过北平，已经和徐冰很熟了，三个人便走到一起，握手问候，显得十分亲热。

张治中等代表上了汽车，一直被送到东交民巷六国饭店。他们一下汽车，看到饭店的门上贴着两条标语：“欢迎真和平！”“反对假和平！”张治中和邵力子感到气氛不对。心想：“还没有谈判，怎么知道是假和平呢？”

张治中被服务人员领到卧室，洗了脸，一个人躺在床上想问题。他与周恩来几十年的交往，又一幕幕出现在眼前：自1925年初，张治中在黄埔军校与周恩来相识，便成了非常要好的朋友；抗战初期，蒋介石实行焦土抗战，长沙大火后，正当多方对张治中责难、落井下石之际，只有周恩来对他持谅解态度，为他说公道话，帮他多次修改《长沙大火真相说明》，使他终生难忘；“重庆谈判”，张治中三去延安，传为佳话；整军谈判中，两人同在“军事三人小组”，同乘一架飞机，行程7000余里，历经九省十几个城市，亲如兄弟般解决两党争端……今天为什么如此怠慢？张治中百思不得其解。

晚上，欢迎宴会之后，代表团成员多数都被请到长安大戏院看文娱节目去了。

周恩来和林伯渠邀张治中和邵力子留下来，四个人单独会谈。

四个人都坐下来之后，周恩来开门见山地说："文白先生，我想问你。你明知道我们不想与蒋介石谈判，这次和谈也不是以他为谈判对象，你为什么要在来北平之前到溪口去见蒋介石呢？"周恩来的质问使张治中感到吃惊，他此时才明白周恩来不到机场迎接他的原因。

张治中刚要解释，周恩来又接着说："你这样做，完全是为了加强蒋介石的地位，起了混淆视听，破坏和谈的作用。同时也充分证明蒋介石下野是假，实际上他还在幕后操纵。"

张治中万没有想到他的溪口之行会惹得周恩来如此生气，他忙解释说："恩来兄，千万不要误会，一不是蒋介石叫我去的，二不是德邻先生派我去的。是我自己要去的。我为什么在来北平前去见蒋先生呢？一则，他虽然下野，但仍然握有实权。我们虽然接受了毛先生所提八条作为谈判基础，但蒋先生能同意到何种程度，不清楚，我得去摸个底。二则，蒋先生虽然不当总统了，但他还是国民党的总裁，我们六位代表中，除章行严先生是无党无派者外，其他人都是国民党员，我代表这些党员也有责任去看望他。三则，宁沪一些人纷纷发表言论、打电报，提出许多主张，给和谈制造许多障碍和阻力，我到溪口去见蒋先生，回到南京马上发表新闻，强调蒋先生愿意和谈，一切由李德邻先生主持，这样就打击了反对派的气焰，这不是有利于和谈吗？"

周恩来仍然严肃地反问张治中："文白兄，你能说蒋介石真的愿意和平吗？你认为蒋介石真的安心终老故乡吗？如果是真的，为什么要在溪口架设七部电台？为什么许多将领被不断召去溪口？这是为了和平、为了养老？"

这时邵力子插话说："恩来先生，据我所知，文白兄的溪口之行，用心还是好的，他是诚心诚意为和平而奔走。文白有文白的难处，您也应设身处地为他想想。我之所以几次辞掉首席代表的职务，就是深知这副担子不好挑哇！"

周恩来说："您说的情况我完全理解，今天我们是对事，不是对文白先生本人。你们口口声声说是代表南京政府，李代总统是诚心诚意地要和平，我再给你们举出一件事。今天上午，就在你们的飞机起飞不久，南京的学生们上街游行，要求南京政府接受我们提出的八项条件，学生们的要求有何错？李宗仁不是答应要以这八项条件作为和谈基础吗？为什么还要出动军警、特务镇压学生，造成学生伤亡？

发生这样的惨案，怎么能让我们相信南京政府的和谈诚意呢？”

张治中和邵力子听说此事后大吃一惊。张治中说：“竟然发生这样的流血事件，太卑鄙无耻了！这一定是南京卫戍司令张耀明干的，他是蒋先生的红人，太猖狂了！”

邵力子也说：“发生这样的事，是我们代表团不能容忍的。我们一定要求李代总统查清楚，严惩特务和暴徒，保证和谈顺利进行。”

张治中说：“我们今天晚上就与南京联系，让李德邻先生查清事实真相。”

周恩来说：“南京政府真若有和谈诚意，就应该从严肃处理南京惨案为起点，严惩罪魁祸首蒋介石、汤恩伯、张耀明，逮捕制造流血事件的暴徒特务。”

张治中说：“我们完全同意您的意见。”

这时周恩来的态度才缓和下来，与张治中、邵力子商量和谈的具体日程和细节。

◆ 六、路只有一条，“向人民靠拢” ◆

4 月 2 日，国共代表开始一对一单独会谈。周恩来与张治中，林伯渠与章士钊，李维汉与邵力子等。晚上，共产党的代表们集中在小会议室里，向周恩来汇报一天会谈的情况：国民党的六位代表，除了邵力子认为国民党应负内战责任，同意惩办战犯外，其他五位代表都不同意惩办战犯，还提出立即停战，不要过江的不合理要求。

周恩来听完大家的汇报后说：“南京的代表团是真接受我们的八条原则，还是假接受？他们是代表溪口蒋介石，还是代表南京李宗仁？这些原则问题必须弄清楚，否则，不能谈判。同志们先回去休息，今天就谈到这里。”

林伯渠等代表走了之后，周恩来立即让秘书长齐燕铭打电话，请李宗仁派来的联络员黄启汉来到会议室。周恩来直截了当地说：“黄先生，通过这两天我们和南京代表的接触发现，除了邵先生同意惩办战争罪犯外，其他人都不同意。他们还要求立即停战，不过江。李宗仁先生不是接受毛主席提出的八项条件吗？怎么代表团来了又变卦了呢？另外，代表团临来之前，还到溪口请示蒋介石。那么，这个代表团是代表谁呢？如果代表蒋介石，我们就不谈判了。”

黄启汉看着周恩来的严肃神态，心里打起鼓来，马上说：“这些原则问题，只有李代总统能解释清楚。如果必要，我可以回南京问清楚。”

周恩来说："我同意你的意见，请你准备明天下午回南京。天很晚了，影响了你的休息，很抱歉。"

周恩来送走黄启汉，已经凌晨1点了。他立即驱车来到香山双清别墅，这时毛泽东正在聚精会神地审批各种文件。

毛主席听完周恩来的汇报后说："我同意让黄启汉回南京问清情况。现在看来，南京政府存在幻想，蒋介石有阴谋。必须粉碎他们的幻想，戳穿他们的阴谋，给南京政府指明一条路。我来做一篇文章，题目就叫《南京政府向何处去?》，你看好吗?"

周恩来说："好，就这么办!"

这一晚上，周恩来休息了三四个小时，早晨就乘车往城里赶。他在车上眯着眼好似打盹，但他的脑际仍然想着各种问题：原来计划4月5日就开始正式谈判，看来得往后推，黄启汉回南京还得交代一下……

周恩来一到六国饭店，马上把黄启汉请到自己房间，对他说："你回到南京对李德邻先生说，中共提的八项条件，不允许讨价还价……最近两天新华社将有重要评论文章发表，也请他们注意，我们所有的政策，主张都写在里面……"

周恩来交代完毕后，就去吃早饭了。黄启汉刚要转身，邵力子和李济深来找他。李济深快人快语，一进黄启汉的卧室就说："请你代我向德邻先生捎话：在这个历史关头切勿犹豫彷徨，一定要与帝国主义、蒋介石决裂……"

邵力子也补充说："共产党认定蒋介石是死硬派，没有一点希望了，他们寄希望于桂系。请你把这层意思告诉德邻兄。"

黄启汉说："我明白，一定转告。"他在去机场的路上，还一直想着周恩来和李、邵二人的话。

4月3日下午，邵力子在六国饭店的大厅里碰到叶剑英。邵力子迅速从口袋里掏出早已写好的一张便笺，折叠了一下递给叶剑英，转身就回到自己的卧室。叶剑英回到自己的房间，打开一看，只见信笺上写着："随中航专机送国民党和谈代表来的郭子玉是军统航空检查所的特务，此次来平，当有使命，还望小心。"

叶剑英看完便笺，又惊又喜，心想：邵老的心和共产党贴得越来越紧。他立即打电话调来"和谈代表团名单"，他和有关人员逐一审查。叶剑英在审查中，无意发现了自己几十年前的一位老同学——航空专员于仲仁的名字。叶剑英忽然灵机一动：何不利用国民党的专机，把解放平津和华北、西北、中南地区各大城市缴获的几百万亿金圆券，运到江南去呢？

叶剑英把自己的想法向周恩来请示后，周恩来说："完全可以，不过要做到绝对保密。"

叶剑英把联络部副部长王磊找来商量："你看这件事如何做才妥当？"

王磊考虑了一下说："关键是如何争取于仲仁，第二步是摆脱郭子玉，这才能利用专机。"

4月4日上午，王磊通过邵力子打电话给于仲仁，说城里有位朋友要见他，请他立即开车进城。于仲仁要开着轿车进城会客，郭子玉知道后一定要陪同前往。于仲仁只好答应。当他们的车子经过一个路口时，被几位值勤的哨兵拦住："先生，您的车违章了。请你到军管会交通管理处接受审查。"于仲仁被解放军带走，郭子玉只好一个人开车返回驻地。

于仲仁心里忐忑不安地被带到了一个宽敞明亮的大办公室里，他看见一位魁梧的解放军首长从办公桌前站起来，向他微笑着走过来，好面熟啊！叶剑英伸出手，于仲仁犹犹豫豫想伸手，又不敢伸手，心想：自己是国民党方面的，在解放区又违章行车，应该向解放军首长敬礼。他心里正在嘀咕间，叶剑英说了话："老同学，我是叶剑英，忘了？"

于仲仁忙说："记得，记得，几十年不见，看着像，又不敢认。"

叶剑英对身边的人说："我们两个老同学拉拉家常，有事再叫你们。"

于是两个人山南海北，几十年的别情说了一番之后，叶剑英话锋一转说："我有一件要紧的事，不知你是否能帮帮忙？"

于仲仁问："什么事？只要我能办到的，我就去办。"

叶剑英说："这可是掉脑壳的事，非同一般。"

于仲仁干脆利落地说："剑英，只要我还能干点有利于民族，有利于国家和人民的事，掉脑壳也不算什么！"

叶剑英说："好样的，仲仁，我就等着你这句话！"于是叶剑英把于仲仁带到另一间办公室，与王磊一起商量如何利用中航专机，把几百万亿金圆券带到南京的重大行动。

随后王磊又与邵力子协商，邵力子说："我一定积极配合。"他送走王磊之后就去找张治中说："上海来电话，说傅学文病倒了，我想明天乘飞机回上海看看，安排她住院后，我立即返回，不误这边谈判。"

张治中说："可以。北平这几天是一对一个别谈话，没有大的进展，你快去快回就是了。"

于是张治中马上打电话给机组："请作好准备，今天下午，送邵力子先生回上海，要郭子玉随机陪同。"

于仲仁立即向郭子玉传达了命令。郭子玉想从王磊处探听北平金圆券的去向，他便佯装腹疼，立即回电给张治中："张部长，我腹部疼得厉害，不能登机，是否可让于仲仁代我陪机？"

张治中同意郭子玉留下来，并派随团陈医生给郭子玉诊治。大家都痛恨军统特务，陈医生也不例外，他经于仲仁安排，诊断郭子玉患了急性阑尾炎，说："需要马上输两瓶葡萄糖生理食盐水，观察四个小时。"郭子玉只好躺在床上输液，心却想着机组和专机的事。他几次要求拔下针头，到外边转转，都被陈医生拒绝，并强摁着他不许动。待他实在忍不住，借口去厕所小便，走出屋外时，机组成员和于仲仁早已不见踪影，一打听，飞机已经起飞多时了。气得他对陈医生说："肚子不疼了，好了，好了！"

陈医生边给他拔下针头，边说："我诊断得没错，药到病除。"郭子玉瞪了陈医生一眼，什么话也没说。

邵力子和于仲仁押着十几箱金圆券到了南京，早有地下党组织的人等着接"货"。为了不引起注意，"天王号"专机又立即起飞到上海龙华机场降落。邵力子悄悄回到家里，只见傅学文一个人正收听新华广播电台的广播。傅学文一看邵力子回来了，十分高兴，忙问："你怎么这时回来了？"

邵力子说："放心不下，看看你。"

傅学文说："快来听毛润之先生写的《南京政府向何处去？》。"收音机的喇叭发出洪亮的声音：

> 两条路摆在南京国民党政府及其军政人员的面前：一条是向蒋介石战犯集团及其主人美帝国主义靠拢，这就是继续与人民为敌，而在人民解放战争中和蒋介石战犯集团同归于尽；一条是向人民靠拢，这就是与蒋介石战犯集

团和美帝国主义决裂，而在人民解放战争中立功赎罪，以求得人民的宽恕和谅解。第三条路是没有的。

在南京的李宗仁何应钦政府中，存在着三部分人。一部分人坚持地走第一条路，无论他们在口头上怎样说得好听，在行动上他们是继续备战，继续卖国——他们是蒋介石的死党。一部分人愿意走第二条路，但是他们还不能作出有决定性的行动。第三部分是一些徘徊歧路、动向不明的人们，他们既不想得罪蒋介石和美国政府，又想得到人民民主阵营的谅解和容纳。但这是幻想，是不可能的。

……

时至今日，一切空话不必说了……只有这一次机会了，不要失掉这个机会。人民解放军要向江南进军了。这不是拿空话吓你们，无论你们签订接受八项条件的协定也好，不签这个协定也好，人民解放军总是要前进的。签一个协定尔后前进，对几方面都有利……无论签一个全面性的协定也好，不签这个协定而签许多局部性的协定也好，对于蒋介石，对于蒋介石死党，对于美帝国主义，一句话，对于一切至死不变的反动派，情况都是一样的，他们将决定地要灭亡。

……

邵力子关掉收音机之后，说："毛主席的文章说得多透彻啊，签不签协定，解放军都要过江。如果不签协定，我想办法托人把你接到北平去。"

博学文说，"我等着……"

第二天，也就是5日早晨，邵力子又匆匆乘飞机返回北平。

到了六国饭店，邵力子先去张治中的房间，张治中一见面就问："夫人贵恙如何？"

邵力子说："妇道人家，小病也嚷嚷成大病，没事。"

张治中说："毛润之先生的《南京政府向何处去？》这篇文章你没有赶上学习，要好好补下课。"

邵力子说："我在上海就听了广播，我们就只有一条路可走，向人民靠拢。"

晚上碰到叶剑英，他笑容可掬地对邵力子说："谢谢您，辛苦了。"站在旁边的章士钊也不知道是什么值得叶剑英“谢谢”，心想回上海看看夫人有什么“辛苦”可言。

◆ 七、“最后定稿”，不容改动 ◆

4 月 3 日派黄启汉回南京后，中共中央考虑到李宗仁无权又无兵的困境，于是又在 4 日派刘仲华、朱蕴山等人回南京做白崇禧的工作。中共中央为了使南京政府代表团，进一步了解共产党对和谈的诚意和政策，使他们丢掉幻想，明确方向，缩短两个代表团的距离，又决定从 4 月 8 日起，由毛主席出面接见代表，对不能让步的问题作进一步的说明，可以让步的问题，作出必要的让步。

4 月 8 日上午，毛泽东接见张治中，一直谈到近午。毛泽东要留下张治中吃午饭。当他知道毛泽东和周恩来昨晚一夜没有睡，便坚辞回到六国饭店用餐。张治中走后，毛泽东对周恩来说：“文白率直、诚恳，是个好人呐。”晚上，张治中召集全体代表开会，传达毛主席接见时的讲话，传达完之后是大家议论。张治中说：“看到了毛润之先生，听了他的讲话，你就会懂得国民党的失败是应该的，共产党的成功绝非偶然。”

4 月 9 日上午，毛泽东接见邵力子和章士钊。在他们来香山别墅时，收到了何应钦的“卯佳”电报。电报共五条，其第一条称：“双方应即下令停战”，“共军在和谈进行期间，如实行渡江，即表示其无谋和诚意，政府应召回代表，并宣告和谈破裂之责任属于共方”云云，并强调这些是代表团与中共和谈时必须遵守的原则。邵力子心想，何应钦这些人，真是不识时务，到了这步田地，还提这样的问题。他认为有必要把电报的内容告诉毛泽东和周恩来。

毛泽东与邵、章两位的结交有些年了。1921 年，共产党在上海召开第一次代表大会时，毛泽东就与邵力子结下友谊。以后两人又在一起为黄埔军校招生。毛泽东认识章士钊老人更早。章士钊与杨开慧的父亲杨昌济是至交，他在与杨家的来往中就结识了毛泽东。1920 年，毛泽东在上海为筹集建党和送同学们去欧洲勤工俭学的经费，曾向章老借了 2 万银元。毛泽东一直记着这笔账。

周恩来陪着两位老人到了双清别墅，毛泽东迎出门外，热情地而幽默地说：“两位老朋友大驾光临，有失远迎啊！这里赔礼了。”说着向二位老人行了一个鞠躬礼。

两位老人忙作揖还礼说:“不敢当,不敢当。”

四个人说说笑笑先后跨入“双清别墅”的园门。只见园中山水树石,顺其自然,池边有亭,亭后有屋,屋旁有竹,竹影扶疏,因材借景,幽雅无比。

邵力子说:“居高临下,环境幽静,好一处园林啊! 不知道是哪位名人建造的。”

毛泽东对历史掌故十分熟悉,他说:“据说这是袁世凯执政时期的内阁总理熊希龄在下台之后,做顺直水利督办时建造的。”

邵力子又问:“为什么叫‘双清’呢?”

章士钊说:“你到这边山崖跟前看看。”边说边拉着邵力子走到南边山脚下,毛泽东和周恩来也在后边跟过来,章士钊指着泉水说,“这是两股泉水,流出来汇聚成院中的池塘。故名双清也。”然后又指着山崖上的“双清”两字说,“这还是乾隆皇帝题的呢!”

邵力子说:“好字,好字。”

周恩来又问章士钊:“章老,那边的牌子上写着‘梦感泉’,出自何典?”

章士钊笑着问:“您是真不知道,还是考问我呢?”

周恩来说:“岂敢考问先生? 是诚心向您求教啊。”

毛泽东笑笑说:“我代章老回答这个问题,看对不对。据一位老乡讲:金章宗来此游山,倦了,睡在此地。梦见睡在船上,脚下翻着波浪。醒后叫人一拨拉脚下的草丛,立即冒出两股泉水。因此,又称‘梦感泉’。待全国解放后,这里好好修葺一下,成为人民的公园多好啊!”

四人在院内转了一圈,最后来到北房的会客室。四个人坐下后,勤务人员沏上茶。毛主席就直接谈起正题:“今天请二位先生来,主要是听听你们对和谈有什么想法,对结束战争有什么好的建议。”

邵力子就把何应钦的“卯佳电”的内容概括地介绍了一下,然后说:“由此看来,和谈的确控制在蒋介石的手里,前途不大乐观。”

章士钊也说:“和谈要在蒋介石的‘指导委员会’的控制下进行工作,李宗仁就根本不能做主。”

毛泽东说:“蒋介石搞阴谋,是我们意料中的事。所以,一开始我们就没有把蒋介石作为谈判对手。我们寄希望于李宗仁的南京政府,寄希望于李宗仁的桂系。”

周恩来又问：“就目前我们议论的协议内容，代表们通过了，李宗仁敢签字吗？”

邵力子说：“我们代表团出发前，德邻先生曾肯定地向我们保证：只要代表能通过的协议，他就签字。这只是他口头的表示，就担心到时候，他屈服于压力而不敢签字。”

这时，机要秘书送来一份急电。毛泽东看完后对周恩来说：“总前委又来电报问渡江日期有无变化。”

军委原来计划3月底渡江，后来因为和谈，把渡江日期推迟到4月10日。后来又由于谈判进展不顺利，把渡江日期改在15日。毛泽东思考了一下说：“干脆，再推迟几天，争取和谈有个明确的结论。”

周恩来说：“再推迟一个星期左右，就到了长江的汛期了，这会增加渡江的难度。”

毛泽东说完点着一支香烟，吸了一口说：“肯定会增加困难。我们尽最大努力，争取和谈成功。即使和谈不成功，对全国人民也有个交代。恩来，发报给前线指挥部，再推迟几天渡江。”

邵力子和章士钊两位老人，不只目睹了两位中共高级领导人决策渡江问题的整个过程，他们从中也看到了中共对和谈的诚意和决心，看到了中共对夺取这场战争的必胜信念和魄力。

毛泽东又和邵、章二老谈了些其他问题，在结束谈话时，又对邵、章二位老人说：“我希望你们二位，转告德邻先生，我们的等待是有限度的，渡江日期不会一推再推。”

4月12日，国共双方代表的交谈已宣告结束。13日早上，中共方面提出了《国内和平协定草案》送给张治中，并通知晚上9点，在中南海勤政殿开会商讨。张治中召集代表：“中共的‘协定草案’已经出来，大家认真看看，有哪些修正意见，提出来。今晚9时，两党代表团正式会谈。”

南京的代表们看完《国内和平协定草案》后的共同感觉是：“国民党完了。”既没有李宗仁设想的“划江而治”，也没有何应钦等人要求的“平等的和平”。邵力子对张治中说：“和谈协定只能是这个样子。中共仁至义尽，忍了又忍，让了又让，把可以接受的意见全接受了。我个人认为,晚上讨论时,不要再提什么意见了。”

张治中说:“有不同意见,该提还是要提,我们应尽到代表的责任。”

当晚9时,两党代表准时到勤政殿会谈。周恩来首先就协定草案做了说明。接着张治中发言,他根据代表们的意见,对“草案”提出了40多处修改意见。最后他说:“中共不仅是军事上的胜利者,而且是政治上的大大的成功者。我今天在中共代表团诸位先生面前,不想说什么恭维的话,但我愿唤起各位先生的注意,今后建设国家的责任,落到了你们的肩膀上。”“我们以至诚至敬之心,希望中共能从此领导国家,达到独立、自由和民主的目标,并建设国家,臻于富强康乐之境。”

最后双方同意再开会协商,晚11时55分散会。

4月14日,南京代表团又对草案逐条研究,提出一个修正案。当晚张治中把修正案交给周恩来,两个人就修正案的各个细节进行了长时间的交谈。4月15日上午,两党代表又分别交换意见。

4月15日晚7时,周恩来把最后定稿的《国内和平协定》交给张治中,并通知他晚上9时,仍然在勤政殿开会。然后说:“文白先生,这是最后定稿,是不能再修改、变动的。”

张治中说:“只许我们说一个行,或者不行?”

周恩来笑笑说:“也可以这样理解。”

当晚9时,第二次和谈会议在勤政殿举行。周恩来详尽地讲了修订的理由和经过,最后他以果断的语气说:“我们正式宣布:这是定稿,是不能改变的,南京政府同意就签字。如果本月20日仍不签字,人民解放军将以强大的攻势打过长江去。”周恩来的宣布,犹如晴空霹雳,在座的南京代表无不震惊。但他们很快又恢复了平静,因为他们早就意料到这件事是迟早要来的。

张治中最后发言说:“祝愿两党过去的一切芥蒂、一切误会、一切恩怨,永远结束!过去的让它过去,今后我们仍有一个新的意愿。”“希望中共方面保持着这种远大的眼光、开阔的胸襟、明朗的态度,来领导未来的、历史性的、新的政权。”

散会后,南京的代表们拖着沉重的脚步走出勤政殿。代表们回到六国饭店,立即开会,公推黄绍竑代表和屈武顾问,第二天乘专机回南京请示。

◆ 八、国民党拒绝签字，代表团留居北平 ◆

4月16日中午，黄绍竑和屈武的专机降落在南京机场。他俩一下飞机，就急匆匆地乘车到了傅厚岗李宗仁官邸。下午4时，李宗仁召集只有何应钦和白崇禧、黄旭初、屈武等少数几个人参加的小型会议。黄绍竑用眼扫了一下参加会议的人，然后慢慢地从皮包中拿出“协定”，好似担心它会突然飞跑似的，就近的白崇禧想接过去看，他都没有给。李宗仁说：“季宽和屈武二位先生今天从北平带回了‘协定’的文本，请他给大家简单地介绍一下。”

黄绍竑简单地介绍了和谈经过，然后说：“这个文本，中共首席代表周恩来先生多次强调说是最后定稿，是不能改动的。签字期限是20日。如果政府同意就签字，否则，他们就马上渡江。”

何应钦几个人传阅了《国内和平协定》，一个比一个脸色难看。白崇禧说：“季宽先生，真难为你了！像这样一个‘协定’也带得回来！这样苛刻的条款我们能接受吗？”

何应钦说：“这么重要的事情，我们几个人定不下来，得行政院开会讨论。”李宗仁始终一言没发，会议最后不欢而散。

4月17日，蒋介石在溪口看到张群送去的“协定”文本后，气得拍桌子大骂：“文白无能，丧权辱国！”蒋介石在当天的日记中这样写道：“共党对政府代表所提修正条件24条款，真是无条件的投降处分之条件。其前文叙述战争责任问题数条，更不堪言状矣。黄绍竑、邵力子等居然接受传达，是诚无耻之极者之所为，可痛！”①当晚，蒋介石电示广州国民党中常会及中央政治会议，用国民党中央机关的名义发表声明，拒绝《国内和平协定》。

4月19日，行政院召开秘密会议，讨论“协定”，令人奇怪的是何应钦主持，李宗仁列席。在会上，阎锡山、黄少谷、吴铁城等人相继发言，逐条批驳《国内和平协定》，反对签字。

4月21日凌晨，张治中收到南京拒绝签字的复电，当即抄送中共中央代表。早晨7时，周恩来打电话告诉张治中，中国人民解放军已渡江成功。

---

① 李勇、张仲田：《蒋介石年谱》，第380页。

上午,新华广播电台广播了中国人民革命军事委员会主席毛泽东和中国人民解放军总司令朱德签署的《向全国进军的命令》。“命令”共四条:

1. 奋勇前进,坚决、彻底、干净、全部地歼灭中国境内一切敢于抵抗的国民党反动派,解放全国人民,保卫中国领土主权的独立和完整。

2. 奋勇前进,逮捕一切怙恶不悛的战争罪犯。不管他们逃至何处,均须缉拿归案,依法惩办。特别注意缉拿匪首蒋介石。

3. 向任何国民党地方政府和地方军事集团宣布国内和平协定的最后修正案。对于凡愿停止战争、用和平方法解决问题者,你们即可照此最后修正案的大意和他们签订地方性的协定。

4. 在人民解放军包围南京之后,如果南京李宗仁政府尚未逃散,并愿意于国内和平协定上签字,我们愿意再一次给该政府以签字的机会。

当天,北平各大报纸都刊登了《向全国进军的命令》。邵力子拿到报纸后,对张治中说:“中共对南京李宗仁政府真是到了仁至义尽的地步,到今天还说,即使他们被包围了,如果愿意签字,还再给他们一次机会。对他们真是宽大啊!共产党怎么能不得到全国人民的拥护!”

张治中痛苦地沉默着,一句话也没有说。

4月21日晚上,南京代表团收到李宗仁、何应钦的电报:“共方今日广播毛、朱对共军之命令,全文已悉。此间迎代表团之专机应于何日飞平,请洽妥电告。兄等此行劳苦,事虽未遂,俯仰无愧,谨先奉慰,诸容面罄。”

张治中立即召集代表团开会,商量何时返回南京问题。会议室里像开了锅一样。有人主张立即回去,有人主张留下来看看。这时邵力子说:“我是决心不回南京了。这个决心在我来北平前就已经有了。2月份我来北平时,看到同时来的人把家眷都带来了。我当时就有了这个想法。这次一到北平,就对周恩来先生讲了我的决心。他表示欢迎和大力支持。19日,刘仲华返回南京时,周恩来先生亲自告诉他,帮忙办妥此事。南京来电话告诉我:傅学文将于明天上午到北平。有的先生主张回南京,说明对国民党、蒋介石还没有看透。蒋介石是怎么对待张学良和杨虎城二位将军的,在座的诸位难道不清楚吗?我们临来北平前,上海特务头子毛森说的，‘要用手枪对付主和的’，咱们不只是主和，还参加了和谈，回去能有好结果吗？请各位想想吧。”邵力子的这一番话，说得大家都哑口无言了。

过了一会儿，张治中说：“诸位是留北平还是回南京，听便。但我是首席代表，不能不回去复命。”在他坚持下，让秘书给南回了电报：“请于23日派机来平，预定24日返京。”并正式通知中共代表团。

21日深夜，周恩来知道张治中坚决要回南京的消息后。来到六国饭店。他热情地拉着张治中的手说：“文白兄，自20日午夜起，我们百万解放大军分三路强渡长江。中路刘邓大军首先从您的家乡安庆突破。今天下午5时起，我西路、东路大军也已过江。24小时内已过江30万大军，预定计划已全部实现。23日，百万大军可全部过江。南京马上就要解放，你还回去‘复’什么‘命’？”

邵力子说：“我劝说了半天，林伯渠等先生也劝，他就是解不开这个扣。”

张治中说：“恩来兄，我是首席代表，与其他代表不一样。我回不了南京，可回上海、广州啊！”

周恩来说：“你回到哪里都一样，国民党反动派决不会轻饶你的。‘西安事变’时，我们已经对不起一位姓张的朋友了（指张学良。当时劝张学良不要亲送蒋介石回南京，他出于义气未听）。今天我们再也不能放你回去，出现对不起你这位姓张的朋友的事情了。”

周恩来的话恳切、诚挚，张治中听了十分感动，但他仍然坚持说：“我是国民党的重要干部，蒋介石的亲信，如果留下来与共产党站在一起，人们会说我背叛了国民党和领袖。”

周恩来严肃地针对他的思想说：“你这个人封建思想还是占统治地位，到今天你还是对蒋介石个人讲义气、讲忠诚。蒋介石这个人值得你这么信任、忠诚吗？我非常欢迎邵力子先生的态度，他背叛的是反动派，抛弃的是黑暗社会，追求的是真理，投奔的是有着远大前途的、光明的新社会。”

邵力子又劝说：“蒋介石手中有两张牌，一张‘战’，一张‘和’。我们俩是他的‘和’牌。今后，蒋介石再不需要打‘和’的旗子了。请你不要忘记‘飞鸟尽，良弓藏；狡兔死，走狗烹’的古训。我认为你回去是自投罗网，自蹈死地。”

4月22日上午，傅学文和刘仲华等人乘飞机来到北平。张治中知道后，思想又波澜起伏，心想自己老婆孩子还不知在哪里，今后如何过？于是他下定决心，只要南京的飞机来接，一定回去复命。

4月23日，李宗仁果然派了一架飞机，来北平接代表团，飞机请求降落。机场指挥请示周恩来。周恩来果断指示指挥台回答："机场跑道正在修理，过一两天后再来。"飞机只好空返上海。当晚南京解放。

4月24日，国民党政府又从上海派了一架专机，来北平接代表团。周恩来高兴地到六国饭店对张治中说："文白兄，我们到机场接一下从上海来的客人。"

张治中想：这种时候，只派飞机来就成了，谁还会接我们呢？于是问："谁来了？"

周恩来说："见面就知道了。"两个人说着，走出饭店，立即乘车到了西苑机场。待飞机停稳后，舱门打开，张治中惊呆了，只见从舷梯上一步步走下来的是自己的妻子和孩子们。张治中激动地对周恩来说："您真会留客。"原来在谈判破裂的前几天，周恩来指示上海、南京的地下党组织，千方百计把张治中的夫人和孩子们找到，安全送到北平。所以才有了这一幕。

从此，张治中再不提回去"复命"。代表团成员全体留在北平。

5月7日，绍兴解放。邵力子为家乡人民获得解放、为家乡获得新生而十分高兴。5月8日上午，北平邮电局一开门营业，他就给留在故乡绍兴的学生朱仲华发了一封电报："闻吾邑解放，希尽力协助。"这是绍兴解放后，邮电局收到的第一封电报。国民党反动派对"和平代表团"留居北平恨之入骨，于是他们通过"中央通讯社"和《中央日报》大肆造谣，蛊惑人心，说中共"扣留"了代表团，张治中、邵力子"失踪"了，等等。5月13日，邵力子与章士钊联名给李宗仁写了一封长信，托刘斐带到香港转广州面交。信中详细说明了谈判经过，驳斥了代表团被扣之邪说，并劝其为和平出力。

5月20日，邵力子又与张治中、章士钊、李蒸、刘斐等人给广州李宗仁、何应钦发去电报，剖陈利害，共商和平之道，力劝其"恢复和平"。

5月27日，上海解放，邵力子立即与黄启汉联络南京立法委员武和轩等53人，于5月27日在上海《解放日报》上公开发表宣言：坚决"与国民党反动派断绝关系。将诚心诚意地接受共产党的领导"。这时的邵力子在政治舞台上异常活跃，和周恩来的接触日多，关系也越发密切，友谊更加深厚。

第七章
精诚合作，和平建国

1949年春天，人民解放军以摧枯拉朽之势，打垮了统治中国达22年之久的蒋家王朝。国家获得了新生，人民从此站起来了，当家做了主人。新旧时代的交替，生活格局的变化，极大地开拓了邵力子的政治视野。滚滚向前的时代潮流的巨浪，激起邵力子心底的无限涟漪，促使他迅速转变观念，产生了强烈的奋勇前进的愿望，决心投身到革命的洪流中去，不断前进的强烈愿望。

1949年，邵力子虽然已经67岁，崭新的时代、火热的生活，使他焕发了革命的青春。邵力子仍然像中年人那样，积极、热情地投入了新政权的建设工作。

这时的邵力子，正如曹操《步出夏门行·龟虽寿》中写的那样，“老骥伏枥，志在千里，烈士暮年，壮心不已。”邵力子关心国家的前途，民族的命运。历史的责任感和时代的紧迫感，促使邵力子想做更多的工作。他不只忙于政务，还热心于教育事业；不只积极投身于抗美援朝等政治活动，而且还关心青年人的节制生育等问题。

1949年9月，邵力子出席了中国人民政治协商会议第一届全体会议，参加了开国工作。中央人民政府成立后，邵力子出任政务院政务委员，积极参政、议政。并历任一、二、三、四届全国政协常务委员；一、二、三届全国人大代表和常务委员。为社会主义建设作出了很大贡献。

◆ 一、积极投入新政权建设 ◆

1949年6月15日，邵力子接受中共中央的邀请，出席新政治协商会议筹备会第一次全体会议，并被推举为主席团成员。会内会外，与周恩来紧密配合，团结了许多民主人士。

邵力子这次走进中南海，和4月时走进中南海心情大不一样。那时，他是国民党的谈判代表，如今是新的人民政治协商会议筹备会议的委员，两种身份有截然不同的性质。仅仅相隔两个月，他由一个旧政府的工作人员，一跃成为新政权的工作人员；由旧时代跨入人民当家做主的新时代。他心情激动，感慨万千。

周恩来被推举为新政协筹备会临时主席，主持了第一次全体会议并致开幕词。在第一次全体会议上，毛泽东、朱德、李济深、沈钧儒、郭沫若、陈叔通、陈嘉庚等先后发表讲话。毛泽东以磅礴的气势，在大会上讲话说：

> 这个筹备会的任务，就是：完成各项必要的准备工作，迅速召开新的政治协商会议，成立民主联合政府，以便领导全国人民，以最快的速度肃清国民党反动派的残余力量，统一全中国，有系统地和有步骤地在全国范围内进行政治的、经济的、文化的和国防的建设工作。全国人民希望我们这样做，我们就应当这样做。
>
> ……
>
> 中国人民将会看见，中国的命运一经操在人民自己的手里，中国就将如太阳升起在东方那样，以自己辉煌的光焰普照大地，迅速地荡涤反动政府留下来的污泥浊水，治好战争的创伤，建设起一个崭新的强盛的名副其实的人民共和国。
>
> ……

邵力子听着毛泽东的讲话，心里油然升起当家做主的自豪感，觉得人民赋予自己的权力太大了，自己肩膀上的担子太重了。

6月16日，周恩来在新政治协商会议筹备会全体会议上做《新政治协商会议组织条例（草案）》的说明报告时说："我们筹备会的主要任务是：协商确定参加正式会议的各单位和代表人数；决定开正式会议的时间、地点、议程；起草共同纲领；起草成立政府方案；协商政府领导人选。"他还说，"我们共同努力，来建设一个新民主主义的新中国。"他说，"这次会议期间，凡是重大的议案不光在会场上提出，而是早在提出之前就有协商的"。邵力子在国民党政府中工作了这些年，他从未见过蒋介石等要员，对有关国家、民族命运的重大事情的决策讲过民主，请各界代表人士协商过重大事情。蒋介石不只是一党专政,是一党中的少数几个人专了全国人民的政。蒋介石的反动集团焉有不败之理。

6月19日,周恩来在新政治协商会议筹备会第一次全体会议闭幕式上,就"无党派民主人士"的称谓与实质作了说明,他说"无党派民主人士,是在中国革命的具体历史条件下发展形成的。"由于国民党反动统治的严重压迫,许多志士仁人虽然没有组织起来,但却在领导着、联系着很大一批民主人士从事民主运动。因此,严格并准确地说,无党派民主人士是"没有党派组织的有党派性的民主人士"。邵力子听了周恩来的精辟论述和分析,他明白了统一战线的民主性、广泛性、群众性。中国共产党通过统一战线不只团结了各个民主党派,还把许多无党无派的更多的"有党派性的民主人士"团结在一起。这就形成了一支无坚不摧的巨大力量。所以毛泽东说:"统一战线,武装斗争,党的建设,是中国共产党在中国革命中战胜敌人的三个主要的法宝。"

9月21日晚上7时,中国人民政治协商会议第一届全体会议在中南海怀仁堂隆重开幕。出席开幕式的有来自各方面的代表634人,来宾300人。当大会宣布开幕时,军乐队高奏中国人民解放军进行曲,同时在场外鸣礼炮54响。邵力子的耳际响着解放军进行曲的旋律,听着隆隆的礼炮声,他好像看到一支支解放军战士,高举着战旗,"向前,向前,向前"不停地消灭国民党残余匪军;眼看着蒋家王朝彻底覆灭。他的心里激动不已,在短短的几个月之内,中国大地起了天翻地覆的变化。

正在邵力子思前想后,心潮起伏时,毛泽东已经站在讲台上开始讲话了:

占人类总数4/1的中国人从此站立起来了……我们团结起来,以人民解放战争和人民大革命打倒了内外压迫者,宣布中华人民共和国成立了。

……

随着经济建设的高潮的到来,不可避免地将要出现一个文化建设的高潮。中国人被人认为不文明的时代已经过去了,我们将以一个具有高度文化的民族出现于世界。

……

让那些内外反动派在我们面前发抖吧,让他们去说我们这也不行那也不行吧，中国人民的不屈不挠的努力必将稳步地达到自己的目的。

9月23日，周恩来在大会上作了《关于〈中国人民政治协商会议共同纲领〉草案的起草经过和特点》的报告。他在报告中说：

大家的目的很明确，正如共同纲领草案和人民政协组织法所规定的那样，是实行新民主主义，反对帝国主义、封建主义和官僚资本立义，建设一个独立、民主、和平、统一和富强的新中国。为着这个任务，我们团结国内各民主阶级、各民族和国外华侨，结成这样一个伟大的人民民主统一战线。这样一个统一战线应当继续下去，而且需要在组织上形成起来，以推动它的发展。大家同意：中国人民政治协商会议，就是它的最好的组织形式。……

邵力子坐在会场上仔细地听着、想着：中国共产党和各民主党派的合作，不是为了打败蒋匪帮的权宜之计，而是长期地合作共存，互相监督，而且要用政治协商会议的组织形式固定下来，目标是要把新中国建设成一个独立、民主、富强的国家。他从此更加坚定了拥护共产党的信念，决心积极地投身于国家的经济建设中去。

从9月21日到9月30日，邵力子和全体代表一起，在中南海参加了研究、讨论建立新中国的各种事宜。他和600多位代表一起表决通过了《中国人民政治协商会议组织法》、《中华人民共和国组织法》以及起临时宪法作用的《中国人民政治协商会议共同纲领》。最后又投票选举了中华人民共和国中央人民政府主席、副主席及全体委员。邵力子在这次会议上，充分行使了人民当家做主的权利，并被选为全国政协委员，被委任为中华人民共和国政务院政务委员、华侨事务委员会委员。

9月30日下午6时，毛泽东、周恩来等党和国家领导人与出席政协的全体代表们，来到天安门广场，为人民英雄纪念碑举行奠基典礼。毛泽东庄严、肃穆地宣读了他撰写的碑文：

三年以来，在人民解放战争和人民革命中牺牲的人民英雄们永垂不朽！

三十年以来，在人民解放战争和人民革命中牺牲的人民英雄们永垂不朽！

由此上溯到一千八百四十年，从那时起，为了反对内外敌人，争取民族独立和人民自由幸福，在历次斗争中牺牲的人民英雄们永垂不朽！

然后毛泽东和出席政治协商会议的全体代表执锹铲土，为人民英雄纪念碑奠基。邵力子一边挥锹铲土，一边默默想着毛泽东的一段话："无数革命先烈为了人民的利益牺牲了他们的生命，使我们每个活着的人想起他们就心里难过，难道我们还有什么个人利益不能牺牲，还有什么错误不能抛弃吗？"

10月1日下午3时，邵力子和各民主党派的负责人、各界的代表，一起登上天安门城楼。他亲耳聆听了毛泽东宣读《中华人民共和国中央人民政府公告》。毛泽东用洪亮的声音庄严宣布："宣告中华人民共和国的成立，并决定北京为中华人民共和国的首都。中华人民共和国中央人民政府委员会于本日在首都就职……本政府为代表中华人民共和国全国人民的唯一合法政府……"

这时广场上的人群欢声雷动，热情沸腾。邵力子看着这亘古未有的场面，看着天安门广场上空飘扬着的五星红旗，他激动得掉下了眼泪。

这天晚上，邵力子和傅学文沉浸在极度喜悦和无限幸福之中，彻夜难眠。

◆ 二、慰问治淮大军 ◆

1950年秋天，一天下午，毛主席把邵力子和傅作义将军请到中南海。邵力子和傅作义被毛主席迎进办公室后，看见书案上的"文房四宝"还没有收拾，宣纸上写下的两个苍劲的大字"治淮"还没有干透。邵力子说："主席正在写字？"

毛泽东神秘地笑了一下说："是啊，我刚作了个字谜，谜面就是这两个字，请二位猜猜看。"他说完便点着一支烟，边吸边在屋里踱步。他看着邵力子、傅作义两人认真思考而不得其解的样子，便朗声大笑起来，于是说："我这是续字谜，只有两个字。"说着用手指了指放满书籍的写字台。

邵力子顿时醒悟道："明白了，是'方案'二字。"

毛泽东笑了："对呵，我今天请二位先生来，就是专门研究一下'治淮方案'。傅先生是水利部长，为方案出谋划策当仁不让啊。"然后对邵力子幽默地说，"先生当年做过西京王。我们红军一到陕北，就听到当地老百姓赞扬你当年在陕西兴修泾惠渠和洛惠渠为民带来的好处。你对治理黄河水害很有一套办法,修了龙门闸等浩大的工程。至少陕西的老百姓还念念不忘呢。”

邵力子说:“主席过奖了。我做的那点事不足挂齿。”

毛泽东笑笑说:“在那个年代,能为人民修点水利工程,也实在不易啊。今天请您来,一是想听听您对治淮的意见;二是您如能不辞辛苦前去淮河流域考察一番,再提方案,那是最好不过了。”

邵力子连忙说:“主席,为人民兴修水利,谈不上辛苦。我应该抓紧时间,多为人民做点事情。”

毛泽东又对傅作义说:“请傅先生最近约请一些水利专家,拿出一个兴修水利的方案。我们能把千年的水患化为水利,那才是为民造福呢。”傅作义将军也高兴地答应下来。

当邵力子把考察工作准备就绪后,周恩来又在电话上嘱咐他:“天气越来越冷,请邵先生多注意身体。您走后,傅学文同志在生活上有何困难,可随时找我。”然后又详细地告诉邵力子,在考察时应注意水利与发电、交通运输等诸多方面的综合关系,等等。

不久,邵力子来到淮河两岸,他两眼看到的依然是疏落的村庄。农民们依然住着歪歪扭扭的破败茅屋。不少老人和孩子身上仍然穿着褴褛的衣服,有的人因为营养不良而面黄肌瘦。这一带人民为何如此贫困,是和淮河的肆虐分不开的。新中国成立了,广大农民在政治上翻了身,但在经济上没有翻身。共产党、毛泽东认识到这些,所以在百废待兴的新中国成立初期,就抽出资金,首先治理淮河,让人民摆脱千年水害,过上幸福的日子。邵力子由此又想到:共产党处处为人民的利益着想;而国民党却处处祸害人民。这是两党的根本区别。国民党反动派被人民所推翻,是历史发展的必然。

一个多月后,邵力子考察回来,写了一份《治淮考察报告》呈送毛主席和周总理。没过几天,周恩来给他打来电话说:“邵老,您写的报告,我和主席看过后,觉得切实可行,很有见地。主席非常关心您的身体,嘱您在家里多休息几天。”

1950 年 9 月 21 日,周恩来约见傅作义、李葆华谈话,要他们加紧督促实施治淮工程计划。这天夜里,毛泽东主席在一个有关治淮的材料上给周恩来批了一段话:“现已 9 月底,治淮开工期不宜久延,请督促早日勘测,早日作好计划,早日开工。”

22日上午,周恩来一到办公室就看到毛泽东的批示,他马上写信给毛泽东、刘少奇、朱德等人:“至于治淮工程计划,则已由水利部及各地开始付诸实施,因时机不容再误。”

11月3日,周恩来主持政务院第五十七次政务会议,讨论傅作义提出的《关于治理淮河问题的报告》。周恩来说:“尽管长江、黄河、汉水、淮河都有水患,但是淮河的水灾最急,是非治不可的。因此,国家在抗美援朝军费开支骤增、财政经济困难的情况下,中财委仍然拨款大力支持治淮。”

在座的专家和有关部门的负责人对“治淮报告”提了许多宝贵的建议,周恩来最后总结指出:“根据国家的财力、物力等实际情况,我考虑治理淮河的原则应该是:①统筹兼顾,标本兼治;②有福同享,有难同当;③分期完成,加紧进行;④集中领导,分工合作;⑤以工代赈,重点治淮。治淮总的方向是:上游蓄水,中游蓄泄并重,下游以泄水为主。从水量的处理来说,主要还是泄水,以泄洪入海为主,泄不出的才蓄起来。这次治水计划,上下游的利益都要照顾到,并且还应有利于灌溉农田,上游蓄水注意配合发电,下游注意配合航运等等。”

在1951年的春节晚会上,毛泽东见到邵力子问:“邵先生,近来身体好吗?”

邵力子回答说:“在主席的领导下,我跨入了一个新的时代,工作顺利,心情舒畅,身体很好。”

毛泽东忙哈哈大笑着说:“哪里是我的领导?不是我的功劳。要归功于中央人民政府和政务院所有的领导,也包括先生在内。”

站在旁边的周恩来说:“就拿治理淮河来说,先生也花了许多心血啊!”

邵力子说:“我从报纸上看到,河南、皖北、苏北投入了几十万民工治理淮河,工程进展好快啊!”

毛泽东说:“是啊,最近我们打算组织一个‘中央治淮视察团’,去治淮工地视察,慰问民工,如果先生身体允许的话,想请先生代我们一劳,前往治淮工地视察、慰问。”

邵力子愉快地接受了毛泽东同志的委托。于1951年5月2日,邵力子以“中央治淮视察团”团长的身份,率领各民主党派及中央有关部门的负责同志共32人,分赴河南、皖北、苏北工地视察、慰问。在皖北工地,邵力子把一面用金线绣着毛泽东亲笔题写的"一定要把淮河修好"的大锦旗,授予治淮大军。在授旗大会上,上万民工高呼:"中国共产党万岁!""伟大领袖毛主席万岁!"会场上红旗招展,口号声震天。邵力子为之大为感动。

邵力子每到一处工地都广泛接触群众,慰问民工,听取意见。他总是尽力帮助民工解决困难,鼓励大家根治淮河,为人民、为子孙后代造福。

5月10日,邵力子就视察所见所闻、内心感受和发现的一些亟待解决的问题,致函政务院齐燕铭副秘书长。信中全文渗透着这位民主战士、和平老人对淮河两岸人民的眷眷深情:

> ……
>
> 本团5日到宿县专区,6日在泗县,8日在灵璧,视察淮河工程,分别对民工及区县召集人之欢迎会讲话。宿县、阜阳两专区,连年受灾最重,因区县各级政府干部,对生产救济和河工均积极负责,民工亦感激且了解政策而兴奋努力,与种种困难做坚决斗争。本团所看各工程,均能完成指定任务,且有超过者,均经加以奖许与勉励。
>
> 惟泗、灵两县民工生活多甚困苦,所领工粮除以细换粗外,因须照顾家人,甚或以粗粮送家,拌合野菜,制饼送至工地充饥,复因无钱买盐,相率淡食,影响健康及劳动力甚大,限于经费,区县无力补救。目前麦收有望,一般情绪稳定,但新的忧虑和困难,亦仍不少,最迫切者即因缺少肥料、牲口,而牲畜又因多瘟病之故,麦产多甚低减,归还贷款和缴纳农税在即,将罄其所有而不足。各级干部和人民均了解贷款应还,农税应缴,而力量实不能及。本团同人认为应请中央特许宿、阜两重灾区,或贷款分期清还,或农税酌予减免,二者必行其一。否则,人民无食,仍需拨粮救济,事倍功半,劳费更多。又灵璧有九十万亩地,去秋贷种麦籽后,被水淹坏,重新贷配麦种,倘则令偿还两次所贷,不只无力负担,亦非事理之平;拟请特许将该项淹坏之麦种,由银行作为呆账核销,人民感奋必深。以上两项建议,敬请财委会,迅予考虑,决定原则,电知皖北行署,该行署将于18日召集会议,讨论贷款、农税各问题。以时间关系,特先陈请核办。本团9日下午抵开封,即晚行授旗典礼并讲话。本日与有关方面汇报,了解情况,听取意见。明日赴许昌。

谨闻,并请转陈。

邵力子

5月10日

邵力子率领视察团,历时52天,行程6783公里走遍了淮河两岸的山山水水,大小城乡。他把党和毛主席对人民的关怀体贴之情带给淮河流域的广大人民,把人民疾苦和要求,毫无保留地反映给党中央。

经过治理的淮河,在支流上游修建了佛子岭、梅山、南湾等水库;兴建了淠史杭灌溉水利工程;在中下游修建了湖泊洼地蓄洪、苏北灌溉总渠、茨淮新河、新汴河、三河闸等工程。干河自河南固始县以下可通航。彻底解除了淮河流域18.7万平方公里大地上的千年水患,从此这里的人民过上了幸福的生活。

◆ 三、"国内建设急需人才" ◆

1949年5月中旬,邵力子收到老朋友孙越崎发自香港的一封信。信是5月1日写的,不知是写好没有立即寄发,还是邮路不畅,十几天后才到邵力子的手中。孙越崎在信中表示了对邵先生的思念,对祖国的向往之情。他想在香港起义,回到祖国的怀抱,效力国家建设,但担心中共是否接纳。请邵力子先生指点一二。

孙越崎是在南京解放后,于4月26日从上海飞往广州的。当时因国民党的许多军政机关的人员和家属都迁往广州,致使广州住房特别紧张,孙越崎请行政院长何应钦安排住房,何应钦毫无办法。孙越崎提出资源委员会暂留上海,何应钦同意。这样资源委员会的人员留在上海就名正言顺了。5月1日,孙越崎到香港给妻子和儿子安排住房。顺便去探望钱昌照,没想到在钱的住处遇见了中共香港地区负责人之一乔冠华。孙越崎对乔说:"我早与中共地下党有联系,早已决定投向共产党,但今天是我第一次见到中共地下党的人士,真是巧遇,太高兴了。我即日回广州,给职工分发生活维持费。发完后,我就再也不在国民党政府做官了。我想辞职。"

乔冠华说:"我们早知道您的心意,您不必急于辞职,您留在国民党政府里,对共产党有利。"

孙越崎就是在这时给邵力子写的信。他于5月6日回到广州。6月6日,阎锡山接任行政院院长。6 月 12 日，孙越崎辞去行政院政务委员职务，从此彻底脱离了国民党政权。

邵力子看完孙越崎的信后，心中无限高兴。他立即给周恩来的办公室打电话，秘书接的电话，邵力子讲："我是邵力子，有一件事想当面向周副主席请示一下，不知道他何时有时间。"

这时周恩来正忙着起草电报稿，听秘书说是邵力子的电话，立即接过电话说："邵先生，我是周恩来，如果您有空，现在就可以来。"

邵力子挂上电话，要了车就到中南海西花厅。周恩来为了办公方便，处理事情及时，5 月中旬刚从香山搬进这里来住。

邵力子刚走进院门，周恩来就从客厅中走出来迎接。在客厅，两个人刚坐定，秘书就端上一杯香茶。周恩来笑笑说："邵老，这是咱们家乡的名茶'旗枪'。"

邵力子说："今天来得太匆忙，前天有位朋友送我一包'节前'，味道相当好。"

周恩来说："等闲一点了，我到你家去喝。咱们先谈你今天要说的事吧。"

邵力子说："孙越崎从香港来信，他想起义回国，参加建设。"说着把信递给了周恩来。

周恩来飞快地浏览了一遍说："请你转告他，欢迎他随时回到北平来。国内建设急需各方面的专家和技术人才，我们还盼望原来国民党政府中的工作人员，回到国内从事建设。干革命不怕人多。"

邵力子说："我回去就给孙越崎写信，把你的意思原原本本告诉他。"

周恩来又说："你还告诉他，希望他在香港多做做老朋友、老同学、老部下、老乡亲的工作，回国参加建设，党和人民是欢迎的，不要有任何顾虑。邵老，你是国民党的元老，对原来国民党的政要人员有很大的影响和号召力，你是否可以把争取这些人回国从事建设当成一项工作去做呢？我们的政策是团结的面越宽越好。我们不只是团结要求进步的专家、学者，对过去不问政治的，甚至反对过我们的人，只要今天不反对了，我们就要团结。总的方针是：凡是愿意回来的，爱国的，愿意为新中国建设工作的人，我们都要团结、争取。"

邵力子听完周恩来这些话，心里亮堂多了，他说："这方面的工作，今后我一定努力去做。"

邵力子回到家，立即给孙越崎写了封长信，把周恩来的意思渗透到字里行间。

5月27日上海解放。第三天,即29日,市长陈毅就到上海资源委员会开会,对留下来的一百多位职员讲话,鼓励他们参加新中国的建设:“我们需要你们,人民需要你们。你们不要有任何顾虑,不要背任何包袱,要轻装前进嘛！……”

然后陈毅又问原来资源委员会副委员长吴兆洪:“孙越崎现在什么地方？他熟悉哪些部门的工作?”

吴兆洪据实回答说:“孙越崎先生在香港,他搞了多少年的地矿工作,对全国的煤、铁、稀有金属和石油的矿脉分布、储藏量的多少,十分清楚,是个难得的人才。”

陈毅说:“孙越崎先生是为了事业而做国民党的官,党和人民会谅解他的,你写信告诉他,就说人民欢迎他回来参加新中国的建设事业。”

后来,吴兆洪经请示中共负责接受资源委员会的重工业处处长孙冶方同意,将陈毅的讲话密电告诉了孙越崎。

孙越崎收到邵力子的信没两天,收到了吴兆洪的电报,他感到少有的高兴。这时,他最担心的是如何把存放在资委会“香港国外贸易事务所”的价值五六百万美元的特种矿产品:钨、锑、锡、汞等带回国内,交给人民政府。于是他便想法动员该所的职工和他一块起义。“香港国外贸易事务所”共有职工三十几人,原来设在上海,1948年迁来香港。这个事务所的主要任务是从国内统购稀有矿产品,然后销往国外。当时新来的负责人,想把这些矿产品假手倒卖出去,据为己有。孙越崎看透了他的阴谋,一方面通过香港的《大公报》、《文汇报》把这件事揭露出来;一方面发动该所职工拒绝提货,并成立了一个“保护矿产品委员会”,由副所长吴志翔任主任。

1949年11月,周恩来总理指示中共在港人员与孙越崎联系,经过周密布置,当月4日孙越崎夫妇和儿子乘船离开香港,经青岛、天津来到北京。

11月9日,香港中国航空公司、中央航空公司职员宣布起义。“香港国外贸易事务所”全体工作人员共35名,在两航的起义鼓舞下,于11月13日,在吴志翔等人的率领下,也宣布了起义。第二天,香港所有报纸都报道了此事。11月18日,《人民日报》报道了此事,并刊登了“起义宣言”。12月19日,中华人民共和国中央人民政府主席毛泽东还通电嘉奖。全文如下:

前资源委员会香港贸易处，国外贸易事务所员工同志们：14 日电悉，甚为欣慰。即望团结一致，坚持爱国立场，保护祖国财产，以待中央人民政府的接收。

后来那批价值 500 多万美元的稀有矿产品，全部运回了祖国。中华人民共和国政务院总理周恩来于 12 月 13 日致电吴志翔等人，表示嘉勉。全文如下：

前资源委员会香港贸易办事处吴处长并全体起义员工：由于你们辛劳努力，两个月来，将重要物资及时抢运回国，完成护产任务，此种爱国爱人民的热情及为人民服务的精神，深堪奖许，特电慰勉，并望再接再厉，为新中国经济建设而努力。

至此，由孙越崎策划并率领、得到中共地下党的指导与大力协助的、前资源委员会香港贸易办事处和事务所的护产起义，经过曲折的斗争，胜利结束。

11 月初，周恩来宴请孙越崎，邵力子等老朋友作陪。周恩来勉励他说："你一生热爱祖国，如今拥护共产党的领导，决心投身新中国的经济建设，我们非常欢迎。希望你今后大胆工作。"孙越崎听了异常感动。

不久，中央人民政府主席毛泽东签署委任状，任命孙越崎为政务院财政经济委员会计划局副局长。当时任财政经济委员会主任的是陈云，薄一波和李富春任副主任。

◆ 四、"不反共，我们欢迎" ◆

1949 年 5 月下旬，翁文灏从台湾路经香港，准备去广州向李宗仁辞去总统府秘书长的职务。他在香港逗留期间去探望孙越崎。孙越崎告诉他说："钱昌照已经回到了大陆。资源委员会的副委员长吴兆洪已经留在大陆工作。不久我也将回到国内。你是否把老父亲、妻子接到香港来住，慢慢与共产党联系。一旦得到许可，立即回到大陆。那时阖家团圆，老朋友也能常见面。生为中国人，死为中国鬼。"

翁文灏听了颇为伤感地说："我何尝不想回到国内啊，但你要知道，我是共产党公布的43名战犯中，排名第12位的。我回到国内，共产党会饶恕我吗？我的问题，除非得到毛泽东的同意才可以得到解决，但这就太难了。”

孙越崎说：“这倒是个问题，不过共产党的政策对起义投诚人员还是很宽大的，并不是揪住老问题不放。5月1日我曾给邵力子先生写过一封信，他最近回信说，周恩来欢迎我们这些在国民党政府工作过的人员回国参加建设。”

翁文灏说：“你回去可以，我是战犯，挂了号的。”

孙越崎说：“我再给邵老写封信问问。”

翁文灏和邵力子、孙越崎三人之间的友谊是十分深厚的。翁文灏原本是一位杰出的地质学家。他创立了东亚燕山运动的学说，创建了中国矿山区域论，首次提出中国成矿系列的概念，一度站在中国地质学界的前沿。但他自1935年12月，蒋介石出任行政院长时，任命翁文灏为行政院秘书长。自此，翁文灏便走上仕途，成为蒋介石的高级幕僚。抗战时期，翁文灏担任国民政府经济部部长；抗战胜利前夕，他出任行政院副院长；1948年5月，蒋介石当选总统后，翁文灏担任“首届行宪内阁”行政院长。这一时期，翁文灏直接参与了蒋介石的“戡乱”内战，参与了蒋介石的“财政金融改革”，由“金圆券”代替法币。到1948年11月，此举不仅导致他的内阁垮台，还被陕北各界人士把他定为第12名战犯（蒋介石是首犯），由新华通讯社公布于世。

翁文灏辞去院长职务后把家眷送到台湾，自己独留南京，内心十分苦闷。此时，邵力子、孙越崎常到他家去探望。1949年1月，蒋介石被迫下野。李宗仁出任代总统，拟请翁文灏担任总统府秘书长，并委托孙越崎前去征求意见。孙越崎见到翁文灏，开门见山地说：“上次我劝你不做行政院院长，这次我劝你做秘书长。因为蒋介石主战，李宗仁主和。上次是蒋介石利用你当替罪羊，现在你去做主和的代总统府秘书长，是个认错赎罪的好机会。你自己转一个弯子吧。”随后李宗仁又亲自面请，于是翁文灏出山担任了秘书长。

1949年4月，和谈破裂，翁文灏打算带上长子翁心源一块去台湾，孙越崎又来苦劝：“心源还年轻，去台湾是害了他。”翁心源听了孙越崎的话，不仅表示自己不去台湾，还要父亲把已经去台的妻子和女儿送回上海。

1949年5月27日上海解放了。三天后，陈毅市长在资源委员会对高级职工讲话时说：“翁文灏是书生，不懂政治，即使他在国内，我们也不会为难他。”这个消息传到香港，翁文灏听说后，心里轻松许多。7月间，翁文灏便把老父亲和妻子从台湾接到香港。

9月份，邵力子给孙越崎的复信寄到香港。邵力子在信中表示：愿意大力帮助翁文灏回国，但希望翁文灏先寄一份“悔过书”给他，以便向周恩来进言。

11月初，孙越崎回国时，翁文灏把已写好的“悔过书”和一封表明心迹的信，托他转交邵力子先生。翁文灏在香港只等中共有所表示，就立即起程回国。正在这时，台湾省主席陈诚派人来香港，“请”他去台湾，并对他说：“投共很危险，世界大战将起。你要认清局势，即使不去台湾，也要去美国。”翁文灏既不想去台湾，也不想去美国。在香港久居，又怕像杨杰将军那样，遭到国民党特务的暗杀。于是便到了巴黎避难。

孙越崎11月初到了北京，立即把翁文灏的“悔过书”和表明心迹的信交给邵力子。邵力子立即求见周恩来总理，说明翁文灏想回祖国大陆的愿望和顾虑，并把他的“悔过书”和信交给了周总理。

周恩来说：“只要不反共，愿意回到祖国怀抱，不管是谁，我们一律欢迎。至于战犯问题，那只是新华社当时发的消息，不是中国共产党的决定和中央人民政府的判决。告诉翁文灏先生，对此，尽管放心。”

邵力子立即把周恩来的意思写信告诉住在巴黎的翁文灏。翁文灏经过一段准备，在1951年1月，回到北京。从此，一家四代团聚在一起。

当他回国后第一次和邵力子见面时，握着邵老的手说：“我非常感激共产党的宽待，也十分感谢您的鼎力相助。”

翁文灏到北京后，邵力子、孙越崎经常登门造访，多方帮助，对翁文灏的思想转变，起了重要作用。

3月8日晚上，孙越崎探访翁文灏，把邵力子考虑的撰写反省书的要点，逐一告诉翁老。翁文灏还用心地逐条作了笔记。

3月10日晚上，邵力子和孙越崎一块来到翁文灏住所。两个人阅完他写的“反省书”初稿，三个人一起交换了意见。邵力子恳切地提出几点修改意见，重点要认识做“行政院长”、发金圆券、广播对“中共招降”等问题。

3月15日，翁文灏把写好的《反省以往错误，回到人民中国》的草稿让长子翁心源送给邵力子，请他提出意见。

3月18日晚上，孙越崎来见翁文灏，传达邵力子对文稿的意见："邵老希望您能用人民的观点，批判过去的政治错误，丢掉思想包袱，放下知识分子的自尊架子，会写得更好。"

翁文灏按照邵力子、孙越崎以及钱昌照、卢郁文等人的意见又修改了多次。3月22日把誊写好的文稿，送给邵力子。第二天晚上，孙越崎来访，告诉翁文灏先生说："邵老看了文稿很满意，他把题目中'错误'改成了'罪过'。邵老亲自把文稿送给了周恩来总理。"

4月6日，在周恩来总理主持政务院第七十九次政务会议间隙。邵力子和黄季宽挤时间请示周恩来总理对翁文灏的"反省书"的意见。周恩来说："翁老年岁大了，从旧社会过来，认识到这个程度，已属不易，希望他多保重身体，以便为新中国多做些事情。"4月15日晚上，孙越崎把周恩来总理的话转告给翁老。翁文灏老人高兴得夜难成寐。

后来翁文灏又在统战部和一些老朋友们的帮助下，认识逐步提高，很快得到了党和人民政府的谅解。此后，翁文灏先后担任了全国政协委员、民革中央常委等职务。翁老在晚年为我国的社会主义建设和统一大业做了许多有益的工作。1956年4月25日，毛泽东主席在中共中央政治局扩大会议上作(论十大关系)的报告，谈到翁文灏时，说他是一位"有爱国心的国民党军政人员"。

◆ 五、提倡计划生育 ◆

邵力子是一位很有远见的人，早在20世纪30年代初期，他就在中国提出了节制生育的问题。1922年5月，他在《民国日报·妇女评论》副刊上就发表了《生育节制释疑》的评论文章。他在文章中提出："生育节制，本非生育废止"。他提倡"女子在23岁以前不使生育，结婚未经二三年不使生育"。这样"子女教育可以充分满足，父母也不致过劳，得以享受人生乐趣"。[①] 妇女生育子女过多，不只影响母婴的身体健康，加重家庭的经济负担，对国家的经济发展也是不利的。纵观世界历史，越是贫穷的国家，人口越多，增长越快；人口过多又加速了人民生活的贫困化。不只是一个国家如此，一个家庭也是如此。这是一个相互为用的恶性

① 见《邵力子文集》下册，第697页。

循环。

1953 年，中央人民政府在全国范围内，进行了历史上第一次人口普查。截止到 1953 年 6 月 30 日止，全国人口已达 6 亿人。每年约增长 1200 万至 1300 万人，增长率为 20‰。

当时许多人看了这个庞大的人口数字，认为居“世界第一”而自豪！但日夜为中国人民的吃、穿、住、行操劳的周恩来心情却不轻松。

这年 8 月，周恩来指示中央卫生部“宣传、帮助群众节育”，并且批准了卫生部修订的《避孕及人工流产办法》。

邵力子也看到了全国人口已达 6 亿多这个数字。他也开始动脑子思考这个问题。他结合社会主义建设和自己的工作实践，深刻领会社会主义计划经济的精神实质。他把新中国成立前“节制生育”的思想和“计划经济”的精神相融合，日夜酝酿成“计划生育”的科学思想。邵力子认为，在社会主义制度下，社会生产是有计划按比例发展的，人口也需要按比例有计划增加，使人类对社会产品消费的需求低于社会生产力的发展速度和水平，从而使人民生活越来越幸福。因此，他主张必须迅速地制定控制人口增长的计划，把计划生育纳入计划经济的范畴之中。

1954 年 9 月，他以浙江省人大代表的身份出席第一届全国人民代表大会。9 月 17 日，在第一届全国人大的第一次大会讨论宪法草案和关于宪法草案的报告时，他在发言中首次提出“计划生育”的意见：“人多是喜事，但在困难很多的环境里，似乎也应有些限度。宪法规定母亲和儿童受国家的保护，这也是非常使人鼓舞的。但如果做母亲的总是每年生一个孩子，甚或身体已经很弱，负担已是太重，还无法不生孩子，国家对他们也就很不容易保护，她们自己所受的痛苦更不用说了……在我国，堕胎问题可以撇开不谈，至于有关避孕的医学理论等措施，确是应当传播的，并且，还应当从实际上指导并供给有关避孕的方法和物品。”他在大会上侃侃而谈，周恩来在主席台上认真地听，不住地点头，觉得这位绍兴老乡的发言真说到自己的心坎上了。

会议休息间，周恩来对邵力子说：“你讲得很好，这个问题应该抓一下了。”

邵力子兴奋地说：“我们新中国从旧社会接受了一个贫穷落后的烂摊子，各方面都需要振兴发展，如果人口增长过快，必然和经济建设形成尖锐的矛盾。我们当政者,必须防患于未然,采取有效措施,切实控制人口过快增长。”

站在旁边的马寅初说:“我有同感。”马寅初也是绍兴人,1953年全国人口的普查结果,对他震动也很大。

随后,邵力子在1954年12月19日的《光明日报》上发表了《关于传播避孕常识问题》的长篇文章。他在文章中精辟地论述了为计划生育而避孕的必要性,为保护母婴的身心健康,为了青年男女的幸福生活而采取避孕的迫切性。他在文章中写道:“现代人类对任何事情都可以按照自己的愿望和需要,制定进行计划,像生男育女这样的大事,实在应当预先定出计划,当然,定了计划还可以按照进行的实际情况,随时修正。科学的避孕常识和方法,对这样的计划会有很大的帮助。”

1955年春天,马寅初回浙江调查人口情况返回北京。邵力子知道这个情况后,立即打电话给马寅初说:“马老,听说你亲自到浙江老家考察了一番,我很想听听你的感受,和你交流一下‘如何控制人口’的意见。卫生部长李德全想和我一块去……今天下午去,有时间吗?好,一会儿见。”

马寅初在重庆就和冯玉祥、李德全夫妇俩很熟悉。今天听说李德全和邵力子一起来,心里自然高兴。

北京东总布胡同三十二号,在马寅初老先生的宽敞客厅里,马老与邵力子、李德全在一起,边饮茶边谈自己在浙江考察的结果:“我这次从浙江人口的考察数字统计,发现浙江每年人口的增长率平均为2.5%到3%,有的地方甚至高达5%。”

李德全说:“岂止浙江如此,全国大部分省区都一样。”

邵力子说:“我们国家如果不采取有效的措施,长期任其发展下去,就会给国民经济带来极大的困难。人民的物质生活就不可能迅速得到提高。”

马寅初说:“我准备把调查来的材料,写成一个报告,提交即将召开的一届人大二次会议,你们看怎样?”邵力子和李德全表示完全支持。

1955年7月,马寅初在一届人大二次会议上,把自己的“新人口论”的文章作为书面发言,交浙江代表小组讨论,征求意见。没想到多数人摇头或不表态。个别代表竟然说:“在社会主义制度下,是没有人口问题的。”“你搞的‘人口论’,完全是马尔萨斯那一套。”有的人甚至想借此批判马寅初,周恩来知道后立即制止,才得以幸免。

在这次代表大会上,邵力子仍然坚持自己的观点,他根据社会上广大多子女的妇女要求，提交了《请加强避孕常识的宣传和放宽节育技术的限制》的提案。

邵力子采取以"避孕常识"进行宣传，是十分策略的。当时社会上存在"人口多是好事"的形而上学的思想偏见，如果一上来就提到"人口问题"则不能为大家所理解，甚至遭到反对。而以宣传"避孕常识"为突破口，则符合人们心理的承受力，容易被人接受，效果也明显。即使这样，也遭到一些人的反对。在浙江温州市东区人民政府有一位同志曾写信给邵力子先生，质问他"代表哪一界人民的利益"，又说"像这样的代表，如果不好好学习"，再宣传什么"避孕常识"、"计划生育"之类的事情，人民应该考虑"把他的代表资格撤销"。

1956年1月12日，浙江省第一届人大召开第二次会议时，邵力子列席大会并有针对性地发言说："我写的文字，着重说明传播避孕常识是为了母亲们的身心健康，为了青年男女的幸福生活，生育必须有距离，生育更应有计划。""生长在科学时代的我们，什么事情都可以预定计划，按照计划办事；生儿育女是人生大事，却不能预定计划，实在是缺憾。"然后他又详细论述了"计划生育"与"新马尔萨斯人口论"的本质区别。

1956年1月30日，周恩来总理在政协第二届全国委员会第二次会议上作了《政治报告》。2月1日，邵力子在小组讨论周恩来的"报告"时，他以大量的事实反映了知识分子多子女带来的困难和痛苦，提出应放宽节育技术限制的意见，引起大家热烈的讨论和反响。2月3日，邵力子又把主张避孕的充分理由写成提案送交大会。周恩来总理看到他的提案后，给予了充分肯定。这对邵力子是一个极大的鼓舞。不久，邵力子又把自己了解到的农村宣传避孕知识存在的问题向周恩来同志作了汇报，再一次得到了总理的支持与鼓励。

1956年4月20日，周恩来主持国务院常务会议时，公开支持邵力子的观点，为他辩解说："卫生部要好好研究一下，多访问些职工家属，研究些科学的好的避孕方法。这一点上，邵力子的意见是对的，不会发生马尔萨斯人口论的错误。"

1956年11月9日，周恩来主持国务院常务会议，再次支持马寅初和邵力子在节制生育、控制人口上的正确意见，间接批评了一些错误思想，他说："人口多确实是个问题。马寅初、邵力子提出这个问题不能一概驳掉，说是马尔萨斯思想。马尔萨斯在分析人口规律上有他一定的客观性，而他主观主义作出的结论为帝国主义所用，则成为反动的理论。"

1956年6月，邵力子在第一届全国人民代表大会第三次会议上，进一步提出具体的节育办法和节育药品。比如，他主张采取结扎技术节育："我认为结扎输精管、输卵管可以不再生育，省去了药品的供应和要求，在国家和个人的经济上都有好处，尤其是结扎输精管，手术极为简单，所费时间极少，毫无危险和流弊，也不增加医院床位的负担，也没有医师不够应付的顾虑。"

1956年9月，中国共产党召开了第八次全国代表大会。周恩来在大会上作报告时明确指出："在第二个五年计划期间，必须继续发展卫生医疗事业，开展体育运动，并且适当地提倡计划生育。为了保卫妇女和儿童，很好地教养后代，以利民族的健康和繁荣，我们赞成在生育方面加以适当的节制。卫生部门应当协同有关方面，对于节育问题进行适当的宣传，并且采取有效的措施。"周恩来还建议成立一个节制生育的专门机构，并对这个机构的组织形式提出了具体设想。同时在《农业发展纲要四十条》上也正式规定："除了少数民族地区以外，在一切人口稠密地方，宣传和推广节制生育。"

邵力子学习了八大的文件和周恩来的报告，更受鼓舞。

这年11月份，邵力子豪情满怀，信心十足地自费印制了一批32开本的《关于传播避孕常识问题》的小册子。他到处赠送，还常常对年轻的亲朋好友们伸出一个手指头说："只生一个就够了，再不要多生。"

1957年7月5日，《人民日报》发表了马寅初的《新人口论》。邵力子除了自己认真地研读之外，还和夫人傅学文在一起议论。

1957年7月12日，邵力子在全国人大一届四次全体会议上发言说；"目前宣传节育已很容易为群众所接受，而我们做得还不够，有待于大力开展；避孕药物更是群众所迫切需要，而我们不能普遍及时地供应，有待于大量制造并进口一部分；群众还要求更简便、更经济、更有效的内服避孕药物，而我们还不能提供，有待于专家积极研究。""实现计划生育是越快越好，把目前过高的人口增殖率早一点降低些，就能把人民内部矛盾所产生的困难早一点减少些。""这次会议中，马寅初代表提出了一篇《新人口论》，也可以说是人口控制论，他从多方面说明我国控制人口的必要。我基本上同意他的意见。普遍宣传避孕是推行计划生育最好最有效的办法。"邵力子把自己心里的想法和对马寅初的支持，毫无保留地和盘托出。

1957年9月，周恩来在八届三中全会上强调指出："中国的人口增长应与生产的增长相适应。”

到了1957年10月14日,《人民日报》却发了一篇题为《不许右派利用人口问题进行政治阴谋》。人们已经嗅到了浓烈的火药味,社论在暗示广大群众,在向党进攻的右派中,里面包括马寅初等人。

时针转到1958年6月,《红旗》杂志创刊号发表了毛泽东4月15日写的《介绍一个合作社》。文章中有一段流传很广的名言:“除了党的领导之外,6亿人口是一个决定的因素。人多议论多,热气高,干劲大。”邵力子读了这篇文章,预感到马寅初和他的《新人口论》真的要出问题了。

1958年5月4日,北大校庆60周年。嘉宾陈伯达在主席台上,当着马寅初的面,对全校师生宣布:“马寅初要对他的《新人口论》作检讨!”

7月1日,在北大纪念中国共产党成立37周年大会上,“理论权威”康生也是当着马寅初的面对全校师生说:“你们北大出了个《新人口论》。它的作者也姓马。这是哪家的马啊?是马克思的马,还是马尔萨斯的马?我看是马尔萨斯的马!”

从此,马寅初的《新人口论》在校内外遭到了彻底的批判,斥《新人口论》为“新马尔萨斯主义”。马寅初的北京大学校长职务也被撤销了。余波所及也把邵力子的“计划生育”理论与“新马尔萨斯人口论”相提并论加以非难。有些好心的朋友劝邵力子不要再坚持“计划生育”的宣传工作了。但邵力子不听,他说:“科学是批判不倒的,淫威是压不服的。个人受点冲击是小事,计划生育是关系国家经济建设的大事,我不能考虑个人的小事而丢掉大事不顾。”邵力子不为权势屈服。

为了公正地评价马寅初,并保护马寅初,周恩来对统战部来请示的人说:“马寅初是中国第一个经济学家,是北京大学教授,国内外都有相当大的影响。他是爱国的,坐过国民党的牢,出来后同我们合作;日本投降后,反饥饿、反内战的示威游行,他和学生一起上街,走在队伍前面。这一段历史,是不能篡改的。对马寅初不能定成右派。”

邵力子毫不计较个人得失,继续宣传他的计划生育主张。1958年2月10日,邵力子在一届全国人大五次会议上发言说:“列宁在《工人阶级与新马尔萨斯主义》一文中曾经说过:工人阶级与新马尔萨斯主义绝不相容,但‘这丝毫也不妨害我们要求断然废弃一切惩罚堕胎的法律,或者是传播有关避孕的医学理论等等措施’。”邵力子还引用周恩来在党的“八大”上的讲话,作为他的立论依据,来驳斥对他的不公正批评。

邵力子至死都在坚持他的“节制生育”、“控制人口”的理论主张。

◆ 六、为台湾回归而奔走呼号 ◆

1955 年 12 月 23 日,周恩来在接见来访的香港大学英籍教授布兰软和其随行人员,谈到台湾问题时说:“我们可以同蒋介石谈判和平解放台湾问题。我和蒋介石是老朋友,合作过两次。20 年前我还‘放’了他一次,不是我个人‘放’的,我是参与‘放’他的工作就是了。既然合作过两次,当然还可以合作第三次啰!”

1956 年 1 月 30 日,周恩来代表中共中央在政协第二届全国委员会第二次会议上作《政治报告》谈到对台政策时说:“凡是愿意走和平解放台湾道路的,不管任何人,也不管他们过去犯过多大罪过,中国人民都将宽大对待,不咎既往。”周恩来还号召说“台湾同胞和一切从大陆跑到台湾的人员,站在爱国主义旗帜下来,同祖国人民一起,为争取和平解放台湾、为实现祖国的完全统一而奋斗!”

邵力子先生从 1954 年起,就根据党中央的指示精神,经常撰稿到中央人民广播电台做对台广播,劝告台湾国民党人,消除成见,打破顾虑,及早回归祖国。到了 1956 年,邵力子根据党中央对台政策的新精神,希望促成国共第三次合作,他的广播讲话就更加入心入耳,大讲“爱国一家”“爱国不分先后”的意义。

周恩来为了把中共的对台政策告诉蒋介石,在 3 月 16 日接见即将访台的李济深过去的卫士长、英国人马坤时说:“请你向蒋介石或你的其他朋友转达几句话:首先,你可以向他们说,蒋介石是我们的老朋友,他认识毛主席,也认识我。我们同他合作过两次。最后一次谈判是在南京,那是 1946 年,那次谈判破裂以后,接着打了三年内战,至今还没有结束……我们从来没有把和谈的门关死。任何和谈的机会,我们都欢迎,我们是主张和谈的。既然我们主张和谈,我们就不排除任何一个人,只要他赞成和谈。”

马坤听后十分感动地说:“只要蒋介石愿意见我,我一定向他转告这一切。”

谈到台湾的未来,周恩来说:“蒋介石还在台湾,枪也在他手里,他可以保住。主要的是使台湾归还祖国,成为祖国的一个组成部分。这就是一件好事。如果蒋介石做了这件事，他就可以取得中国人民的谅解和尊重，而这件事也会像你所说的那样载入历史。中国共产党讲话是算数的，我们说的话是兑现的，我们从不欺骗人。”

1956 年 6 月 28 日，周恩来在第一届人民代表大会第三次会议上作《目前国际形势、我们外交政策和解放台湾问题》的报告时又说：

> 现在，我代表政府正式表示：我们愿意同台湾当局协商和平解放台湾的具体步骤和条件，并且希望台湾当局在他们认为适当的时机，派遣代表到北京或其他适当的地点，同我们开始这种商谈。
>
> ……
>
> 为了团结一切爱国力量早日实现祖国的完全统一。我愿意在这里再一次宣布，我们对于一切爱国的人们，不论他们参加爱国行列的先后，也不论他们过去犯了多大罪过，都本着“爱国一家”的原则，采取既往不咎的态度，欢迎他们为和平解放台湾建立功勋，并且还将按照他们立功大小，给以应得的奖励和适当的安排。
>
> ……
>
> 祖国的大门对于所有的爱国分子都永远是敞开着的。任何一个中国人对于祖国统一的神圣事业都有权利和义务作出自己的贡献。依靠全民族的团结和全国人民的努力，台湾的解放是一定能够实现的。

7 月 13 日，周恩来由邵力子、张治中、屈武陪同，接见原国民党中央通讯社记者、时任新加坡《南洋商报》特派记者的曹聚仁。在宴会上，曹聚仁问：“总理十几天前在全国人大会议上的发言，我认真地拜读后，感到十分兴奋，认为和平解放台湾很有希望。您的讲话，在国内外，尤其是在台湾引起了巨大反响。”

周恩来点头微笑着说：“台湾是我国的神圣领土。在这个问题上，我们和台湾当局没有矛盾，意见是一致的。我们一定要解放台湾，是我国政府的既定方针，是永远不会变的。至于用何种方式解放，使台湾回归祖国，我们和国民党是可以商量的。”

曹聚仁又问：“您在报告里说‘和平解放台湾’的原则有‘爱国不分先后’、‘爱国一家’，甚至‘不论他们过去犯了多大罪过’只要回来，都可以‘既往不咎’。这张支票的票面价值和实际支付的现金价值一样吗？”

周恩来听后开怀大笑说：“请先生放心，‘和平解放台湾’这张支票的实际价值和票面价值完全相符。中国共产党说话从来是算数的。”

16日晚上，周恩来又抽时间，再次宴请曹聚仁。作陪的有邵力子、屈武。席间，曹聚仁首先问：“前些时，您接见国民党的有关人士，曾提到在新的形势下，国共合作问题，这种可能性有多大？”

周恩来沉思了一下说：“在历史上我们和国民党有过两次合作。一次是北伐战争，共同反对北洋军阀；一次是抗日战争，共同抗击日本帝国主义。现在我们愿意在统一祖国和建设祖国的问题上与国民党实行第三次合作。在这方面，我们是有诚意的。”

曹聚仁说：“假如能实现第三次合作，当然很好。不过，如今国民党的地位在国内和以前大不一样了。地盘，只有台湾；军队，就那么几十万人。回归祖国有点被招安的意味。”

周恩来说：“我们说的第三次合作，对国民党来说绝对不是‘招安’，也不是让他们‘缴械投降’。只要政权统一，祖国统一，其他任何问题都可以坐下来商量。国民党政要的职位也可以协商妥善解决。”

邵力子在一旁插话说：“国共再次合作，是人心所向，大势所趋啊！”

7月27日，邵力子在《人民日报》上发表了《中国人民民主制度发展的必然趋势——对中国共产党和各民主党派“长期共存，互相监督”方针的体会》。他在文章中说：“‘长期共存，互相监督’的方针提出不是偶然的，而是中国人民民主统一战线的必然趋势……反映了中国具体情况下人民大众的需要，也反映了社会主义建设和社会主义改造的需要，成为推动社会前进的一定的力量……我愿在这个方针下，尽力联系原国民党及与原国民党有历史关系的社会中上层人士，团结在政府的周围，进一步发挥统一战线应有的作用。”

1956年国庆节，曹聚仁再次到北京观礼。10月7日，周恩来宴请曹聚仁，作陪的有邵力子、张治中、徐冰、屈武、童小鹏、罗青长。席间，曹聚仁问：“总理，关于蒋介石先生回国后的职位安排有种种传闻，不知中央政府到底能给蒋先生什么职位？许多人对这个问题很感兴趣。”

周恩来说："当然不能安排蒋先生做地方长官，总要在中央安排。台湾还是他们管，如果辞修(陈诚的字)愿意做台湾地方长官，经国只好让步做副的。其实辞修和经国都是想干些事的。辞修如愿到中央，职位当不在傅宜生之下。经国也可以到中央。"

曹聚仁又问："为什么现在不提'除蒋贼一人外'呢？"

周恩来笑笑说："我们现在不公开反蒋，就是为和谈制造气氛。我们的手总是伸着的。蒋介石先生前天对记者谈话，还要我们'缴械投降'。他为了应付美国人，说些反共的话，我们完全理解。"

曹聚仁说："《人民日报》不反蒋了，但有些地方报纸还是反蒋，是怎么回事？"

周恩来说："地方上的小报我们就管不了如此之多了。我们请你转告台湾当局，希望他们约束一下，不要派人来搞破坏活动。去年'克什米尔公主号'事件，就是他们收买周驹搞的，弄得名声很不好。今年又想派人破坏我们党的'八大'。这样做不得人心，将来不好向人民交代。其实倒不是哪个人怕死。'克什米尔公主号'事件后，我还是去了印尼，以后又到了新加坡，那里还不是有他们的特务吗？蒋先生和经国爱搞这一套，可能是受了英士(陈其美的字)先生的影响，其实，历史证明这一套是不能成功的。我们不破坏他们，希望他们内部团结，不发生内乱，希望台湾整个回归祖国怀抱。他们有什么困难都可以提出来，我们是有诚意的，我们可以等待。希望他们也拿出诚意来。在国内，我们已指示有关部门和有关地方当局，对蒋、陈等的祖坟加以保护，对其家属注意照顾。"

1956 年 10 月 22 日，周恩来主持政协第二届委员会常委会第三十次扩大会议。会议主要是讨论纪念孙中山诞辰 90 周年的活动。会议决定：由周恩来等 87 人组成"孙中山诞辰 90 周年纪念筹备委员会"。周恩来任主任，林伯渠、包尔汉、沈钧儒、邵力子等任副主任。邵力子兼秘书长。纪念孙中山诞辰九十周年的宣传方针是：阐释发扬孙中山先生的"联俄、联共、扶助农工"三大政策，并宣扬他实行国共合作的伟大功绩和范例。

10 月 31 日，邵力子在中央人民广播电台发表了题为《在中山先生爱国精神感召下重新团结起来》的广播演说，号召台湾国民党党员归来参加孙中山先生 90 周年诞辰纪念活动。他说：

台湾的国民党党员们：我们中国同胞共同敬仰的，一代伟大革命领袖孙中山先生的90周年诞辰就要来到了。孙中山先生的一生是革命的一生，是宣扬爱国的一生，是求中国之自由平等、国家富强、人民康乐、世界大同的一生。现在不但全国同胞正以热烈的心情，来追怀感念中山先生的丰功伟绩和他的爱国奋斗精神；就是世界各国人士也都对我国的这位非凡杰出的人物，表示深切的崇敬。

……

我现在代表孙中山先生诞辰90周年纪念筹备委员会，正式向你们约请，热望你们在感怀孙中山先生遗教所垂示的爱国思想下，能够回来同我们一道举行隆重热烈的纪念大会，尤其是同我们一道举行参谒南京中山陵的隆重仪式。

我们同是中国人，应当同在今天获得自由平等的强盛祖国，一齐团结起来，告慰于一代的革命导师。你们来既自由，去更自由。

……

我想：你们勾留海外，岁月稽迟，当此秋高气爽，是谁都怀念祖国亲友、故乡田园的。王摩诘的有名诗句："独在异乡为异客，每逢佳节倍思亲；遥知兄弟登高处，遍插茱萸少一人。"你们今天也更会有这种心情吧。我们革命导师孙中山先生的90周年诞辰，是国民党人最大的佳节，也是全国同胞最大的佳节。这一代人、50岁以上曾经亲聆中山先生训示的和一向自信是中山先生信徒的人们，能逢几次这样隆重盛大的佳节呢？面临即将到来的这个佳节，是更会引起游子思亲，怀乡怀国之感的。归来吧，及时归来参加盛典，一叙契阔吧！祖国人民的洋溢热情，故乡田园的秀丽景色，社会建设的崭新面貌，以及你们白发倚闾的双亲、望穿秋水的妻室儿女、兄弟朋友们都在向你们招手！我们应当在中山先生伟大爱国精神的感召下重新团结起来。

邵力子根据周恩来的指示，筹备、组织了全国的纪念孙中山先生90周年诞辰的活动，出版了《孙中山选集》，发行了印有孙中山头像的纪念邮票，颁发了特别金质纪念章，编印了中、英、俄文的纪念特刊。北京和其他大城市举行了盛大隆重的纪念大会。11月11日在北京举行的盛大纪念会上，周恩来亲莅大会并致开幕词说:孙中山先生是中国近代民主革命的卓越的先驱,“是领导推翻封建帝制、为建立民主共和国而奋斗的英勇战士,是反对帝国主义侵略、为祖国的独立自由而斗争的爱国者”,“是伟大的革命家和政治家”。毛泽东亲自撰写了《纪念孙中山》,在文章中盛赞孙中山的丰功伟绩。

邵力子在这次纪念孙中山诞辰的活动中,认真地执行了周恩来制定的宣传方针。这次全国规模的纪念活动,在国内外产生了巨大的影响。它既是对孙中山先生亡灵的告慰,也是对海外国民党各界人士的一次深刻的爱国主义教育。邵力子的爱国之情在这次活动中,也得到了充分的宣泄。

◆ 七、“胡子”与“濂溪”间的桥梁 ◆

邵力子的莫逆之交、台湾国民党政府监察院院长于右任浪迹台湾。1958 年,他已年届八十,思乡念亲之情天天在折磨着他。他常念及当年他在南京中山陵手植的松树,随着韶华的流逝,今天也该老了罢,树犹如此,人何以堪。于右任先生遥念大陆诗友,天南地北,不胜伤感,于是赋诗一首:

破碎河山容再造,凋零诗友记同游。
中山林树年年老,扫墓于郎已白头。

于右任的诗很快传到大陆。邵力子读到此诗感慨万千,随之写成《勉励在台旧友》一文。邵力子在文章中引用了此诗后说:“于老怀念祖国故旧的深情,悲伤老大飘零的忧思,情见乎词矣。我知道,这不只是于老个人的伤感,也代表了在台湾的许多朋友的心情。”他恳切地希望在台湾的大陆同胞们,“本着中山先生随着时代潮流不断前进的精神,贯彻中山先生反帝国主义,和平统一中国,建设繁荣富强的新中国的遗志,作出应有的贡献”。

1958 年,于右任与夫人高仲林结婚五十周年金婚前夕,他十分怀念留在大陆的夫人。他颤抖着双手从保险箱中取出早年夫人为他亲手缝制的布鞋布袜,抚视良久,写下了《忆内子高仲林》一诗:

两戒河山一支萧,凄风吹断咸阳桥。

白头夫妇白头泪，留待金婚第一宵。

1961年3月中旬，章士钊由香港回到北京，立即给周恩来总理写了一封信。信中说：“胡子近日给香港吴季玉先生函，称‘今年内子高仲林适值八十寿诞。我不在大陆，定会冷落。思念至此，备感伤心。’胡子的伤感之情，望总理予以关注。”

周恩来读了章士钊的信，想起了与被尊称为“胡子”的于右任先生昔日的交往。当年周恩来在武汉创办《新华日报》时，亲自找到于右任先生，请他题写报头。于先生欣然从命。第二天，于右任派秘书把写好的报头送给周恩来时说：“这是于老从写好的十几张中，挑选的最满意的一张。”周恩来听了十分感动。1945年重庆谈判时，于右任曾在家设午宴招待毛泽东等中共代表，在席间讲了许多肺腑之言。新中国成立放前夕，他曾托屈武劝于老先生投奔解放区。但由于环境恶劣，于右任身不由己被裹胁到了台湾。周恩来思念至此，马上请罗青长给屈武挂电话，请他去西安给岳母祝寿。

屈武知道了周恩来总理的意思后，马上找邵力子夫妇商量：“岳母的寿诞已过一个多礼拜，这怎么办？”

邵力子说：“我在陕西做省主席时，记得陕西有个风俗，晚辈由于路途遥远，没有及时祝寿，可以给长辈补寿。”

屈武听了很高兴，便打电话报告周恩来总理：“我岳母的寿辰已过十多天，不过陕西有晚辈补寿的风俗，最近我就动身去西安。”

周恩来在电话里高兴地说：“这就很好。不能为这点小事使你岳父伤心。屈武先生，你和于芝秀应该记着岳母的寿辰，主动办就好了。”

屈武不好意思地说：“工作一忙，就忽略了这些，以后不会再忘了。”于是屈武带着儿子、儿媳和于老先生的外甥周伯敏赶到西安给岳母祝寿。于芝秀早就和母亲住在一起，看到这些亲人千里迢迢来祝寿，老夫人高兴得不得了。出席祝寿宴会的还有于有任的老友茹欲立、孙蔚如，以及当地统战部门的负责人和亲朋二十余人。老夫人感动得热泪盈眶，她拉着屈武的手说：“你回到北京，看到周总理时，代我多谢他。”

屈武回到北京，想托人把祝寿的照片带给台湾的岳父，还想附信说明祝寿的经过和祝寿的起因是出自周总理的关怀。但为了预防国民党的特务发现后加害岳父等人,他在信中又不能出现周恩来的名字,反复思考,无良计可施。屈武只好又去请教邵力子先生。

邵力子一听,笑了,说:“这极容易。你把信中的‘周总理’三字换成‘濂溪先生’四个字就成了。”

屈武问:“典从何来?”

邵力子说:“抗战时期在重庆,我和于先生住在一起。我俩经常谈论历史名人,特别是多次议论北宋名儒周敦颐。周的别号本来叫茂叔,他在庐山莲花峰下的小溪上筑室讲学,人称濂溪先生。当年我和于先生在一起时,每逢提到周恩来时,总是代以濂溪先生,以免惹人注意。你在信上写明得到濂溪先生的帮助,于先生一看便知是怎么回事,而别人却不会想到是周恩来的。”

于右任在台湾读到屈武的信,并看了照片,感动得老泪纵横。一个人默默地说:“知我者,周公也!”

于右任托吴季玉致函屈武,请他向“濂溪先生”转达诚挚的谢意。屈武按于老先生的意思办了。周恩来听后高兴地说:“只要于老先生高兴,我就心安了。”

1962 年元旦,于右任在监察院参加了新年团拜之后,回首半个世纪以来的往事,不仅黯然神伤。加上疾病缠身,心绪不宁,自觉在世之日不会太久,因而在日记中写下了自己对身后事的想法:“我百岁后,愿葬于玉山或阿里山树木多的高处,可以时时望大陆。我的故乡,是中国大陆。”过了几天又写道:“葬我于台北近处高山之上亦可,但是山要最高者。”

1 月 24 日,于右任一夜未眠,在天微微发亮时,写下了《望大陆》这首使人怆然泪下的悲歌:

葬我于高山之上兮,望我大陆;
大陆不可见兮,只有痛苦!
葬我于高山之上兮,望我故乡;
故乡不可见兮,永不能忘!
天苍苍,野茫茫;
山之上,国有殇!

是年夏天，于右任到金门去参观，要副官扶他登上县城东面的太武山。于右任在大雨滂沱中，情意绵绵地眺望大陆，吟成沁人心脾的《雨中望乡》诗：

独立精神未有伤，天风吹动太平洋。

更来太武山头望，雨湿神州看故乡。

于右任思念亲人，渴望团聚，盼望早日回到祖国大陆的爱国的深情融化在诗句之中，跃然纸上。邵力子看到此诗后，眼泪夺眶而出。邵力子把这首诗在电话里读给周恩来听，周恩来在窗前凝视着院中的海棠，伫立多时。

由于种种复杂的国际、国内原因，和平统一祖国的进程十分艰难。周恩来和于右任生前虽然没有看到祖国和平统一，但他们坚信台湾迟早要回到祖国怀抱。周恩来说："我们这辈子如看不到解放台湾，下一代或再下一代总会看到的。我们只要播好种，把路开对了就行。"①

我们可以告慰老一辈无产阶级革命家的是，他们播下的种子正在发芽，后人正在沿着他们开拓的道路阔步前进。1997 年 7 月 1 日，香港回归祖国；1999 年 12 月 20 日，澳门又回归祖国。2000 年元旦，江泽民主席在全国政协新年茶话会上的讲话指出："应该坚信，台湾问题是一定能够得到解决的。""台湾是中国领土一部分的地位是不能够改变的。我们坚持'和平统一，一国两制'的方针没有改变。""我们寄希望于台湾当局，更寄希望于台湾人民……我们再次呼吁，在条件成熟时，在一个中国的原则基础上进行海峡两岸的对话与谈判，什么问题都可以谈，台湾人民和各界人士的利益都将得到充分的考虑。我们充分重视台湾与港澳的不同特点。按照'一国两制'方针解决台湾问题，实现和平统一的内容可以比港澳更为宽松。"我们相信台湾回归祖国的日子已经为时不远了。

◆ 八、在整风、反右和"文化大革命"中 ◆

1957 年春天，中国共产党为了改善党的领导，纠正党内日益滋长的官僚主义、宗派主义和主观主义，以便更好地领导全国的社会主义改造和经济建设，于

---

① 见《周恩来传》(1949—1976)上卷，第 484 页。

1957年4月27日,发布了《关于整风运动的指示》,指出:应当把正确处理人民内部矛盾的问题作为整风的主题。

4月30日,毛泽东在天安门城楼邀请各民主党派负责人举行座谈会,请他们帮助中共整风。毛泽东号召民主人士揭露教育、卫生等部门中的官僚主义,请他们畅所欲言,对工作中的缺点、错误提出意见。他说:"几年来都想整风,但找不到机会,现在找到了。凡是涉及许多人的事情,不搞运动,搞不起来。需要造成空气,没有一种空气是不行的。现在已造成批评的空气,这种空气应继续下去,以处理人民内部矛盾为主题,分析各方面的矛盾。"第二天,《人民日报》第一版以醒目标题刊出"全党进行一次反官僚主义、反宗派主义、反主观主义的整风运动"。

从5月8日至6月,中共中央统战部在政协和国务院礼堂召开民主党派、无党派民主人士座谈会13次;召开工商界座谈会25次。在座谈会上,党外人士对党的工作和作风提了大量批评意见和建议。有的意见尖锐而又切中时弊。比如,5月15日,张奚若发言说:共产党内滋生了骄傲情绪,主要表现是:好大喜功(误认为社会主义就是大),急功近利(强调速度,把长远的事用速成的办法去做),鄙视既往(轻视历史的继承性,一切搬用洋教条),迷信将来(认为将来一切都是好的,都是等速发展的,将来还没建立起来,就把过去都打倒)。5月16日陈叔通发言说:"'矫枉必须过正'是否永远都是金科玉律,值得怀疑;希望领导认真总结一下,是保守思想对社会主义建设造成的损失大,还是盲目冒进造成的损失大。"76岁的邵力子,由于年迈体衰,很少参加座谈会,即使去开会也是坐在一个角落里听大家发言,没提什么意见。

整风初期,运动健康地向前发展,但随着运动的深入,一些人的发言"出轨"了。民盟负责人罗隆基说:"现在是马列主义小知识分子领导小资产阶级大知识分子,外行领导内行。"农工民主党的章伯钧提出:"现在工业方面有许多设计院,可是政治上的许多设施,就没有一个设计院。我看政协、人大、民主党派、人民团体应该是政治上的四个设计院,应该多发挥这些设计院的作用。"《光明日报》总编辑储安平竟然提出"党天下",有的人竟提出与共产党"轮流坐庄"。

这时毛泽东震怒了。6月8日,中共中央发出《关于组织力量准备反击右派分子进攻的指示》;同日,《人民日报》发表《这是为什么?》的社论,在全国拉开了反右派斗争的序幕。

反击右派开始，民革中央召开讨论“章伯钧和罗隆基问题”的座谈会。邵力子觉得与章伯钧、罗隆基多年前就认识，他们在反对国民党发动内战、促进和谈诸方面，靠拢共产党，还是很进步的。于是就发言说：“章、罗的问题要实事求是地具体分析，‘君子恶居下游’嘛！不少人向党提意见，语言虽然过分尖锐，难免有错误之处，但他们的出发点还是善意的。”

邵力子万万没有想到，他的发言招致一些人的极端不满。一夜之间，在一些人的操纵下，民革大院，楼内外贴满了邵力子的大字报。说“邵力子不仅为章、罗联盟开脱罪责，而且继续放毒”、“邵力子仍然向党进攻”、“邵力子攻击反右派运动”，等等。一些人还把邵力子的发言打印出来，上报统战部，还直接呈送到毛泽东那里。毛泽东看了报上来的材料，笑笑说：“‘君子恶居下游’这句话有什么错呵！我看有些人的头脑发热了。”周恩来看了报上来的材料，对来人笑笑说：“你们不要头脑膨胀得太厉害。我20年代就和邵力子在一起工作过，我了解他。他说这话没有什么恶意。”就这样，邵力子在毛泽东、周恩来的保护下，才免了一场灾难。

邵力子仍然对党忠心耿耿，有啥说啥，他在统战部召开的一次座谈会上，直率地提意见说：“现在有许多问题处理方法太硬，得人心很难，失人心很易。”他对李维汉部长私下表示：对民革中央的反右派斗争用沉默来抵抗。

没过几天，周恩来在西花厅约见了邵力子和张治中，听取他俩对反右派运动的意见，并劝他俩要正确对待群众运动。

1958年出现了空前绝后的“大跃进”。广播电台和报纸，每天都是惊人的新闻，什么“吃饭不要钱”啦；什么“一天等于20年”，“很快进入共产主义”了；什么“人有多大胆，地有多大产”啊；今天的报纸上是“亩产万斤水稻”，明天就会出现“亩产两万斤”甚至“亩产四万斤”，还配上五个小孩站在水稻尖上的照片，等等，“卫星”天天放。邵力子看完报，总是苦笑一下，摇摇头。他对傅学文或来家做客的好朋友，每逢谈及此类事就说：“共产党是讲唯物主义的，怎么也搞起唯心主义来了。在生产力如此落后的情况下，怎么会亩产万斤粮呢？”

有一次邵力子在民盟中央开会，在会间休息时，几个人聊天，他说：“在白菜、萝卜还摆在菜摊的地上论堆卖时，共产主义是谈不上的。”

到了1959年，庐山会议批判了彭德怀，开始反右倾以后，邵力子连这些话也不公开说了。

1966年春天，由批判《海瑞罢官》到批判"二月提纲"，一直到6月1日《人民日报》发表社论《横扫一切牛鬼蛇神》。毛泽东亲自发动并领导的"文化大革命"很快席卷了全国。

到了8月份，党的八届十一中全会召开之后，"红卫兵"组织和各种群众性的"造反派"组织，不只冲击党委、机关，还到处批判、揪斗民主党派的负责人和社会知名人士。邵力子是全国政协常委、民革中央常委，在蒋介石的国民党政府又任过要职，是当然的"牛鬼蛇神"了。

85岁的邵力子经常被群众组织揪到单位，大会批，小会斗，低头、弯腰，受尽了折磨。8月初的一天，邵力子刚刚从批斗会回到家，"造反派"就后脚跟来查抄。他们以"破四旧"为名，翻箱倒柜。旧的字画、条幅被撕了；桌案上的名贵瓷器被摔碎了。邵力子气得两眼发黑，两腿一软，几乎要跌倒在地，幸亏傅学文在旁边眼疾手快，扶着他坐在沙发上。然后傅学文轻轻地安慰他说："一切都是身外之物，由他们毁吧。"

傅学文的话被"造反派"听见了，又是一番斥责："你们这些反动派，只许老老实实，不许乱说乱动！"

当这些"红卫兵"打开一个箱子，发现是邵力子多年来记的日记、来往书信，以及过去发表的文章底稿和剪报等材料时，他们狂叫："啊！还保存着这些毒草、变天账，老家伙还贼心不死，拿走！"

这时，邵力子的心碎了，因为这是他几十年来的心血结晶。邵力子一是心疼这些宝贵的资料被毁弃；一是担心被抄走成为自己新的"罪证"。傅学文说："你们不能拿走这些东西，里边还有毛主席、周总理写给力子的信啊！"

一个造反派头头说："别给自己脸上贴金了。毛主席会给你们这些反动家伙写信？统统拿走！"

果然不出邵力子所料，第二天，造反派们又把他喊到一个所谓的"群众专政办公室"去交代"罪行"："邵力子，你老实交代，你是怎么叛变共产党的？"

邵力子理直气壮地说："不是背叛，是根据革命的需要，退出了共产党组织。你去问周总理，他最清楚。"

几个"红卫兵"头头哈哈大笑说："哎，人家都是为了革命加入共产党。没听说过,为了革命的需要,退出共产党!”

另一个说:“反动透顶,别让他继续放毒!”

邵力子什么也不再说,任凭他们斥责、谩骂、嘲笑了半天,才被放回来。邵力子一回到家,傅学文就安慰他:“你一定要想得开,无论如何我们也要挺过去。咱可不能……”傅学文再也说不下去了。

邵力子知道妻子的好意,这使他又想起一张传单上说的“作家老舍投湖自杀”的事。他也安慰傅学文说:“你放心,我什么都想得开。只是为失去老舍这位好朋友而痛心。当年老舍在武汉领导中华全国文艺界抗敌协会,是那么积极,解放后对党是那么忠诚,怎么竟落了个这样的下场?”

正当邵力子痛不欲生之际,8 月 31 日上午,来了两位穿军装的解放军同志。他们对邵力子和傅学文十分客气地说:“我们是总理办公室的工作人员,奉总理指示,来看望你们。”然后讲:周总理开了一份“应予保护的干部名单”,其中有邵力子先生。从今天起,“红卫兵”们就不得再来胡闹了。邵力子感到一股暖流传遍全身,热泪盈眶地说:“真是感谢总理啊!”

傅学文也眼含泪花,忙说:“感谢毛主席,感谢共产党!”

邵力子也忙跟着说:“感谢毛主席,感谢共产党。”

9 月 1 日,周恩来正式通知三〇一医院,准备床位,接受邵力子、张治中、程潜、傅作义、李宗仁等人住院休养。周恩来对医院负责人说:“这些民主人士,年老多病,政府应该负责保护。你们医院应该切实负起责任来。”

10 月 1 日,邵力子又经周恩来批准,登上天安门城楼,参加国庆观礼。周恩来也身穿绿军装,匆匆忙忙地走过来握着他的手说:“久违了。希望多加保重。”然后又匆匆走到其他人面前握手、问候。

结束语

1967 年 12 月 25 日凌晨，邵力子在北京东四寓所，年高无疾而终，享年 86 岁。

12 月 28 日上午 10 时，在八宝山革命公墓为邵力子举行追悼会。周恩来对追悼会非常关心，因为在这一天他要主持许多会议，忙于各省革命委员会的成立；忙于促成铁路系统的大联合，解决全国的交通运输问题，而不得脱身出席追悼会。

追悼会由中国国民党革命委员会中央副主席蔡廷锴主祭，李蕴山致悼词。参加追悼会的有：中共中央政治局委员、国务院副总理李先念、全国人大常务委员会副委员长郭沫若、张治中、全国政协副主席许德珩，李宗仁等各方面有关人士。

邵力子走完了多难的坎坷一生，离开了他深深爱着的祖国和人民。他无所遗憾，因为他一生尽了最大的努力，为国共合作、为祖国的统一、为人民的建设事业，做了应该做的事；他看到了亿万人民摆脱了剥削和压迫，获得了解放，祖国也正热火朝天地进行经济建设，各方面都得到迅速的发展。他又有所遗憾，最终没有看到台湾回归祖国，没有看到海峡两岸人民的大团圆。

邵力子的做人准则之一是热爱祖国。他把国家的利益，民族的安危时刻铭记在心。无论是在战火纷飞的年代还是在和平建设的日子；无论处在顺境还是处于逆境；无论是在谈判会议上还是在日常工作中，邵力子都是呼吁国共两党合作，实现国内和平。在大革命时代，他力促国共首次合作，携手北伐；十年内战期间，他规劝蒋介石不要屠杀共产党人；抗日战争年代，他致力于团结御侮，共同对外；解放战争时期，他为避免内战，实现和平而奔走；新中国诞生后，他为振兴中华，实现祖国统一而呼吁国共第三次合作。就是在他去世的前一天，12 月 24 日上午，张丰胄先生（北平和谈时任邵力子的秘书）来探视邵力子，两个人在床前叙谈很久，谈话的主要内容都是有关国共实现第三次合作、台湾回归等事。邵力子几十年如一日，对和平建国都是关心备至。所以国人把邵力子先生誉为“和平老人”，这个称号他是当之无愧的。

1998 年 8 月初稿

2000 年元月 7 日 13 时

定稿于北京青年湖寓所

后记

在我写作《周恩来与张治中》一书时，接触到许多有关周恩来同志与邵力子友谊交往的材料。于是便产生了再写一本《周恩来与邵力子》一书的念头，我把想法告诉了华文出版社的同志，立即得到了出版社的领导高建中、编辑时立平等同志的支持。

我从1997年秋天开始搜集有关邵力子先生的材料。我首先拜访了国务院参事张丰胄先生，他曾两度在邵力子身边工作。1949年4月，他作为邵先生的秘书随团北上和谈。老先生记忆力非常好，讲起邵力子先生的往事，侃侃而谈达四个小时之久。他还提供了许多采访线索，诸如邵老的长孙女邵黎黎、长孙邵美成等亲属的通讯地址和工作单位。

我立即给住在南京的邵黎黎写信，索要有关邵老先生的资料。她热情地、毫无保留地把她历年来发表在《南京日报》、《扬子晚报》、《南京史志》、《团结报》等报刊上的回忆祖父往事的几十篇文章复印下来，请她丈夫孙家轩来北京出差之际带给我。

孙家轩先生是一位十分热心的人。自1998年3月认识后，我们成了好朋友，他每次来北京，我们都会面长谈。他给我解答了许多我在写作中碰到的问题。

我在北京图书馆查到了朱顺佐先生撰写的《邵力子传》。因为此书是馆藏书，不外借。苦于无计可施，孙家轩告诉我朱顺佐先生的工作单位。于是我便贸然向朱先生索书。朱先生很快就寄来了《邵力子传》，另外在信上还告知我他写的有关邵力子先生的其他文章的刊载报章和时间，供我查阅参考。

邵老先生的长孙邵美成，在北京大学化学系任教授。1998年元月13日晚上，我与他约好第二天上午9点我到他家采访。没想到第二天早上我一出门就开始下小雪。待我骑车到北大邵美成的寓所，已是大雪纷飞。我一进屋，只见床上、写字台上摆放了许多历史资料和珍贵照片。他说："我今天特意请了假在家等你。我一看这么大的雪，还真担心你不来了呢。"

我忙说："耽误您的宝贵时间，我都觉得不好意思，哪能失约呢？"

邵美成为人诚挚、热情。他翻着一本本资料，详细地讲给我听；拿着一张张照片，指给我看。他向我讲了邵老先生与瞿秋白的关系，邵老先生在西安事变中的历险经过，邵老先生出使苏联的情况，等等。我们两个人一直谈到 12 点多，我才告辞出来。

1998 年 3 月完成初稿后，我又进一步搜集资料，反复进行修改。秋天，我多方打听找到邵老先生的养女邵士英的儿子汪元，他热情地赠送一本傅学文写的《永恒的纪念》一书，又得到许多珍贵资料。

这年冬天，邵黎黎和孙家轩合写的《我的祖父邵力子》出版后，又马上给我寄来样书。

我这本拙作能够顺利完成，是和上述同志无私的热情帮助分不开的。我在这里对他们表示衷心的感谢。

当我写完"后记"，时针已指着午夜 1 点，已是 1 月 8 日凌晨了。我忽然记起：1976 年 1 月 8 日上午 9 时 57 分，我们敬爱的周恩来同志的心脏停止了跳动，与世长辞了。转眼已经 24 年了，我们可以告慰周总理的是，祖国自改革开放以来，日益富强，香港和澳门已先后回归祖国，帝国主义留给中国人民的耻辱已经洗刷干净，西方列强侵占中国领土的历史宣告彻底终结。

2000 年元旦，国家主席江泽民向全世界宣告："台湾问题是一定能够得到解决的。"到那时，神州大地将是：火树银花不夜天，兄弟姊妹舞翩跹，歌声唱彻月儿圆。敬爱的周恩来总理，您当含笑九泉了。

作者

2000 年元月 8 日凌晨 1 时

于北京青年湖寓所

再版后记

《统战人物传记系列》是本社列入国家“九五”规划的重点图书。初版时，时任全国政协副主席、中央统战部部长王兆国同志亲自作序，并指出：“编撰和出版这套丛书，既具有重要文化价值，更可以发挥以史为鉴、以史育人的作用。”丛书自出版以来，不仅成为统一战线工作者的案头书，更受到众多史学工作者和读者的欢迎。从统一战线的视角、采用纪实的手法，聚焦钩沉老一辈革命家与爱国民主人士的历史交集、人生交往，以丰沛的细节再现中国近现代史的演进历程，本套书属于首创，是中共党史研究、中国现代史研究的一项富有开拓性意义的重要成果。

为满足广大读者的需要，特别是为满足今日青少年学习历史、汲取智慧、健康成长的需要，本社决定修订再版此书。在此，我们向给予此书诸多支持的作者们、读者们表示深深的谢意！

华文出版社
2012 年 5 月